非线性能量阱理论与应用

黎文科 杨铁军 著

科学出版社

北京

内 容 简 介

本书主要内容包括非线性系统的信号分析方法、典型非线性能量阱的基本理论及其工程应用实例。全书共11章。第1章介绍非线性能量阱设计研究现状、运动规律分析研究现状和参数优化研究现状。第2章介绍常用的信号分析方法，并重点阐述小波变换和希尔伯特-黄变换的基本原理。第3章和第4章分别介绍立方刚度非线性能量阱和串联型立方刚度非线性能量阱的动力学特性。第5章介绍旋转非线性能量阱，分析系统的慢不变流形，并将结果拓展到多自由度情形。第6章介绍碰撞非线性能量阱，阐明系统中能量耗散的特点。第7章介绍单侧碰撞非线性能量阱，揭示系统中能量耗散的根本原因。第8章介绍对称单侧碰撞非线性能量阱，并将其应用于梁结构的振动控制之中。第9章介绍单侧碰撞轨道非线性能量阱，分析能量从水平方向转移到垂直方向的机制。第10章介绍对称单侧碰撞轨道非线性能量阱，得到设计参数差异对其性能的影响规律。第11章介绍非线性能量阱在工程中的典型应用，并总结每种非线性能量阱的特点。

本书可以作为高等院校力学、机械、航空航天等专业高年级本科生及研究生的参考书，也可供从事有关工作的科研人员和工程技术人员参考。

图书在版编目(CIP)数据

非线性能量阱理论与应用/黎文科，杨铁军著. —北京：科学出版社，2023.6
ISBN 978-7-03-075494-3

Ⅰ. ①非⋯ Ⅱ. ①黎⋯ ②杨⋯ Ⅲ. ①船舶振动—碰撞（力学）—振动控制—能量传递—研究 Ⅳ. ①U661.44

中国国家版本馆 CIP 数据核字（2023）第 079430 号

责任编辑：姜 红 狄源硕 / 责任校对：邹慧卿
责任印制：吴兆东 / 封面设计：无极书装

科学出版社 出版
北京东黄城根北街 16 号
邮政编码：100717
http://www.sciencep.com

北京九州迅驰传媒文化有限公司 印刷
科学出版社发行 各地新华书店经销

*

2023 年 6 月第 一 版　开本：720×1000　1/16
2024 年 1 月第二次印刷　印张：15 1/2
字数：312 000

定价：139.00 元

（如有印装质量问题，我社负责调换）

前　言

　　强烈的振动常常会导致结构被破坏，造成严重的经济损失甚至人员伤亡。抑制结构响应一直是非线性振动及其控制领域研究的热点问题。非线性能量阱作为一类新型的被动控制装置，一经提出就受到广泛关注。与线性减振装置不同，当非线性能量阱与初级结构连接时，它通过单向、不可逆地从初级结构中吸收并耗散能量，将能量在不同模态上重新分布，将低频振动向高频振动转移等方式快速抑制结构响应。非线性能量阱设计的关键是要包含能产生非线性回复力的元件，并利用其与初级结构之间的非线性回复力实现动力学耦合。非线性弹簧、旋转或摆动的质量、碰撞等常被引入非线性能量阱的设计之中，并诞生出各种各样的非线性能量阱。非线性能量阱在土木工程、机械工程、航空航天工程以及能量收集领域得到广泛应用，可有效抑制由冲击、爆炸、地震等导致的结构响应。非线性能量阱以结构简单、鲁棒性强、减振频带宽等优点，在结构减振方面具有良好的应用前景。因此，非线性能量阱的研究具有重要的学术和工程意义，深受业界重视并得到广泛关注。

　　本书通过对典型非线性能量阱基本理论与应用的介绍，力图通俗易懂、系统深入地向读者展示本领域的研究现状、发展趋势和成果应用。感谢张天元研究员、Nicholas Wierschem 教授和 Michael Brennan 教授对本书提出的宝贵意见，感谢国家自然科学基金项目（编号：12102100）和黑龙江省自然科学基金项目（编号：LH2023E071）的支持。本书在撰写过程中亦参考了国内外相关文献，在此对这些文献的作者一并表示感谢。

　　在本书撰写过程中，作者对已发表的成果和相关文献结果进行了整理和汇编。由于水平有限，书中不妥之处在所难免，敬请读者谅解，并批评指正。

黎文科
哈尔滨工程大学
2022 年 6 月

目 录

前言

第1章 绪论 ……………………………………………………………………… 1
1.1 非线性能量阱设计研究现状 ………………………………………… 3
1.1.1 光滑非线性能量阱设计研究现状 ………………………………… 3
1.1.2 非光滑非线性能量阱设计研究现状 ……………………………… 8
1.2 非线性能量阱运动规律分析研究现状 ……………………………… 11
1.3 非线性能量阱参数优化研究现状 …………………………………… 15
1.4 本书主要内容 ………………………………………………………… 16

第2章 非线性系统的信号分析方法 …………………………………………… 20
2.1 概述 …………………………………………………………………… 20
2.2 傅里叶变换及短时傅里叶变换 ……………………………………… 20
2.2.1 傅里叶变换的定义 ………………………………………………… 21
2.2.2 窗函数与泄漏 ……………………………………………………… 22
2.2.3 短时傅里叶变换的定义 …………………………………………… 26
2.2.4 测不准原理 ………………………………………………………… 28
2.3 小波变换 ……………………………………………………………… 31
2.3.1 小波变换的定义 …………………………………………………… 32
2.3.2 小波变换的特点 …………………………………………………… 33
2.3.3 常见的小波函数 …………………………………………………… 35
2.4 希尔伯特变换及希尔伯特-黄变换 …………………………………… 37
2.4.1 希尔伯特变换 ……………………………………………………… 38
2.4.2 希尔伯特-黄变换 …………………………………………………… 41
2.5 本章小结 ……………………………………………………………… 45

第3章 立方刚度非线性能量阱 ………………………………………………… 46
3.1 概述 …………………………………………………………………… 46
3.2 立方刚度非线性能量阱系统建模 …………………………………… 46
3.3 立方刚度非线性能量阱系统瞬态动力学分析 ……………………… 47

3.4 立方刚度非线性能量阱系统稳态动力学分析·················55
3.5 本章小结·················63

第4章 串联型立方刚度非线性能量阱·················64
4.1 概述·················64
4.2 串联型立方刚度非线性能量阱系统建模·················64
4.3 串联型立方刚度非线性能量阱系统动力学分析·················66
    4.3.1 串联型立方刚度非线性能量阱系统瞬态动力学分析·················66
    4.3.2 串联型立方刚度非线性能量阱系统稳态动力学分析·················71
4.4 串联型多自由度立方刚度非线性能量阱系统动力学分析·················75
4.5 本章小结·················80

第5章 旋转非线性能量阱·················82
5.1 概述·················82
5.2 旋转非线性能量阱系统建模·················82
5.3 旋转非线性能量阱系统动力学分析·················84
5.4 多自由度旋转非线性能量阱系统建模·················90
5.5 多自由度旋转非线性能量阱系统动力学分析·················92
5.6 链式多自由度旋转非线性能量阱系统动力学分析·················96
5.7 本章小结·················101

第6章 碰撞非线性能量阱·················102
6.1 概述·················102
6.2 碰撞非线性能量阱系统建模·················102
6.3 碰撞非线性能量阱系统动力学分析·················104
6.4 多自由度碰撞非线性能量阱系统建模·················115
6.5 多自由度碰撞非线性能量阱系统动力学分析·················116
6.6 本章小结·················120

第7章 单侧碰撞非线性能量阱·················121
7.1 概述·················121
7.2 单侧碰撞非线性能量阱系统建模·················121
    7.2.1 单侧碰撞非线性能量阱系统运动方程·················122
    7.2.2 单侧碰撞非线性能量阱系统碰撞动力学分析·················123

  7.2.3 单侧碰撞非线性能量阱性能评价指标 129
 7.3 单侧碰撞非线性能量阱系统动力学响应分析 130
  7.3.1 冲击载荷下单侧碰撞非线性能量阱系统的响应分析 130
  7.3.2 单侧碰撞非线性能量阱参数优化设计 136
 7.4 本章小结 139

第8章 对称单侧碰撞非线性能量阱 141

 8.1 概述 141
 8.2 对称单侧碰撞非线性能量阱系统建模 141
  8.2.1 对称单侧碰撞非线性能量阱系统运动方程 142
  8.2.2 对称单侧碰撞非线性能量阱系统碰撞动力学分析 146
 8.3 对称单侧碰撞非线性能量阱系统动力学响应分析 154
  8.3.1 对称单侧碰撞非线性能量阱参数优化设计 155
  8.3.2 冲击载荷下对称单侧碰撞非线性能量阱系统的响应分析 158
  8.3.3 对称单侧碰撞非线性能量阱位置的影响分析 163
  8.3.4 碰撞间隙的影响分析 165
  8.3.5 对称单侧碰撞非线性能量阱阻尼的影响分析 167
  8.3.6 地震载荷下对称单侧碰撞非线性能量阱的性能分析 169
 8.4 本章小结 171

第9章 单侧碰撞轨道非线性能量阱 173

 9.1 概述 173
 9.2 单侧碰撞轨道非线性能量阱系统建模 173
  9.2.1 单侧碰撞轨道非线性能量阱系统运动方程 174
  9.2.2 单侧碰撞轨道非线性能量阱系统碰撞动力学 178
  9.2.3 单侧碰撞轨道非线性能量阱性能评价指标 179
 9.3 单侧碰撞轨道非线性能量阱系统动力学响应分析 180
  9.3.1 单侧碰撞轨道非线性能量阱参数优化设计 181
  9.3.2 水平方向向垂直方向的能量传递 184
  9.3.3 碰撞间隙的影响规律分析 188
  9.3.4 水平方向和垂直方向刚度比的影响分析 190
  9.3.5 地震载荷下单侧碰撞轨道非线性能量阱的性能分析 191
 9.4 本章小结 193

第 10 章 对称单侧碰撞轨道非线性能量阱 195

10.1 概述 195
10.2 对称单侧碰撞轨道非线性能量阱系统建模 195
10.2.1 对称单侧碰撞轨道非线性能量阱系统运动方程 195
10.2.2 对称单侧碰撞轨道非线性能量阱系统碰撞动力学 197
10.3 对称单侧碰撞轨道非线性能量阱系统动力学响应分析 198
10.3.1 对称单侧碰撞轨道非线性能量阱参数优化设计 198
10.3.2 冲击载荷下对称单侧碰撞轨道非线性能量阱系统的响应分析 200
10.3.3 对称单侧碰撞轨道非线性能量阱的鲁棒性分析 203
10.3.4 对称单侧碰撞轨道非线性能量阱碰撞间隙的影响规律分析 205
10.3.5 地震载荷下对称单侧碰撞轨道非线性能量阱的性能分析 206
10.4 本章小结 208

第 11 章 非线性能量阱的应用实例 209

11.1 概述 209
11.2 非线性能量阱在土木工程领域中的应用 209
11.3 非线性能量阱在机械领域中的应用 213
11.4 非线性能量阱在航空航天领域中的应用 216
11.5 非线性能量阱在能量收集领域中的应用 219
11.6 本章小结 221

参考文献 222

第1章 绪　　论

强烈的振动对生产生活、科学研究都有严重危害。随着社会的快速发展，结构振动问题日益突出，振动逐渐成为制约产品性能的主要因素，减振需求越发迫切。各种精密机床和精密加工技术对精度要求越来越高，成千上万的高楼、大桥等高挠性建筑对风载能力、舒适度指标和抗震能力提出更多要求，导弹、舰艇和战车对在恶劣工作环境保持战斗能力的要求越来越苛刻。无论是在民用领域还是在军工领域，产品的性能都与减振技术密切相关。因此，各类工业部门对减振技术的发展和应用都十分重视，促使众多研究人员从事减振系统理论和实验研究，并不断取得新的研究成果，创造出各种各样的减振装置。

根据是否需要外加能量，结构振动控制策略大体可以分成两类：被动控制和有源控制。有源控制又可细分为主动控制和半主动控制[1]。振动有源控制的基本原理是在被控系统中引入次级振源，通过控制策略或算法调节执行器输出的幅值和相位，使其与原系统的振动相抵消，达到减振的目的[2]。振动有源控制常常需要被控系统的振动信息作为反馈，通常具有控制效果好、能够适应外界扰动和系统状态波动等优点。但由于造价昂贵、运行维护成本高等原因，振动有源控制系统主要应用在具有严苛减振要求的场景，例如精密仪表工程领域、航空航天和军工领域等。

被动振动控制策略通常具有不需要外界能量、结构简单、易于实现、经济性好和可靠性高等优点，在工程中得到广泛应用。目前，主要的被动振动控制策略可以分为结构修改、隔振和消振三大类[3]。结构修改无须附加任何子系统，通过改变受控对象的动力学特性参数以达到预期的减振指标。结构修改通常受限于系统的其他性能指标要求，仅适用于少数情况。通过把软垫放入振源与减振体之间，利用其塑性变形减轻振源对减振体影响的控制手段称为隔振。车辆的充气轮胎、柴油机基脚隔振器、浮筏和舱筏、包装仪器所使用的泡沫塑料填充物等都是常见的隔振装置。消振主要通过消振器与减振体之间的作用力来吸收、抵消或者耗散结构的振动能量。常见的消振装置包括高阻尼弹性材料、高层建筑内部安装的动力吸振器、冲击消振器等。

近年来，随着人们对非线性振动的认识越来越深刻，很多学者开始将其引入振动控制领域[4-7]。2001年，Vakakis等在研究非线性系统的能量传递规律时首次提出非线性能量阱（nonlinear energy sink, NES）的概念[8-10]。非线性能量阱是一类被动振动控制设备的统称，其主要特征是包含能产生非线性回复力的结构单元，如非线性弹簧单元、碰撞单元、转动质量单元等[11]。非线性能量阱通过非线性回复力与初级结构动力学耦合并实现振动控制[12,13]，其能够在很短的时间内吸收并耗散由冲击、爆炸、地震等产生的能量，迅速降低结构的全局响应。区别于传统被动控制设备，非线性能量阱实现振动响应控制的机理主要体现在以下几个方面。

（1）非线性能量阱能单向、不可逆地从初级结构中吸收并耗散能量。当与初级结构相连接时，非线性能量阱能像"泵"一样吸收能量，并将能量局部耗散[14]。这种单向、不可逆的传递能量现象被称为靶能量传递（target energy transfer, TET）[15]。随着研究的不断深入，人们发现靶能量传递广泛存在于自然界之中，具有快速、高效、选择性强等特点[16]。能量一经传递至非线性能量阱就无法或仅有少量能量返回到初级结构之中，从而实现降低初级结构响应的目的。

（2）非线性能量阱可实现初级结构不同模态之间的耦合。由于非线性因素的引入，非线性能量阱可以与初级结构各阶模态耦合，从而使系统的动态响应产生根本性的改变。与线性系统不同，非线性系统不再有单一的固有频率，而是能在宽频率范围内引起共振。通过合理设置，非线性能量阱可以实现与初级结构的某些模态耦合，从而有针对性地转移和耗散能量，降低初级结构响应。

（3）非线性能量阱可实现能量从低频振动向高频振动转移。由于非线性回复力的引入，带有非线性能量阱的系统在运动过程中不仅出现系统的固有频率，还能观察到其他频率成分。尤其是通过碰撞等不连续非线性回复力与初级结构耦合时，非线性能量阱可实现从低频振动向高频振动的转移。由于在相同能量水平下，高频振动具有位移幅值较小、更容易被阻尼耗散、被隔振装置隔离等特点，低频振动向高频振动的转移能从多个方面有效降低结构的动力学响应。

（4）非线性能量阱可实现能量在结构不同方向上的重新分布。对于工程中常见的结构,如楼房结构、船舶结构、航空航天结构等,通常存在不同方向抗冲击、振动性能不同的情形,比如楼房结构在水平方向更容易发生破坏而在垂直方向具有很强的抗冲击强度。通过合理布置,非线性能量阱能够实现能量在结构不同方向上的重新分布,将结构容易发生破坏方向的振动转移至结构强度较大方向的振动,有效提高结构的安全性。

相比于传统的振动控制设备,非线性能量阱具有独特的动力学特性,产生复杂的动力学现象。作为一类重要的、领先的被动振动控制设备,非线性能量阱受到国内外学者的广泛关注。迄今为止,在短短二十余年的发展中,随着研究的不断深入,非线性能量阱的新特性不断涌现,应用领域不断拓展,结构响应控制效果不断提升,具有十分广阔的应用前景。

1.1 非线性能量阱设计研究现状

一般来说,非线性能量阱设计的关键是要包含能产生非线性回复力的结构单元,并利用其与初级结构之间的非线性作用力来实现振动抑制。常用于产生非线性回复力的结构单元包括非线性弹簧单元、碰撞单元、转动质量单元等。根据非线性回复力是否光滑,目前主流的非线性能量阱大致可以分为两大类:光滑非线性能量阱和非光滑非线性能量阱。判断非线性系统是否光滑,主要是看其相空间是否被曲面分割成若干区域。

1.1.1 光滑非线性能量阱设计研究现状

研究比较广泛的是带有非线性刚度和非线性阻尼的非线性能量阱。由于这类系统的运动均可以用经典的杜芬方程描述,故称之为杜芬型非线性能量阱,其典型结构模型如图 1-1 所示。在杜芬型非线性能量阱的研究中,如图 1-1(a)所示的结构模型受到广泛关注。在一些研究中,也将该杜芬型非线性能量阱称为非线性动力吸振器[7]。根据刚度随位移的变化规律不同,可将非线性弹簧分为渐软弹簧、线性弹簧和渐硬弹簧。特别地,当非线性弹簧刚度只有立方项时,该非线性能量阱被称为立方刚度非线性能量阱(cubic nonlinear energy sink, CNES)。由于回复力没有线性分量，非线性能量阱没有固有频率，可以与初级结构的任意模态耦合。Viguié 等[17]以快讯的方式报道了具有渐软和渐硬特性的非线性振子对初级结构响应的抑制性能。Gendelman 等[18,19]通过解析的方法分析了非线性能量阱系统的瞬态响应过程，讨论了阻尼对模态局部化向非局部化转移的影响，探究了非线性振子对模态能量重新分配的影响规律。Al-Shudeifat[20]通过几何非线性结构实现了负刚度弹簧，并将其应用到非线性能量阱的设计之中，发现非线性能量阱能实现高效的共振捕获和靶能量传递，并在短时间耗散99%的冲击能量。Iurasov 等[21]提出了一种双稳态非线性能量阱，研究了系统内部的靶能量传递现象，并通过实验验证了理论分析结果的正确性。Foroutan 等[22]提出了一种调谐双稳非线性能量阱，通过多尺度法和谐波平衡法，研究了系统在1∶1共振情况下的响应，分析了参数对调谐双稳非线性能量阱的能量吸收性能影响规律。Ramsey 等[23]提出了一种具有几何非线性刚度的重力补偿非线性能量阱，利用等值线图对参数进行优化，得到了最优阻尼和刚度，并将其应用到楼房振动控制之中。Feudo 等[24]提出了一种可调刚度系数的磁性非线性吸振器，并将其应用于高层结构的振动控制之中。通过调节弹簧刚度，可以将装置设置为非线性调谐吸振器、非线性能量接收器以及双稳态调谐吸振器。Starosvetsky 等[25]用复变量-平均法（complexification-averaging method, CXA）研究了非线性能量阱中包含分段二次阻尼的情况，如图1-1（b）所示。在简谐力激励下，非线性能量阱虽然能像传统的动力吸振器一样从初级结构吸收能量，但是其位移要小于动力吸振器的位移。值得注意的是，当将非线性能量阱应用于多自由度系统时，初级结构的各阶固有频率都能激发系统的强调制响应（strong module response, SMR），实现结构振动能量的耗散。Al-Shudeifat[26]研究了非线性能量阱产生的非线性回复力对其性能的影响规律，提出了一种具有非线性刚度和非线性阻尼的非线性能量阱。Jahn 等[27]将非线性阻尼引入非线性能量阱的设计之中，通过数值方法得到了最优阻尼，利用非线性频率响应函数评估了非线性能量阱的性能。

为了增强非线性能量阱吸振性能对初始条件变化的鲁棒性，张也弛等[28]提出了串联型两自由度立方刚度非线性能量阱，如图1-1（c）所示，并通过理论分析给出了非线性能量阱参数优化方法。仿真结果表明，该设计能够有效提高减振性能。几乎同时，Gendelman 等[29]也提出了串联型两自由度立方刚度非线性能量阱。

由于是两级非线性弹簧的串联，该装置具有比单级非线性能量阱更强的非线性回复力。通过仿真分析发现，在不增加总体质量的情况下，串联型两自由度立方刚度非线性能量阱比单自由度立方刚度非线性能量阱具有更好的能量吸收性能。但需要付出的代价是串联型两自由度立方刚度非线性能量阱的位移响应幅值更大。Sapsis 等[30]将两个两自由度杜芬型非线性能量阱应用到结构冲击响应振动控制中，并分析了阻尼和刚度对控制效果的影响。Hubbard 等[31]通过频率能量图揭示了带有两自由度杜芬型非线性能量阱系统中复杂的动力学现象。孔宪仁等[32]对串联型两自由度立方刚度非线性能量阱在主共振频率附近的振动抑制效果进行了分析。结合复变量-平均法和增量谐波平衡法分析了系统在主共振频率附近的动力学特性，比较系统在稳态响应段及强调制响应段的振动抑制效果。Wierschem 等[33]对两自由度杜芬型非线性能量阱的理论进行实验验证工作，讨论了阻尼和刚度变化对能量吸收效果的影响，数值仿真和在两自由度楼房模型台架上的实验研究表明，这种两自由度杜芬型非线性能量阱能够在更宽的范围内吸收能量。Taghipour 等[34]对简谐激励下，带有非线性能量阱的多自由度非线性系统稳态动力学行为进行了分析，发现单自由度非线性能量阱的性能对参数和外部激励变化的鲁棒性比较差，而对于两自由度的非线性能量阱，系统参数的变化对其性能影响比较小。因此，增加非线性能量阱的自由度能够提高系统鲁棒性。Bergeot 等[35]考虑了一个不稳定的非线性初级结构的振动控制问题，并将多个单自由度杜芬型非线性能量阱并行布置，其结构如图 1-1（d）所示。通过解析的方法观察到四个稳态响应域，得到了慢变-快变的临界流形，并用一个范德波尔振子作为初级结构，验证了上述分析的准确性。孙敏等[36]对比了串联型与并联型非线性能量阱的吸振效果，研究了刚度系数、阻尼系数和安装位置对吸振效果的影响，还考虑了吸振效果与冲击幅值及温度之间的关系。

质量的旋转或者摆动也会产生非线性回复力，常常被引入非线性能量阱的设计之中。Sigalov 等[37]利用质量的旋转产生的非线性回复力与初级结构进行耦合，首次提出旋转非线性能量阱，其结构模型如图 1-2（a）所示。通过将其应用于一个两自由度系统的振动控制之中，发现当系统内总能量很大时会产生混沌运动。当系统的阻尼很小时，非线性能量阱能够实现共振捕获并导致初级结构向非线性能量阱的靶能量传递。在共振捕获过程中，同一个振动频率会对应不同的非线性模态。在每一个非线性模态下，非线性能量阱都锁相到一个慢变过程和一个快变过程。其中，慢变过程与质量有关，快变过程与系统的总能量有关。Al-Shudeifat 等[38]通过数值仿真对旋转非线性能量阱进行了参数优化。借助频率能量图发现了非线性能量阱的旋转模态和平动模态，指出在冲击载荷激励下，旋转模态的共振捕获能力要远远优于平动模态的共振捕获能力。除了自身耗散系统的能量外，旋转非线性能量阱还能够将低阶模态的能量转移到高阶模态。考虑到质量的旋转有可能与初级结构在多个方向的运动耦合，Vorotnikov 等研究了带有旋转非线性能量阱的二维单元模型的运动[39-42]，并将结果扩展到三维单元模型的情况，同样取得了很好的效果[43,44]。Wu 等[45]提出了一种半主动的两自由度旋转非线性吸振装置，其特征频率可通过调整旋转速度改变。当与初级结构相连时，通过检测初级结构与非线性吸振装置之间的相位差来调节非线性吸振装置的频率，从而实现减振的目的。实验结果也验证了这种设计的有效性。

Wang 等[46,47]提出了一种轨道非线性能量阱，其结构如图 1-2（b）所示。这种非线性能量阱利用质量在固定轨道上运动产生的回复力与初级结构耦合。仿真和实验结果均表明，虽然轨道非线性能量阱对冲击响应抑制性能与杜芬型非线性能量阱相当，但具有更强的鲁棒性。Lu 等[48]提出了轨道非线性能量阱的优化策略，并将其应用于大型建筑结构的振动控制。实验结果表明，优化后的轨道非线性能量阱可以快速降低地震载荷作用下结构的振动响应。Viet 等[49]提出了一种单质量双频摆动非线性吸振装置，用以减少结构水平方向的振动，如图 1-2（c）所示。在水平激励下，这种非线性吸振装置同时具有平动和摇摆两种运动形式。由于内在的非线性，该非线性吸振装置可显著抑制大幅振动，且对调谐参数不敏感。为了降低附加质量的影响，Zhang Y W 等[50]、Zhang Z 等[51]用惯容代替质量，提出了惯容型非线性能量阱，其结构如图 1-2（d）所示。通过复变量-平均法对系统的运动方程近似求解，观察到存在于系统内部的鞍结分岔和 Hopf 分岔，分别从幅频响应和能量吸收的角度研究了不同参数对惯容型非线性能量阱性能的影响。结果表明，惯容型非线性能量阱比立方刚度非线性能量阱具有更好的振动抑制效果。Zang 等[52]将杠杆引入非线性能量阱的设计之中，提出了一种杠杆式非线性能量阱，并将其应用于受谐波激励的航天器振动控制之中。结果表明，在相同的质量、阻尼和刚度下，杠杆式非线性能量阱的性能优于立方刚度非线性能量阱。

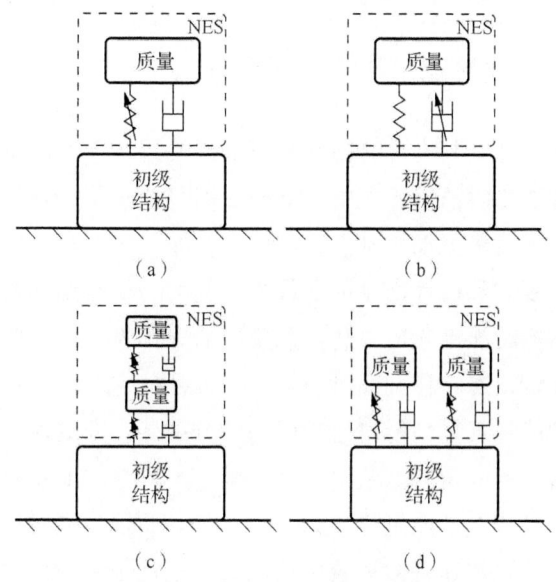

图 1-1 带有杜芬型非线性能量阱的初级结构（箭头表示弹簧或阻尼具有非线性特性）

(a) 非线性刚度非线性能量阱；(b) 非线性阻尼非线性能量阱；
(c) 串联型非线性能量阱；(d) 并联型非线性能量阱

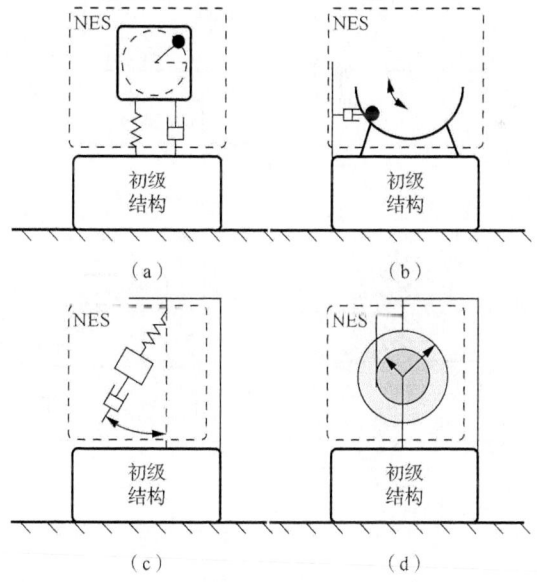

图 1-2 带有旋转质量型非线性能量阱的初级结构

(a) 旋转非线性能量阱；(b) 轨道非线性能量阱；
(c) 单质量双频摆动非线性吸振装置；(d) 惯容型非线性能量阱

1.1.2 非光滑非线性能量阱设计研究现状

除了连续非线性回复力，碰撞或分段非线性系统产生的不连续回复力也常常被引入到非线性能量阱的设计之中。Nucera 等[53]提出了一种双侧碰撞非线性能量阱，并将其应用于楼房振动控制之中，其结构如图 1-3（a）所示。该装置通过弹簧产生的线性回复力和碰撞产生的非线性回复力与初级结构耦合，可在较宽的频带上降低初级结构的振动响应。仿真和实验研究均表明，双侧碰撞非线性能量阱可以将能量从低阶模态转移到高阶模态[54,55]。然而，文献[55]～[57]指出双侧碰撞非线性能量阱的能量耗散性能对碰撞间隙十分敏感，即这两个碰撞表面之间的距离极大地影响系统的能量耗散效率。为了解决该问题，Al-Shudeifat 等[58]提出了一种非对称单侧碰撞非线性能量阱，如图 1-3（b）所示。通过比较发现，单侧碰撞非线性能量阱能够更快速耗散系统中的能量。这是由于单侧碰撞非线性能量阱能在非碰撞阶段积累更多的动量，并通过前几次碰撞实现更高效的能量耗散。

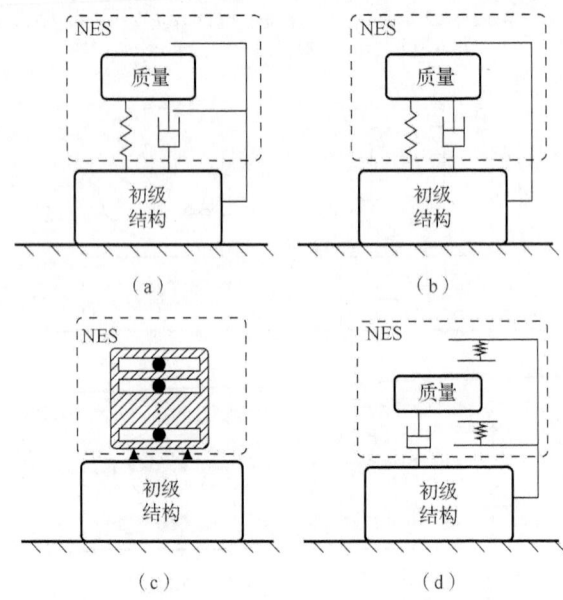

图 1-3 带有非光滑非线性能量阱的初级结构

（a）双侧碰撞非线性能量阱；（b）单侧碰撞非线性能量阱；
（c）多自由度碰撞非线性能量阱；（d）分段非线性能量阱

特别地，当碰撞非线性能量阱与初级结构之间连接的弹簧刚度和阻尼均为零时，非线性能量阱与初级结构之间仅通过碰撞非线性回复力耦合,其结构如图 1-3 (c) 所示。在早期研究中,这种非线性能量阱也被称为颗粒碰撞阻尼器。在分段线性假设下,Masri[59]利用分段积分法,首次提出周期激励下碰撞非线性能量阱稳态运动的解析解,并通过仿真验证了对称碰撞和非对称碰撞的转化过程,讨论了阻尼比、频率比、质量比、恢复系数、间隙比和初始条件对响应抑制效果的影响,得到了最优响应曲线。Friend 等[60]、Marhadi 等[61]研究了碰撞非线性能量阱对悬臂梁的振动控制,分析了加速度幅值、间隙、质量比、数量、材料和形状对响应抑制效果的影响。有限元分析和实验均表明只需要很小的质量就能实现很好的控制效果。Gendelman[62]以快讯的形式介绍了碰撞非线性能量阱的多尺度展开近似分析方法。在小质量比和稳态响应的假设下,理论分析与仿真符合很好。由于该方法对恢复系数没有过多要求,适应范围比较广泛。随后,Gendelman 等[63]发现在周期激励下,带有碰撞非线性能量阱的单自由度系统内存在复杂的强调制响应、随机分布周期运动和非共振运动,并将这种运动命名为混沌强调制响应。通过多尺度法分析发现,诱发混沌强调制响应现象的原因是系统的慢不变流形中存在一个稳定分支和一个不稳定分支。Li 等[64]研究了碰撞非线性能量阱的定点和 1∶1 共振捕获现象,通过理论和仿真分析了系统参数对慢不变流形、混沌、分岔等的影响,观察到靶能量传递不仅受 1∶1 共振影响,还与瞬态响应的强度有关。随后,Li 等[65]研究了碰撞非线性能量阱在周期激励和瞬态激励下的最优化问题。在周期激励下,通过实验验证了强调制响应和混沌调制现象。在得到稳态最优解后,将结果推广到瞬态激励的情形,证明了周期激励和瞬态激励最优解的一致性。Li 等[66]研究了带有两个碰撞非线性能量阱的系统在周期激励和瞬态激励下的动力学特性,结合多尺度法、仿真和实验分析了系统的不变流形,发现碰撞非线性能量阱无论在控制周期运动响应还是瞬态响应方面都具有明显的优势。Pennisi 等[67]对碰撞非线性能量阱开展实验研究,在质量比为 1%的情况下,发现系统是处于强调制响应状态还是处于恒定幅值响应状态与外力幅值和频率都有关,并发现这两种情况都伴随着不可逆的靶能量传递。Pennisi 等通过多尺度法分析了慢不变流形的稳定分支、不稳定分支和鞍结分岔,发现当定点处于稳定点时,系统产生恒定幅值响应;当定点处于不稳定点时,系统产生强调制响应。

利用分段不连续回复力设计出的非线性能量阱称为分段非线性能量阱,其结构如图 1-3 (d) 所示。Afsharfard[68]将边界考虑为 Hertz 接触模型,将碰撞导致的能量损失等效成黏性阻尼,研究分段非线性能量阱在周期激励情况下的响应抑制问题,讨论了恢复系数、恒定接触阻尼和变化接触阻尼对系统响应的影响。仿真结果表明,减小恢复系数有利于抑制振动的最大幅值,增加质量比却不利于最大振动幅值的抑制。Georgiadis 等[69]将分段非线性能量阱应用到结构的冲击隔振之中。结果表明,分段非线性能量阱能够有效吸收冲击载荷的能量,增强隔振效果。Lamarque 等[70]采用解析和数值的方法,分别求解了系统在脉冲载荷和简谐激励作用下的响应。结果表明,分段非线性能量阱通过 1∶1 共振捕获从初级结构中吸收能量,并引起强调制响应。Al-Shudeifat[71]将分段非线性能量阱与立方刚度非线性能量阱比较发现,当质量处于对称间隙时,分段非线性能量阱只通过阻尼与初级结构耦合。虽然该分段非线性能量阱相比立方刚度非线性能量阱并没有明显的优势,但其能显著改变初级结构的运动状态。Savadkoohi 等[72]分析了重力对分段非线性能量阱与初级结构之间能量交换的影响,基于修改的 Manevitch 复变量方法和截断傅里叶级数法得到了系统的不变流形。结果表明,非线性能量阱的控制效果受重力影响不大。Yao 等[73]通过数值和解析的方法研究了分段非线性能量阱的特性。结果表明,虽然分段非线性能量阱具有简单和参数可调的优点,但其仅对中等激励有效,对过小或者过大的激励并不会产生强调制响应。Silva 等[74]利用压电分流器的非线性特性,提出了一种压电非线性能量阱。数值仿真结果表明,在不同频率范围内可以观察到明显的振动衰减。这一点得到实验验证,表明所提出的压电非线性能量阱具有抗失谐的鲁棒性。

研究学者将光滑和非光滑非线性回复力结合,设计出复合非线性能量阱,如图 1-4 所示,进一步扩展了设计思路。Aguiar 等[75,76]提出了一种摆动质量碰撞非线性阻尼器,其结构模型如图 1-4(a)所示,并通过理论分析和实验研究了系统在不同激励、碰撞间距和弹簧刚度下的动力学特性,发现了跳跃、混沌和分岔等复杂的非线性动力学现象。Wei 等[77]提出了一种碰撞立方刚度非线性能量阱,其结构模型如图 1-4(b)所示,并采用复变量-平均法,求得冲击载荷下系统响应,揭示了系统内部存在的瞬时共振捕获现象,发现该非线性能量阱能够在较宽的频带范围内具有很高的能量耗散效率。Al-Shudeifat[78]将对称分段非线性与负刚度结合,提出了一种分段非线性能量阱,显著提升振动的抑制性能,且对系统刚度和阻尼的变化具有很强的鲁棒性。Bellizzi 等[79]提出了一种具有分段二次阻尼特性的非线性能量阱,并在奇异摄动理论框架下,采用复变函数法、平均法和多尺度法分析了系统动力学特性。结果表明,时滞会导致系统状态的显著变化。Saeed 等[80]提出了旋转碰撞非线性能量阱,如图 1-4(c)所示。从而实现在较宽的输入能量范围内高效抑制结构响应。Wang 等[81]提出了一种单侧碰撞轨道非线性能量阱,如图 1-4(d)所示。这种非线性能量阱通过质量在轨道上运动产生光滑非线性回复力,并通过碰撞实现非光滑非线性回复力。仿真和实验均表明,这种设计能够有效抑制振动响应,并对不同类型的激励具有很强的鲁棒性[82,83]。

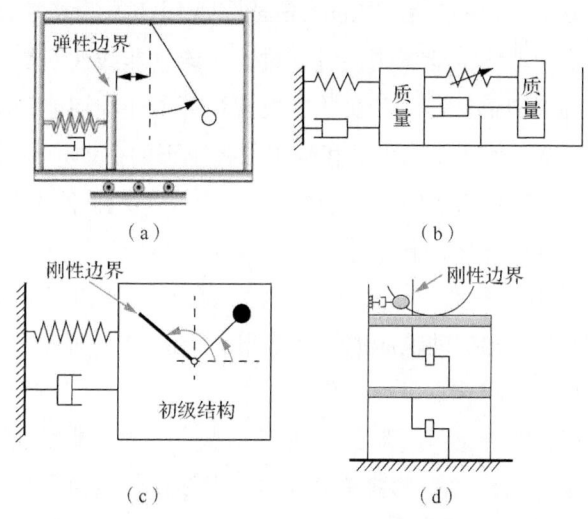

图 1-4 带有复合非线性回复力非线性能量阱的初级结构
(a)碰撞摆非线性阻尼器[70];(b)碰撞立方刚度非线性能量阱[77];
(c)旋转碰撞非线性能量阱[80];(d)单侧碰撞轨道非线性能量阱[81]

1.2 非线性能量阱运动规律分析研究现状

对非线性能量阱运动规律分析有助于深入认识系统运动规律,指导非线性能量阱的参数优化,是本领域研究的重要组成部分。该部分的研究主要包括系统运动方程的求解、运动过程中的分岔和混沌等动力学现象的预测、能量传递及耗散规律的分析等。Starosvetsky 等[84]应用复变量-平均法研究了系统的周期和准周期运动,揭示出周期运动中的局部分岔现象。熊怀等[85]利用复变量-平均法分析了耦合非线性系统中参数的影响规律。结果表明,当阻尼小于特定值时,立方刚度非线性能量阱才能发挥吸振性能。随后，熊怀等[86]给出了一类立方刚度非线性能量阱的设计方法，该方法可达到较高的振动抑制性能。张也弛[87]将立方刚度非线性能量阱应用于一个两自由度系统振动控制之中，通过增量谐波平衡法求解了运动方程，发现非线性能量阱能够有效抑制初级结构的振动峰值。Gendelman 等[88]研究了立方刚度非线性能量阱的1:1共振捕获现象。理论分析和实验研究均表明，在一定的激励力幅值范围内，响应表现为准周期振动，并将系统运动吸引到一个有阻尼的非线性模态之中。随后，Gendelman[89]利用拓展的复变量-平均法分析了带有多项式回复力的非线性能量阱系统，讨论了渐软非线性回复力和分段非线性回复力的影响。McFarland 等[90]在实验中发现杜芬型非线性能量阱具有非线性拍和共振捕获现象，验证了其在弱阻尼和强阻尼情况下的振动抑制效果。Chen 等[91]通过相空间投影、幅值谱和庞加莱映射的方法研究了非线性能量阱的动力学行为，发现随着质量和刚度的变化，整个系统会出现混沌和分岔现象。Vaurigaud 等[92]、Savadkoohi 等[93]采用复变量-平均法和多尺度法分析了冲击载荷和简谐激励作用下，非线性能量阱对结构振动响应的控制效果。Zulli 等[94]研究了多频激励下杜芬型非线性能量阱对初级结构振动响应的抑制情况。基于1:1和1:3共振的假设得到幅值调制方程。结果表明，当1:1共振捕获发生时，非线性能量阱会增加初级结构的幅值响应；当1:3共振捕获发生时，非线性能量阱会抑制初级结构的幅值响应；当1:1共振捕获和1:3共振捕获同时发生时，非线性能量阱对幅值响应抑制情况最好。Xiong 等[95]采用复变量-平均法和谐波平衡法分析了非线性能量阱的性能，发现当激励力幅值超过某一临界值时，系统会处于准周期运动状态。通过路径积分法研究了非线性能量阱对窄带随机振动的抑制效果。谭平等[96]研究了立方刚度非线性能量阱导致的分岔现象，通过复变量-平均法和多尺度法得到运动方程的解，阐明了鞍结分岔和Hopf分岔的发生条件。Gourdon 等[97]通过多项式混沌展开的方法分析了非线性能量阱的鲁棒性。与蒙特卡罗法相比，该方法可以取得很好的效果。Yang 等[98]基于非线性频响函数提出一种新型的传递率，并将其应用于非线性能量阱的隔振性能评价之中，通过分析参数变化对传递率的影响，发现随着非线性能量阱阻尼、质量的增加和立方刚度的减少，传递率降低。Zang 等[99]基于均方根准则提出另一种传递率，对立方刚度非线性能量阱的性能进行评价，发现非线性能量阱的吸振性能对参数变化极为敏感。为了降低计算量，Chouvion[100]将波动法引入带有非线性能量阱系统分析之中，所得频率响应函数与数值结果吻合较好。刘良坤等[101]通过复变量-平均法求解了带有立方刚度非线性能量阱系统的慢变方程，通过相轨迹分析揭示出系统出现强调制响应的条件。刘涛等[102]将增维精细积分法引入杜芬型非线性能量阱的运动规律分析之中，分别在简谐激励和随机激励下检验了该分析方法的有效性。Liu等[103]通过两个倾斜的线性弹簧和阻尼器实现非线性刚度和非线性阻尼，采用复变量-平均法将系统动力学响应进行快慢划分，研究了慢流形上的轨迹拓扑，并分析和预测了不同的响应区域。Zang等[104]分析了杠杆型非线性能量阱系统动力学特性，揭示出周期和非周期运动的存在条件。

对于光滑非线性能量阱的动力学特性分析可采用复变量-平均法、多尺度法、谐波平衡法等经典方法。然而，对于非光滑回复力非线性能量阱的动力学特性分析，上述方法可能存在一定问题。这使得非线性能量阱对初级结构的影响规律研究及系统中能量耗散机理研究变得十分困难。为了解决该问题，Avramov[105]将非光滑变换与多尺度分析方法结合，分析了一个带有碰撞的杜芬振子的运动规律，揭示了系统中的周期运动和分岔现象。Li等[106]采用李雅普诺夫指数法预测了带有碰撞非线性能量阱系统的混沌，并通过实验数据证明了该方法的正确性。Li等[107]比较了立方刚度非线性能量阱和碰撞非线性能量阱的振动控制效果，通过多尺度法分析了稳态共振和强调制响应，得到了慢不变流形的通用方程。Karayannis等[56]讨论了在半正弦冲击激励下，双侧碰撞非线性能量阱的间隙和固有频率对减振效果的影响，利用冲击谱分析了非线性能量阱的抗冲击能力。由于碰撞导致速度突变，经典的信号处理分析如傅里叶分析、希尔伯特变换等并不能直接应用于非光滑非线性系统的分析之中。Moore等[108]将有界小波经验模态分解算法应用于一个带有双侧碰撞非线性能量阱的单自由度系统的分析之中，通过将位移分解为六个固有模态函数，揭示了能量从初级结构传递至非线性能量阱的高阶瞬时共振捕获现象。虽然以往的研究取得了较好的效果，但对于带有碰撞非线性能量阱的振动系统，无论是理论分析还是参数优化设计仍然面临困难和挑战。

非线性系统中的能量传递机理十分复杂，能量传递规律研究对设计更高效的非线性能量阱有深刻的指导意义。目前，人们认识到共振捕获现象可实现靶能量传递，使初级结构的能量单向地传递至非线性能量阱并在局部被阻尼、碰撞等消耗。Vakakis等[10]对靶能量传递现象开展深入的理论分析与研究，在弱阻尼强非线性假设下，发现了带有非线性能量阱的两自由度系统中的1∶1共振捕获现象；采用改进摄动法分析了能量传递过程的瞬态特性,揭示了结构之间能量传递的机理。Vakakis 等[109]通过对多自由度系统和非线性能量阱的弱耦合分析,发现在没有阻尼的情形下非线性能量阱与初级结构之间的内共振占主导地位;在有阻尼的情况下可实现能量捕获,且能量捕获的强度与结构非线性模态的拓扑结构有很大关系。张也弛等[110]采用复变量-平均法,得到了保守系统中完全能量传递的最小质量比和最优靶能量传递所需的最小初始能量。Tsakirtzis 等[111]采用数值仿真验证了两自由度杜芬型非线性能量阱诱发的靶能量传递现象,通过频率能量图揭示了系统内部存在的复杂动力学现象。Quinn 等[112]、Sapsis 等[113]采用非线性模态研究了两自由度有阻尼系统在 1∶1 共振捕获下的最优靶能量传递。Sapsis 等[114]分析了非线性能量阱在随机载荷作用下诱发的靶能量传递现象,通过格林函数、复变量-平均法和扩散近似方法推导了系统的复非线性随机运动微分方程,并通过对 Fokker-Planck-Kolmogorov 方程的数值分析,得到了靶能量传递的最优域。Ahmadabadi 等[115]利用非线性模态研究了带有非线性能量阱的悬臂梁系统的分岔和靶能量传递现象,得到非线性能量阱在梁上的不同布置形式和能量耗散效率的关系。Zhang 等[116]分析了非线性能量阱与初级结构之间的靶能量传递现象,通过引入非线性模态、频率能量图以及小波分析,揭示了系统的运动规律与初始能量之间的关系:弱耦合所需的初始能量强度是中等耦合的 30%,只要初始能量超过阈值,弱耦合具有更强的靶能量传递性能。Lee 等[57,117]、Kerschen 等[118]分析了带有非线性能量阱的单自由度系统的靶能量传递机理,通过频率能量图揭示了周期轨道运动和阻尼对系统的影响规律,借助庞加莱映射和小波分析分析了响应的瞬变机制。Gourdon 等[119]结合希尔伯特变换、卡-洛展开和多尺度法分析杜芬型非线性能量阱的动力学特性,并通过实验进行了对比验证。Tsakirtzis 等[111]、Kerschen 等[120]通过频率能量图、非线性模态和复变量-平均法研究了杜芬型非线性能量阱共振捕获现象。Starosvetsky 等[121]应用复变量-平均法、庞加莱映射以及希尔伯特变换研究了带有非线性能量阱的弱耦合三自由度系统中的 1∶1∶1 内共振现象。Qiu 等[122]通过渐近分析和 Melnikov 分析得到不同能量级下系统响应的转换机制,讨论了非线性能量阱在不同响应下的靶能量传递效率,并给出参数优化准则。Chen 等[123]考虑了重量对非线性能量阱性能的影响。数值分析发现,在考虑重量的情况下,系统自由振动频率大于结构的固有频率。谐波平衡法和数值求解均表明,初级结构的稳态响应比忽略重量时的稳态响应小,但差异随激励力幅值的增大而减小。Dekemele

等[124]提出一种分析双稳态非线性能量阱的调谐方法，通过在混沌和靶能量传递域之间找到一个边界，从而避免了混沌的发生，不仅确保双稳态非线性能量阱在靶能量传递状态下工作，还保证最佳的振动抑制性能。与线性振动吸收器相比，双稳态非线性能量阱具有更强的鲁棒性。Xue 等[125]基于广义调和函数法，建立了立方刚度非线性能量阱抑制随机振动的 Fokker-Planck-Kolmogorov 方程。基于高斯-勒让德多项式路径积分法求解运动方程，用线性振子的位移和速度跃迁概率密度、透过率跃迁概率密度和能量吸收跃迁概率密度的百分比来评价减振性能，分析了参数对非线性刚度系数和阻尼比的影响。

1.3 非线性能量阱参数优化研究现状

在非线性能量阱的设计过程中，选取最优参数使其结构响应控制效果达到最佳是研究的重点问题。未经优化的非线性能量阱可能起不到减振的效果，甚至可能导致结构振动响应的加剧。Gendelman 等[126]利用复变量-平均法和多度法求解了一个带有立方刚度非线性能量阱的单自由度系统的响应。随后，Starosvetsky 等[127]通过解析和数值分析发现，非线性能量阱对准周期拍振动的控制效果比对稳态响应的控制效果要好，且优于调谐质量阻尼器。Manevitch 等[128]对带有高次非线性刚度的两自由度系统中能量传递现象进行理论分析、数值仿真和实验验证，指出可以通过幅值-相位变量设计出最优参数。随后，Manevitch 等[129]考虑了系统中阻尼的影响，利用复变量-平均法和多尺度法对带有非线性能量阱的两自由度系统进行优化，通过庞加莱截面验证了初始能量大于某一值时系统的非随机动力学行为。理论分析与数值结果和实验结果吻合得很好。Ahmadi 等[130]提出了一种多个碰撞非线性能量阱的参数最优化设计方法，发现优化的布置形式能够实现更多碰撞，但最优解却与外部激励的特性有关。Bab 等[131]分析了质量偏心力作用下，非线性能量阱对非线性悬架转子-轴承系统振动抑制性能的影响。考虑到系统中的周期运动、双周期运动和准周期运动，Bab 等利用遗传算法得到非线性能量阱的最优参数。结果表明，在转速范围内，非线性能量阱能显著降低转子-轴承系统的振动。Kani 等[132]通过瑞利-里茨方法、拉格朗日法和复变量-平均法求解带有非线性能量阱的梁系统运动方程，通过敏感性分析和粒子群优化算法对参数进行优化。

刘中坡等[133]利用几何非线性设计出了立方刚度弹簧，优化了非线性刚度系数。数值仿真和实验结果均表明，非线性能量阱具有很好的宽频控制效果和鲁棒性。Oliva等[134]研究了在高斯白噪声激励下，非线性能量阱的优化问题，通过蒙特卡罗法验证了该设计的有效性。考虑到蒙特卡罗法优化时的巨大计算量，Oliva等[135]又提出了一种简化的参数优化方法，并将其应用于多自由度结构响应控制之中，取得良好的控制效果。Tripathi等[136]通过摄动法和多尺度法研究了非线性能量阱在多自由度系统中的参数优化问题，以脉冲激励下最大化的靶能量传递为目标函数，给出一个通用优化分析框架。Habib等[137]将双稳态非线性能量阱应用于两自由度振动系统的响应控制之中并优化了非线性能量阱参数。通过与调谐质量阻尼器以及立方刚度非线性能量阱比较发现，该双稳态非线性能量阱能够有效降低冲击响应幅值。Boroson等[138]研究了多个杜芬型非线性能量阱的优化布置问题，以支持向量机作为基函数，采用随机优化算法，在参数空间寻求最优布置位置，发现随着非线性能量阱数量的增多，控制效果会越来越好。Qiu等[139]提出了一种周期和瞬态激励下，碰撞非线性能量阱的设计准则。通过慢不变流形解释了系统中不同的响应域，证明了每个周期发生两次对称碰撞与强调制响应之间的过渡点是周期激励的最佳过渡点。通过对分岔的分析，给出了靶能量传递的阈值，并将该阈值作为非线性能量阱设计的最优准则。对于瞬态激励，采用每个周期两次对称碰撞和每个周期两次非对称碰撞之间的临界点来计算最佳间隙。随后，Qiu等将该方法推广到多变量情况，从理论和实验两方面验证了可加性和独立性原理。实验结果表明，该设计准则能有效预测靶能量传递现象，使非线性能量阱达到最佳的性能，对多个非线性能量阱的设计具有指导意义。Huang等[140]研究在基础激励下，非线性能量阱与弹性隔振系统之间的动态响应，利用复变量-平均法推导了弹性隔振系统微分方程，并基于减振准则和宽频稳定准则，对初级系统和非线性能量阱的参数进行优化设计，取得了良好的控制效果。

1.4 本书主要内容

本书选取几种典型非线性能量阱开展介绍，重点阐述非线性能量阱的基本理论及典型应用，主要包括以下内容。

（1）第 2 章介绍非线性系统的信号分析方法。通过对傅里叶变换的简单介绍，指出傅里叶变换在分析非平稳信号方面的不足,以及引入时频分析方法的必要性。对于短时傅里叶变换,介绍了窗函数、泄漏、测不准原理等内容,分析了短时傅里叶变换的优缺点。随后,介绍了小波变换的定义、性质及其特点。分析了希尔伯特变换、希尔伯特-黄变换的基本原理及其特点。通过对上述信号分析方法及原理的介绍,为后续非线性系统中的信号分析奠定基础。

(2) 第3章介绍立方刚度非线性能量阱。重点阐述立方刚度非线性能量阱的靶能量传递机制,分析其在结构减振方面的应用。利用复变量-平均法和多尺度法将系统运动方程投影到慢不变流形上。在瞬态载荷下,分析系统中的1∶1共振特性,得到实现完全靶能量传递的最小质量比,推导诱发靶能量传递的初始能量和立方刚度系数之间的关系。在简谐激励下,介绍立方刚度非线性能量阱实现靶能量传递的动力学机理,得到诱发系统调制响应的条件,通过对响应域的分析,给出立方刚度非线性能量阱的参数设计策略。

(3) 第4章介绍串联型立方刚度非线性能量阱。在瞬态载荷下,通过理论分析推导系统在1∶1∶1共振附近的周期、准周期和混沌响应,对初级结构振动的抑制能力进行比较分析。在简谐激励下,揭示了两自由度立方刚度非线性能量阱导致的强调制响应,验证其对初级结构振动的抑制性能。随后,将分析结果推广至串联型多自由度系统。

(4) 第5章介绍旋转非线性能量阱。通过拉格朗日法建立系统的动力学方程,结合复变量-平均法和多尺度法对耦合系统进行求解,分析系统在瞬态激励下的动力学特性,得到非线性共振捕获及其在能量传递和耗散中的作用规律。同时考虑水平方向和垂直方向的动力学特性,得到多自由度系统的动力学方程及解析解。通过理论分析和数值仿真,验证理论分析结果的正确性,并将分析结果推广至链式多自由度旋转非线性能量阱。

(5) 第6章介绍碰撞非线性能量阱。建立带有碰撞非线性能量阱的系统动力学分析模型,介绍了慢不变流形的靶能量传递特性随碰撞间隙的变化规律,分别得到周期激励和瞬态激励下碰撞非线性能量阱的最佳间隙,给出用于控制周期振动和瞬态振动的参数最优设计准则。随后,将分析结果推广至多自由度碰撞非线性能量阱,并验证碰撞非线性能量阱的可加性和独立性原理。

(6) 第7章介绍单侧碰撞非线性能量阱。通过对碰撞前后速度变换矩阵的特征分解,本章提出碰撞模态的概念,揭示了无能量耗散碰撞模态和能量耗散碰撞模态的物理意义。然后,将碰撞模态应用于单侧碰撞非线性能量阱的靶能量传递机理研究,揭示了单侧碰撞非线性能量阱实现能量局部耗散的根本原因。通过希尔伯特变换揭示了无能量耗散碰撞模态系数与系统中能量之间的内在联系。讨论了设计参数对单侧碰撞非线性能量阱的能量耗散性能影响规律,得到了满足振动控制要求的单侧碰撞非线性能量阱设计参数域。

(7) 第 8 章介绍对称单侧碰撞非线性能量阱。为了克服单侧碰撞非线性能量阱的减振性能受外部载荷方向影响的缺点,本章提出一种对称单侧碰撞非线性能量阱,并将其应用到悬臂梁的冲击响应控制之中。通过伽辽金法建立系统的无量纲动力学方程。进一步拓展了碰撞模态的概念,对三个质量碰撞前后速度变化矩阵进行了特征分解,证明了存在于系统中复杂的能量耗散机理。通过数值仿真对对称单侧碰撞非线性能量阱参数进行优化。结果显示,通过将对称单侧碰撞非线性能量阱和单侧碰撞非线性能量阱及非线性能量阱锁住对比。所谓非线性能量阱锁住是指将非线性能量阱与初级结构固定在一起,非线性能量阱与初级结构之间没有相对运动。发现在不增加附加质量的情况下,经过优化的对称单侧碰撞非线性能量阱能够有效地抑制悬臂梁的冲击响应。探讨了对称单侧碰撞非线性能量阱布置位置和对称单侧碰撞非线性能量阱碰撞间隙对其能量耗散性能的影响。检验了基础受到地震载荷激励下,对称单侧碰撞非线性能量阱对初级结构响应的抑制情况。

(8) 第 9 章介绍单侧碰撞轨道非线性能量阱。不同于以往的研究,本章考虑了其所连接的基础结构的水平和垂直方向运动,并通过单侧碰撞轨道非线性能量阱实现能量从水平方向传递至垂直方向并耗散的有益效果。非线性能量阱研究的一个重要内容是系统参数的最优选取问题,不同的质量、阻尼等参数将对控制效果产生决定性影响。考虑单侧碰撞轨道非线性能量阱应用于初级结构受到较大的冲击的情形,利用加权平均法对参数进行了优化。分析了碰撞表面在轨道上的位置对非线性能量阱振动抑制性能的影响规律,讨论了能量耗散效果与传递至系统中的能量量级之间的关系。最后,通过地震载荷对所设计的单侧碰撞轨道非线性能量阱进行了验证,取得了良好的振动抑制效果,表明该设计具有很强的工程应用潜力和价值。

(9) 第 10 章介绍对称单侧碰撞轨道非线性能量阱。本章提出一种对称单侧碰撞轨道非线性能量阱。仿真分析表明,经过参数优化后的对称单侧碰撞轨道非线性能量阱能有效降低结构动力学响应。考虑到实际应用中不可避免地存在安装误差、精度误差、器件非线性等因素的影响，分析了加工误差对对称单侧碰撞轨道非线性能量阱结构振动控制效果的影响，对对称单侧碰撞轨道非线性能量阱的鲁棒性进行了检验。最后，通过地震载荷对该非线性能量阱的性能进行了检验。结果表明，该非线性能量阱能够有效地抑制结构在地震载荷下的振动响应。

（10）第11章介绍非线性能量阱的应用实例。非线性能量阱在工程中应用十分广泛，通过对文献的梳理，系统全面地总结了非线性能量阱在土木工程、机械工程、航空航天以及能量收集领域的应用实例，反映出非线性能量阱在工程应用的最新进展和重要成果。同时，针对不同类型非线性能量阱的特点进行了总结与归纳，指出每种非线性能量阱的优缺点和适用场合，为非线性能量阱的工程应用提供指导。

本书从理论分析、仿真分析和应用案例等多个角度对典型非线性能量阱开展系统深入的介绍，力图反映本领域的最新研究进展和发展趋势，为非线性能量阱的实际应用提供可靠指导。

第 2 章　非线性系统的信号分析方法

2.1　概　　述

傅里叶变换是结构动力学分析的经典方法之一，并在线性系统分析中得到广泛应用。通过对信号的傅里叶变换，可以得到信号的自谱密度、相干函数、传递函数等信息。然而，在非线性系统的动力学分析中，信号具有很强的非线性及时变特性。通过傅里叶变换将信号变换到频域时，将丢失关于频率随时间变化的所有信息，无法获得信号频率随时间的变化规律。为了克服傅里叶变换在非平稳信号分析中的不足，必须寻找能够同时反映信号时域特征和频域特征的新方法，即时频分析方法。本章将介绍傅里叶变换、短时傅里叶变换、小波变换和希尔伯特-黄变换的基本原理及特点，为非线性系统动力学分析提供方法和手段。

2.2　傅里叶变换及短时傅里叶变换

在 1946 年，丹尼斯·加博尔（Dennis Gabor）首次提出了短时傅里叶变换的概念。短时傅里叶变换的基本思想是对时域信号加窗，将加窗后的时域信号再进行傅里叶变换。窗函数在整个时间轴上平移，利用窗函数将任意 t 时刻附近的频谱局域化，从而得到信号的二维时频谱。即使信号 $x(t)$ 是非平稳的或是时变的，通过将信号分成许多小段后，可以假定每一小段的信号都是平稳的。因此，短时傅里叶变换可以用于非平稳信号或时变信号的分析。本节将介绍短时傅里叶变换的基本原理和特点。

2.2.1 傅里叶变换的定义

首先,简要回顾傅里叶变换。在 $\mathbb{R}:=(-\infty,+\infty)$ 上的勒贝格平方可积函数全体记为 $L^2(\mathbb{R})$。若 $x(t)\in L^2(\mathbb{R})$,则其傅里叶变换定义为

$$X(\omega)=\mathcal{F}(x(t))=\int_{-\infty}^{+\infty}x(t)\mathrm{e}^{-\mathrm{j}\omega t}\mathrm{d}t \tag{2-1}$$

式中,$\mathrm{j}=\sqrt{-1}$ 为虚数单位。

信号 $x(t)$ 的傅里叶变换 $X(\omega)$ 通常是复数,因此将式(2-1)改写为

$$X(\omega)=|X(\omega)|\mathrm{e}^{\mathrm{j}\varphi(\omega)} \tag{2-2}$$

式中,$|X(\omega)|$ 为信号 $x(t)$ 的幅值谱,其表达式为

$$|X(\omega)|=\sqrt{\mathrm{Re}^2(X(\omega))+\mathrm{Im}^2(X(\omega))} \tag{2-3}$$

$\varphi(\omega)$ 为信号 $x(t)$ 的相位谱,其表达式为

$$\varphi(\omega)=\arctan\frac{\mathrm{Im}(X(\omega))}{\mathrm{Re}(X(\omega))} \tag{2-4}$$

其中,$\mathrm{Re}(\cdot)$ 表示计算实部;$\mathrm{Im}(\cdot)$ 表示计算虚部。

信号 $x(t)$ 的傅里叶逆变换为

$$x(t)=\mathcal{F}^{-1}(X(\omega))=\frac{1}{2\pi}\int_{-\infty}^{+\infty}X(\omega)\mathrm{e}^{\mathrm{j}\omega t}\mathrm{d}\omega \tag{2-5}$$

对于非平稳信号,从时域波形中很难发现它的频率特性。同样地,在频谱图中也难以知道信号频率发生改变的时刻。例如,对于时域信号 $x_1(t)$,其表达式为

$$x_1(t)=\begin{cases}\sin(200\pi t),&0\leqslant t<0.2\\ \sin(400\pi t),&0.2\leqslant t<0.4\end{cases} \tag{2-6}$$

对于时域信号 $x_2(t)$,其表达式为

$$x_2(t)=\begin{cases}\sin(400\pi t),&0\leqslant t<0.2\\ \sin(200\pi t),&0.2\leqslant t<0.4\end{cases} \tag{2-7}$$

图 2-1 为信号 $x_1(t)$ 和信号 $x_2(t)$ 的时域和频域波形。从图 2-1(a)、(b)中可以看出信号 $x_1(t)$ 和信号 $x_2(t)$ 的时域波形明显不同,但从图 2-1(c)、(d)中可以看出二者频域波形却几乎相等,难以区分。在非线性系统中,常常观察到信号频

率随时间变化的现象。傅里叶变换及其逆变换的分析结果要么完全在时域,要么完全在频域。只了解信号在时域或者频域的全局特性是远远不够的,要求信号分析方法能够准确地反映出信号的局部时变特性。尽管信号的时域信息隐含在其傅里叶变换的相位中,但通常难以直观理解。综上所述,傅里叶变换难以清楚地反映信号频率随时间的变化规律,需要对信号进行时域和频域的联合分析。

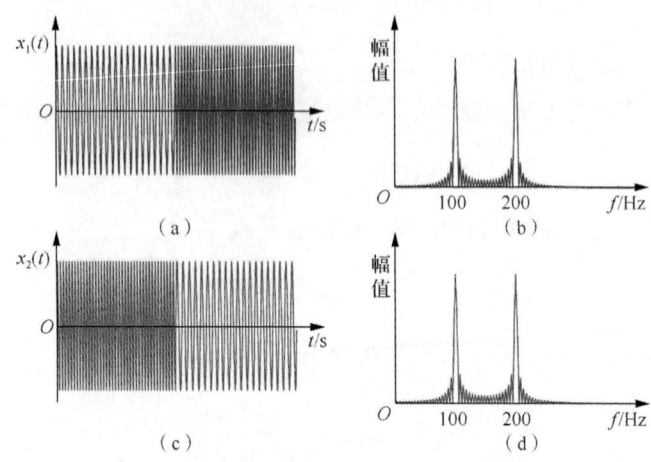

图 2-1　信号 $x_1(t)$ 和信号 $x_2(t)$ 的时域和频域波形

2.2.2　窗函数与泄漏

为了反映信号的局部特征,希望寻找一个在时域和频域上都具有很好局部化特性的基函数。该基函数在时域上集中于某一点 t_0 附近,同时在频域上集中于某一点 ω_0 附近。显然,该基函数可以通过对傅里叶变换的基函数加窗获得。对任何信号的观测都是在有限时间内进行的,就好像是从一个"窗"中观察信号,其含义为采用截取函数对信号进行截断。窗函数是一类加权函数的统称,其形状多种多样,采用不同的窗函数对信号进行加权截取会得到不同的观测值。矩形窗函数及其傅里叶变换如图 2-2 所示。矩形窗函数定义为

$$g(t) = \begin{cases} 1/\tau, & |t| \leq \tau/2 \\ 0, & |t| > \tau/2 \end{cases} \tag{2-8}$$

式中,τ 为矩形窗函数的宽度。

矩形窗函数是一个单位权重的加权窗函数，对窗内的信号加权为 1，对窗外的信号加权为 0。矩形窗函数的傅里叶变换为

$$G(\omega) = \mathcal{F}(g(t)) = \int_{-\infty}^{+\infty} g(t) e^{-j\omega t} dt = \frac{\sin(\omega \tau/2)}{\omega \tau/2} \quad (2\text{-}9)$$

三角窗（triangular window）函数亦称费杰窗（Fejer window）函数，其定义为

$$g(t) = \begin{cases} \dfrac{1}{\tau}\left(1 - \dfrac{2|t|}{\tau}\right), & |t| \leqslant \tau/2 \\ 0, & |t| > \tau/2 \end{cases} \quad (2\text{-}10)$$

三角窗函数的傅里叶变换为

$$G(\omega) = \mathcal{F}(g(t)) = \int_{-\infty}^{+\infty} g(t) e^{-j\omega t} dt = \left(\frac{\sin(\omega \tau/4)}{\omega \tau/4}\right)^2 \quad (2\text{-}11)$$

三角窗函数及其傅里叶变换如图 2-3 所示。与矩形窗函数比较，三角窗函数的主瓣宽度约等于矩形窗的两倍，但旁瓣小，且没有负旁瓣。

汉宁窗（Hanning window）函数又称升余弦窗函数，其定义为

$$g(t) = \begin{cases} \dfrac{1}{2\tau}\left(1 + \cos\left(\dfrac{2\pi t}{\tau}\right)\right), & |t| \leqslant \tau/2 \\ 0, & |t| > \tau/2 \end{cases} \quad (2\text{-}12)$$

汉宁窗函数的傅里叶变换为

$$\begin{aligned} G(\omega) &= \mathcal{F}(g(t)) = \int_{-\infty}^{+\infty} g(t) e^{-j\omega t} dt \\ &= \frac{1}{2}\frac{\sin(\omega\tau/2)}{\omega\tau/2} + \frac{1}{4}\frac{\sin(\omega\tau/2+\pi)}{\omega\tau/2+\pi} + \frac{1}{4}\frac{\sin(\omega\tau/2-\pi)}{\omega\tau/2+\pi} \end{aligned} \quad (2\text{-}13)$$

汉宁窗函数及其傅里叶变换如图 2-4 所示。汉宁窗函数的主瓣变宽，幅值降低，旁瓣则显著减小。但主瓣加宽相当于分析带宽加宽，频率分辨力下降。与矩形窗函数相比，汉宁窗函数的泄漏与波动都减小，选择性有所提高。

汉明窗（Hamming window）函数与汉宁窗函数类似，都是改进的升余弦窗函数，只是加权系数不同，其定义为

$$g(t) = \begin{cases} \dfrac{1}{\tau}\left(0.54 + 0.46\cos\left(\dfrac{2\pi t}{\tau}\right)\right), & |t| \leqslant \tau/2 \\ 0, & |t| > \tau/2 \end{cases} \quad (2\text{-}14)$$

汉明窗函数的傅里叶变换为

$$G(\omega) = \mathcal{F}(g(t)) = \int_{-\infty}^{+\infty} g(t) e^{-j\omega t} dt$$
$$= 0.54 \frac{\sin(\omega\tau/2)}{\omega\tau/2} + 0.23 \frac{\sin(\omega\tau/2+\pi)}{\omega\tau/2+\pi} + 0.23 \frac{\sin(\omega\tau/2-\pi)}{\omega\tau/2+\pi} \quad (2\text{-}15)$$

汉明窗函数及其傅里叶变换如图 2-5 所示。相比汉宁窗函数，汉明窗函数使旁瓣更小，但其旁瓣衰减速度变慢。

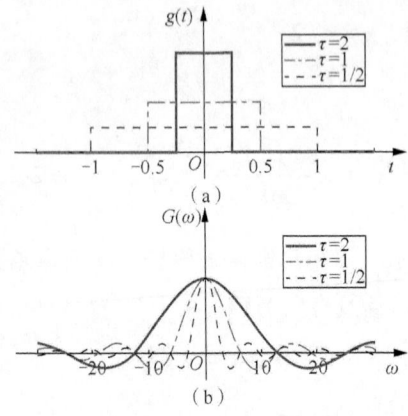

图 2-2　矩形窗函数及其傅里叶变换

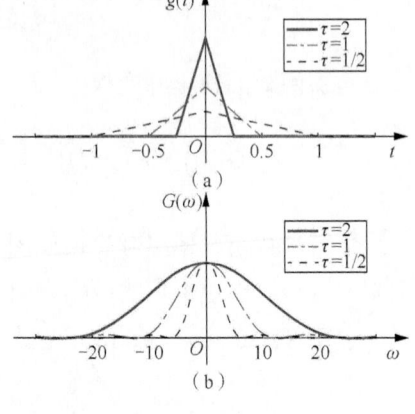

图 2-3　三角窗函数及其傅里叶变换

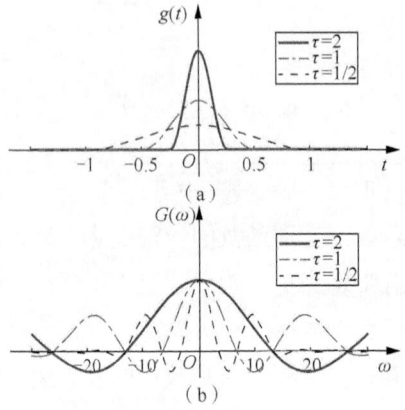

图 2-4　汉宁窗函数及其傅里叶变换

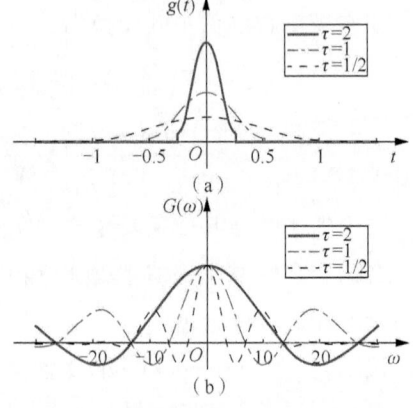

图 2-5　汉明窗函数及其傅里叶变换

除了上述窗函数外，还有高斯窗函数、布莱克曼窗函数、凯泽窗函数和切比雪夫窗函数等，读者可参阅信号处理相关书籍[141]，在此不再赘述。对信号 $x(t)$ 加

窗就是将其与窗函数 $g(t)$ 相乘，加窗后信号的傅里叶变换为

$$X_g(\omega)=\int_{-\infty}^{+\infty}x(t)\cdot g(t)\mathrm{e}^{-\mathrm{j}\omega t}\mathrm{d}t=X(\omega)*G(\omega) \quad (2\text{-}16)$$

式中，"*"表示卷积运算；$X(\omega)$ 和 $G(\omega)$ 分别为信号 $x(t)$ 和窗函数 $g(t)$ 的傅里叶变换。

下面以矩形窗函数为例，对加窗过程进行分析。图 2-6 为对信号 $x(t)$ 加矩形窗的过程。将信号 $x(t)$ 与窗函数 $g(t)$ 相乘，通过矩形窗 $g(t)$ 看信号 $x(t)$，只能看到窗宽度范围内的信息，窗外的信息会全部损失掉。在频域观察加矩形窗的过程为 $X(\omega)$ 和 $G(\omega)$ 的卷积。由于时域信号被截断，信号在频域上出现很多频率分量，原来集中在 $\pm\omega_1$ 处的能量分散到较宽的频带上。信号截断必然会带来一定的误差，这一现象被称为泄漏，这是加窗所导致的非线性误差，与采集信号仪器的性能无关。即使是周期信号，如果截断的时间长度不是周期的整数倍，那么截取后的信号将会存在泄漏。

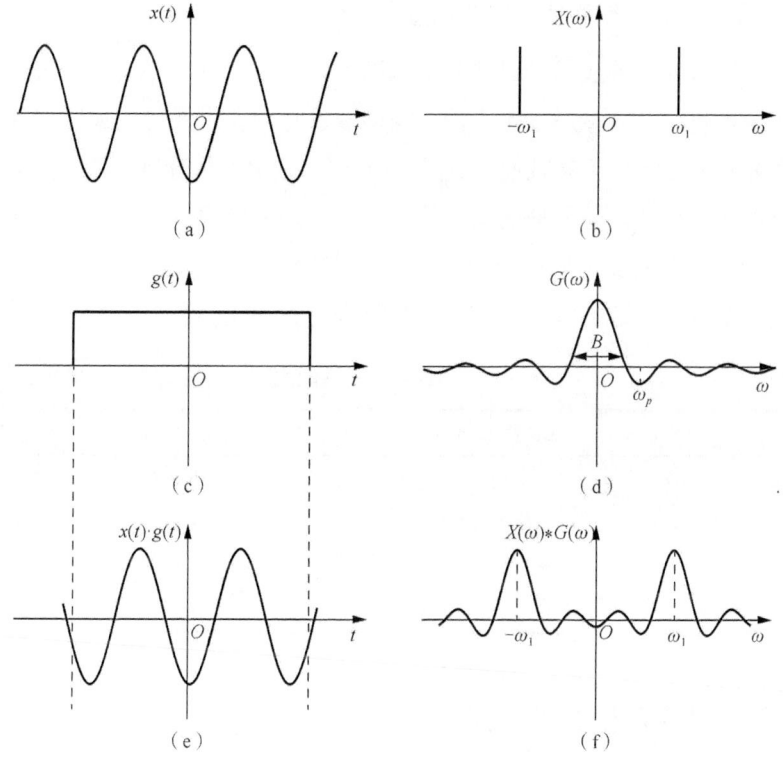

图 2-6 对信号 $x(t)$ 加矩形窗的过程

为描述泄漏现象，定义窗函数在$[-2\pi/\tau, 2\pi/\tau]$范围内的频谱为主瓣，主瓣以外的频谱为旁瓣。随着频率的增加，旁瓣的幅值是衰减的。信号与窗函数在频域的卷积使原来集中在主瓣中的能量泄漏到旁瓣中，导致频响曲线的峰值减小，窗函数过大的旁瓣可能产生虚假的峰值。因此，窗函数的主瓣越窄、旁瓣峰值越低越好。为了评价窗函数的性能，定义主瓣宽度B为

$$\frac{|G(B/2)|^2}{|G(\omega_0)|^2} = \frac{1}{2} \quad (2\text{-}17)$$

式中，ω_0表示主瓣峰值出现的位置。

旁瓣衰减速率A_p为

$$A_p = 10\lg \frac{|G(\omega_p)|^2}{|G(\omega_0)|^2} \quad (2\text{-}18)$$

式中，ω_p表示最大旁瓣峰值出现的位置。

通常，针对特定的应用场景选取窗函数可以减少泄漏。不同窗函数的主瓣宽度不同，旁瓣随频率衰减速度也不同。窗函数选择的要求是使主瓣宽度B尽可能窄，最高旁瓣高度和旁瓣衰减速率A_p尽可能小，旁瓣幅值衰减要快，尽量使信号的能量集中在主瓣内，更好地满足信号处理的周期性要求。表 2-1 比较了常见窗函数的性能，可根据实际需求选取。通常，对随机信号和周期信号多用汉宁窗；如果检测两个频率相近、幅值不同的信号可选用布莱克曼窗。

表 2-1 常见窗函数性能比较

名称	窗函数（$\tau=1$）	主瓣宽度 B	A_p /dB
矩形窗	1	0.89	-13
汉宁窗	$1 + \cos^2(\pi t)$	1.44	-32
汉明窗	$0.54 + 0.46\cos(2\pi t)$	1.36	-43
布莱克曼窗	$0.42 + 0.5\cos(2\pi t) + 0.08\cos(4\pi t)$	1.68	-58

2.2.3 短时傅里叶变换的定义

如果将非平稳过程视为由一系列短时平稳信号组成，任意一短时信号就可以

用傅里叶变换分析。用一个在时间上可滑动的窗函数对信号截取并进行傅里叶变换，从而实现时域和频域的联合分析，这就是短时傅里叶变换（short time Fourier transform, STFT）的基本思想。信号 $x(t)$ 的短时傅里叶变换定义为

$$\text{STFT}(t,\omega) = \int_{-\infty}^{+\infty} \left(x(\tau) \cdot g(\tau - t)\right) e^{-j\omega\tau} d\tau \qquad (2\text{-}19)$$

式（2-19）表示在 t 时刻用窗函数对信号 $x(t)$ 截取，然后对截取的信号作傅里叶变换，即在 t 时刻附近计算信号的傅里叶变换。随后，改变 t 的值并移动窗函数的位置，即可得到不同时刻附近信号的傅里叶变换。将上述结果整合，就得到信号 $x(t)$ 的短时傅里叶变换。注意到，窗函数的形状将对短时傅里叶变换的结果产生重要影响。选取不同汉明窗宽度，对图 2-1（a）中信号开展短时傅里叶变换分析，结果如图 2-7 所示。可以看出，若时窗宽度较宽（$\tau = 0.01$），虽然能够准确分辨信号的频率，但很难分辨信号频率改变的时刻；若时窗宽度较窄（$\tau = 0.08$），虽然能够准确分辨信号频率改变的时刻，但很难准确分辨信号的频率。因此，若短时傅里叶变换选取的窗函数太宽，时域上分割不够精细，时间分辨率低；反之，若选取的窗函数太窄，时窗内的信号太短，频率分辨能力较差。

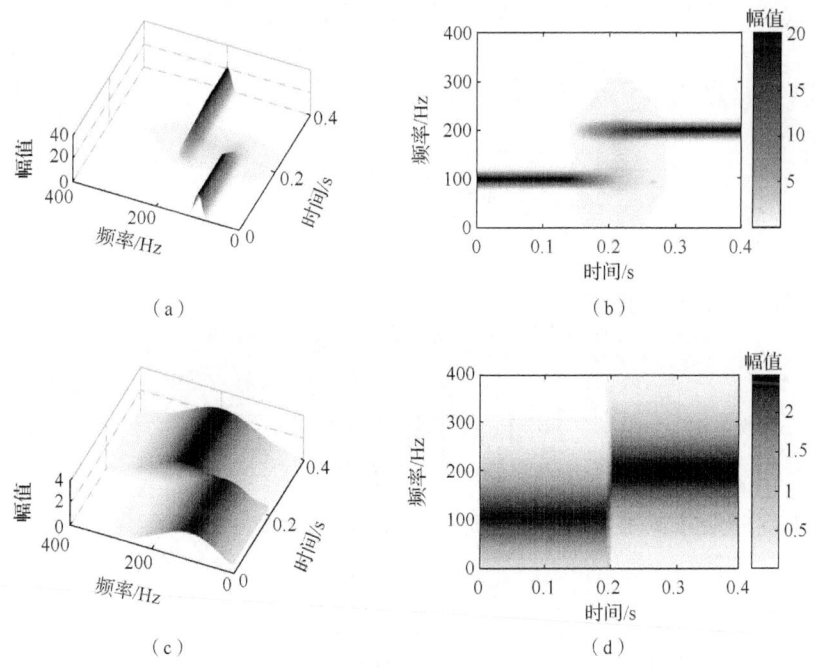

图 2-7　信号的短时傅里叶变换

（a）斜视图（$\tau = 0.01$）；（b）俯视图（$\tau = 0.01$）；（c）斜视图（$\tau = 0.08$）；（d）俯视图（$\tau = 0.08$）

2.2.4 测不准原理

由于信号的时域描述与频域描述可以通过傅里叶变换联系起来，信号的时间分辨率和频率分辨率不是相互独立的。所谓时间分辨率是指分辨相邻两个时域信号的最小间隔，时间间隔越大，分辨率越低，反之分辨率越高。频率分辨率是指分辨相邻两个频率信号的最小间隔，频率间隔越大，分辨率越低，反之分辨率越高。为了便于分析，参照力学中重心的定义，定义时窗函数 $g(t)$ 的中心为

$$t_0 = \frac{\int_{-\infty}^{+\infty} t|g(t)|^2 \mathrm{d}t}{\int_{-\infty}^{+\infty} |g(t)|^2 \mathrm{d}t} \tag{2-20}$$

参照力学中的转动惯量的定义，定义时窗函数 $g(t)$ 的宽度为

$$\Delta t = \sqrt{\frac{\int_{-\infty}^{+\infty} (t-t_0)^2 |g(t)|^2 \mathrm{d}t}{\int_{-\infty}^{+\infty} |g(t)|^2 \mathrm{d}t}} \tag{2-21}$$

同样地，定义频窗函数 $G(\omega)$ 的中心为

$$\omega_0 = \frac{\int_{-\infty}^{+\infty} \omega|G(\omega)|^2 \mathrm{d}\omega}{\int_{-\infty}^{+\infty} |G(\omega)|^2 \mathrm{d}\omega} \tag{2-22}$$

定义频窗函数 $G(\omega)$ 的宽度为

$$\Delta\omega = \sqrt{\frac{\int_{-\infty}^{+\infty} (\omega-\omega_0)^2 |G(\omega)|^2 \mathrm{d}\omega}{\int_{-\infty}^{+\infty} |G(\omega)|^2 \mathrm{d}\omega}} \tag{2-23}$$

若时窗中心 t_0 及频窗中心 ω_0 均为零，则时窗宽度为

$$\Delta t = \sqrt{\frac{\int_{-\infty}^{+\infty} t^2 |g(t)|^2 \mathrm{d}t}{\int_{-\infty}^{+\infty} |g(t)|^2 \mathrm{d}t}} \tag{2-24}$$

频窗宽度为

$$\Delta\omega = \sqrt{\frac{\int_{-\infty}^{+\infty} \omega^2 |G(\omega)|^2 d\omega}{\int_{-\infty}^{+\infty} |G(\omega)|^2 d\omega}} \quad (2\text{-}25)$$

根据帕塞瓦尔定理，可得

$$\int_{-\infty}^{+\infty} |g(t)|^2 dt = \frac{1}{2\pi} \int_{-\infty}^{+\infty} |G(\omega)|^2 d\omega \quad (2\text{-}26)$$

结合傅里叶变换的微分性质，可得

$$\Delta t \Delta\omega = \frac{\sqrt{\int_{-\infty}^{+\infty} t^2 |g(t)|^2 dt \cdot \int_{-\infty}^{+\infty} |g'(t)|^2 dt}}{\int_{-\infty}^{+\infty} |g(t)|^2 dt} \quad (2\text{-}27)$$

根据柯西-施瓦茨不等式，可得

$$\Delta t \Delta\omega = \frac{\sqrt{\int_{-\infty}^{+\infty} t^2 |g(t)|^2 dt \cdot \int_{-\infty}^{+\infty} |g'(t)|^2 dt}}{\int_{-\infty}^{+\infty} |g(t)|^2 dt} \geq \frac{\left|\int_{-\infty}^{+\infty} tg(t)g'(t) dt\right|}{2\int_{-\infty}^{+\infty} |g(t)|^2 dt} \quad (2\text{-}28)$$

从式（2-28）可以看出，信号的时窗宽度和频窗宽度不可能同时任意地窄，这也就意味着任何信息的时间分辨率和频率分辨率不能同时被无限提高。这就是测不准原理，又称不确定性原理。式（2-28）中当且仅当 $g(t)$ 为高斯窗函数时等号成立，其表达式如下：

$$g(t) = \frac{1}{\sqrt{2\pi}} e^{-\frac{t^2}{2}} \quad (2\text{-}29)$$

高斯窗函数的傅里叶变换为

$$G(\omega) = \mathcal{F}(g(t)) = \int_{-\infty}^{+\infty} g(t) e^{-j\omega t} dt = e^{-\frac{\omega^2}{2}} \quad (2\text{-}30)$$

式（2-28）中等号成立的证明过程如下：

$$(\Delta t \Delta \omega)^2 = \frac{\int_{-\infty}^{+\infty} t^2 |g(t)|^2 \mathrm{d}t \cdot \int_{-\infty}^{+\infty} |g'(t)|^2 \mathrm{d}t}{\left(\int_{-\infty}^{+\infty} |g(t)|^2 \mathrm{d}t\right)^2}$$

$$\geq \frac{\left|\int_{-\infty}^{+\infty} tg(t)g'(t) \mathrm{d}t\right|^2}{4\left(\int_{-\infty}^{+\infty} |g(t)|^2 \mathrm{d}t\right)^2} = \frac{1}{4} \frac{\left|\int_{-\infty}^{+\infty} t \frac{\mathrm{d}}{\mathrm{d}t} |g(t)|^2 \mathrm{d}t\right|^2}{\left(\int_{-\infty}^{+\infty} |g(t)|^2 \mathrm{d}t\right)^2}$$

$$= \frac{1}{4} \frac{1}{\left(\int_{-\infty}^{+\infty} |g(t)|^2 \mathrm{d}t\right)^2} \left|\left(t|g(t)|^2\right)\Big|_{-\infty}^{+\infty} - \int_{-\infty}^{+\infty} |g(t)|^2 \mathrm{d}t\right|^2$$

$$= \frac{1}{4} \frac{1}{\left(\int_{-\infty}^{+\infty} |g(t)|^2 \mathrm{d}t\right)^2} \left|\int_{-\infty}^{+\infty} |g(t)|^2 \mathrm{d}t\right|^2 = \frac{1}{4} \tag{2-31}$$

式（2-31）当且仅当 $g'(t) = -t \cdot g(t)$ 时等号成立，即满足式（2-29）。在理想情况下，为了达到最大的时域分辨率，令窗函数 $g(t) = \delta(t)$，信号 $x(t)$ 加窗后的傅里叶变换为

$$X_g(\omega) = \int_{-\infty}^{+\infty} x(\tau) \cdot \delta(\tau - t) \mathrm{e}^{-\mathrm{j}\omega\tau} \mathrm{d}\tau = x(t) \mathrm{e}^{-\mathrm{j}\omega t} \tag{2-32}$$

式中，$\delta(\tau - t)$ 为狄拉克函数。

为达到最大的频率分辨率，令窗函数 $g(t) \equiv 1$，信号 $x(t)$ 加窗后的傅里叶变换为

$$X_g(\omega) = \int_{-\infty}^{+\infty} 1 \cdot x(\tau) \mathrm{e}^{-\mathrm{j}\omega\tau} \mathrm{d}\tau = X(\omega) \tag{2-33}$$

式（2-32）具有最大的时域分辨率，但不提供任何频率分辨率；而式（2-33）已退化为傅里叶变换，不提供任何时域分辨率。

短时傅里叶变换采用固定的窗函数进行分析，计算方法相对简单，在克服了传统傅里叶变换缺陷的同时易于实现。但是，短时傅里叶变换也存在自身无法克服的缺点。从图 2-8 中可以看出，使用短时傅里叶变换分析时，窗函数大小、形状不变，只有位置变化。根据测不准原理，如果选用较宽的窗函数，则频率分辨

率较高，时间分辨率较低；如果选用较窄的窗函数，则时间分辨率较高，频率分辨率较低，不能同时获得最佳的时间分辨率和频率分辨率。实际应用中常常希望时频窗口的大小、形状随频率的变化而变化。信号的频率与周期成反比，希望采用相对较窄的时间窗口分析高频信号，以提高分辨率；对于低频信号，则希望采用相对较宽的时间窗口以保证信息的完整性。显然，短时傅里叶变换不能满足上述要求，必须寻求新的信号处理方法。

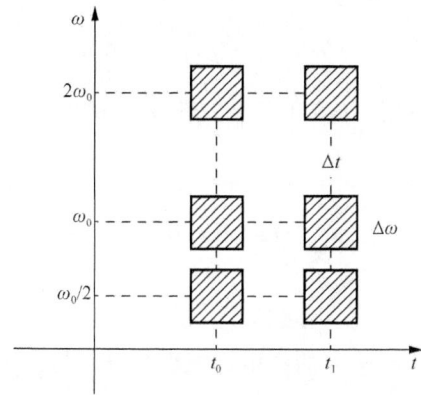

图 2-8　短时傅里叶变换的时间-频率分辨率

2.3　小　波　变　换

1984 年，法国地质学家莫雷特（J. Morlet）在研究地下岩石油层分布时首次提出"小波"的概念。随后，数学家迈耶尔（Y. Meyer）创造性地构造了第一个具有一定衰减性的光滑小波。1986 年，马拉特（S. Mallat）提出了多尺度分析思想和马拉特算法，成功地统一了在此之前提出的各种小波函数，小波变换的理论和应用得到迅速发展。小波变换继承和发展了短时傅里叶变换的局部化思想，同时克服了傅里叶变换和短时傅里叶变换的缺陷。最重要的是，小波变换给出了可以调节的时频窗口，窗口宽度随频率变化，频率增高时时间窗口宽度自动变窄，反之变宽，进而提高时频分辨率[142]。小波变换是近年来信号分析工具和方法上的重大突破，为平稳信号分析展示了美好前景。

2.3.1 小波变换的定义

假设平方可积函数 $\psi(t) \in L^2(\mathbb{R})$，且其傅里叶变换 $\hat{\psi}(\omega)$ 满足容许条件：

$$\int_{-\infty}^{+\infty} \frac{|\hat{\psi}(\omega)|^2}{|\omega|} d\omega < +\infty \tag{2-34}$$

则称 $\psi(t)$ 为基本小波或小波母函数。由容许条件可知：

$$\hat{\psi}(0) = \int_{-\infty}^{+\infty} \psi(t) dt = 0 \tag{2-35}$$

将小波母函数 $\psi(t)$ 进行伸缩和平移，所得的函数簇 $\{\psi_{a,b}(t)\}$ 称为小波子函数或小波基函数：

$$\psi_{a,b}(t) = |a|^{-\frac{1}{2}} \psi\left(\frac{t-b}{a}\right) \tag{2-36}$$

式中，a 和 b 均为常数；$a>0$ 为尺度因子；b 为平移因子。

式（2-36）中，尺度因子 a 的作用是把小波母函数 $\psi(t)$ 伸缩：当 a 越大时，小波子函数 $\psi_{a,b}(t)$ 所覆盖的时域范围较 $\psi(t)$ 越宽；反之当 a 越小时，小波子函数 $\psi_{a,b}(t)$ 所覆盖的时域范围越窄。$|a|^{-\frac{1}{2}}$ 的作用是保证小波子函数 $\psi_{a,b}(t)$ 和小波母函数 $\psi(t)$ 有相同的能量：

$$\int_{-\infty}^{+\infty} |\psi(t)|^2 dt = |a|^{-\frac{1}{2}} \int_{-\infty}^{+\infty} \left|\psi\left(\frac{t-b}{a}\right)\right|^2 dt \tag{2-37}$$

平移因子 b 的作用是确定对信号 $x(t)$ 分析的时间位置，即时间中心。参数 a 和 b 联合确定了对信号 $x(t)$ 分析的时间中心位置和时间宽度。

小波变换的思想和短时傅里叶变换不同：短时傅里叶变换是对信号加窗，分段做傅里叶分析；而小波变换采用有限长并衰减的小波基函数来分析信号频率随时间的变化。小波变换的基本原理是利用一簇小波基函数来逼近信号 $x(t)$。对于给定的平方可积信号 $x(t) \in L^2(\mathbb{R})$，将其在小波子函数所构成的函数空间中投影，定义小波变换（wavelet transform, WT）如下：

$$W(a,b) = \int_{-\infty}^{+\infty} x(t) \psi_{a,b}^*(t) dt = |a|^{-\frac{1}{2}} \int_{-\infty}^{+\infty} x(t) \psi^*\left(\frac{t-b}{a}\right) dt \tag{2-38}$$

式中，$W(a,b)$ 为小波变换系数；ψ^* 为 ψ 的共轭。

对信号 $x(t)$ 进行小波变换的过程如图 2-9 所示。可以看出，小波变换相当于通过改变小波函数的尺度因子 a 和平移因子 b 来观察信号。当 a 减小时，小波函数的时窗宽度减小，频窗宽度增大；当 a 增大时，小波函数的时窗宽度增大，频窗宽度减小。小波变换在高频处时间分辨率高，频率分辨率低；在低频处时间分辨率低，频率分辨率高。因此，小波变换的窗口具有自适应调节的性能。

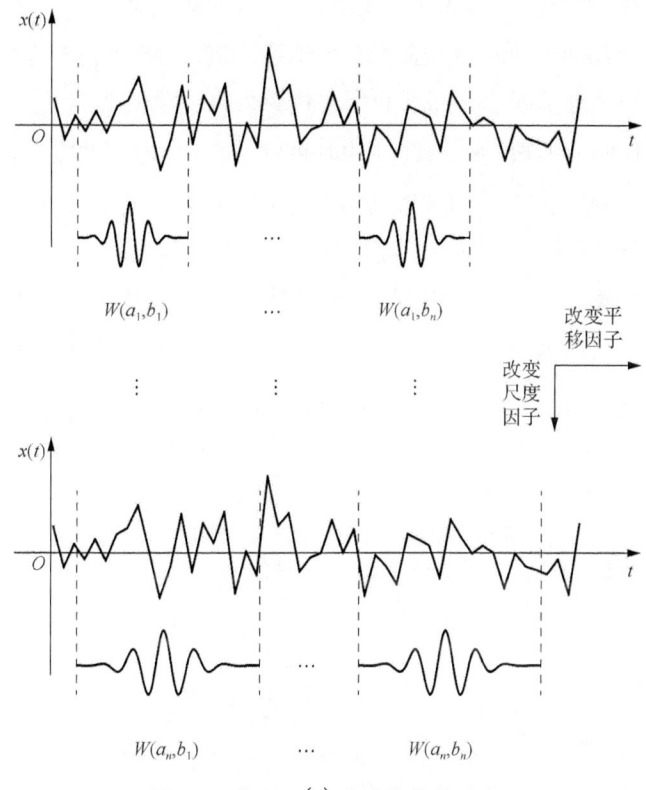

图 2-9 信号 $x(t)$ 小波变换的过程

2.3.2 小波变换的特点

信号 $x(t)$ 的傅里叶变换为 $X(\omega)$，小波母函数 $\psi(t)$ 的傅里叶变换为 $\hat{\psi}(\omega)$，由傅里叶变换的性质可知小波子函数 $\psi_{a,b}(t)$ 的傅里叶变换为

$$\hat{\psi}_{a,b}(\omega) = \mathcal{F}(\psi_{a,b}(t)) = \mathcal{F}\left(|a|^{-\frac{1}{2}}\psi\left(\frac{t-b}{a}\right)\right) = \sqrt{a}\hat{\psi}(a\omega)e^{-j\omega b} \qquad (2-39)$$

根据帕塞瓦尔定理，可得小波变换的频域表达式：

$$W(a,b) = \frac{1}{2\pi}\int_{-\infty}^{+\infty} X(\omega)\hat{\psi}_{a,b}^*(\omega)\mathrm{d}\omega = \frac{\sqrt{a}}{2\pi}\int_{-\infty}^{+\infty} X(\omega)\hat{\psi}^*(a\omega)\mathrm{e}^{\mathrm{j}\omega b}\mathrm{d}\omega \qquad (2\text{-}40)$$

式中，$\hat{\psi}^*(\omega)$ 为 $\hat{\psi}(\omega)$ 的共轭。

结合式（2-36）和式（2-39）可知，如果 $\psi_{a,b}(t)$ 在时域是有限支撑的，那么 $W(a,b)$ 也是有限支撑的。同样地，如果 $\hat{\psi}_{a,b}(\omega)$ 在频域是有限支撑的，即具有带通特性，那么 $W(a,b)$ 将反映中心频率处的局部特性。若小波母函数 $\psi(t)$ 的时窗中心是 t_0，时间宽度是 Δt，$\hat{\psi}(\omega)$ 的中心频率为 ω_0，频带宽度是 $\Delta\omega$。利用尺度因子 a 对小波母函数缩放，则 $\psi(t/a)$ 的时窗中心是 t_0，时间宽度是 $a\Delta t$，$a\hat{\psi}(a\omega)$ 的频谱中心频率变为 ω_0/a，频带宽度变为 $\Delta\omega/a$。不同尺度因子 a 下小波变换的时间-频率分辨率如图 2-10 所示。可以看出，当尺度因子 $a>1$ 时，对信号 $x(t)$ 的时域观察范围变宽，对 $X(\omega)$ 的频域观察范围变窄，且所分析的中心频率向低频移动。反之，当尺度因子 $a<1$ 时，对信号 $x(t)$ 的时域观察范围变窄，对 $X(\omega)$ 的频域观察范围变宽，且所分析的中心频率向高频移动。

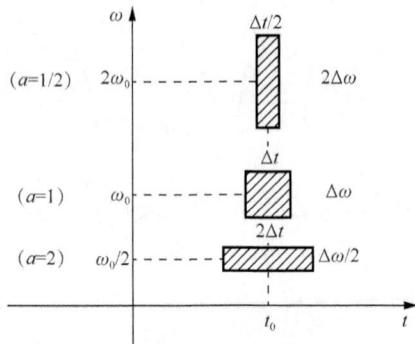

图 2-10　不同尺度因子 a 下小波变换的时间-频率分辨率

观察到在不同尺度下，时间宽度与频带宽度的乘积始终是 $\Delta t \cdot \Delta\omega$，即图中三个矩形的面积不随参数 a 和 b 变化。这说明小波变换的时间-频率关系受到测不准原理的制约。注意到高频信号往往对应时域中的快变成分，通过减小 a 使分析的中心频率移到高频处，信号的时域分辨率高，但频率分辨率低。与此相反，低频信号往往对应时域中的慢变成分，通过增加 a 使分析的中心频率移到低频处，信号的频率分辨率高，但时间分辨率低。由此可以看到，小波变换为我们提供了一个在时频平面上可调的分析窗口。对图 2-1（a）中信号进行小波变换，结果如图 2-11 所示。可以看出，小波变换具有很好的时间和频率分辨效果。

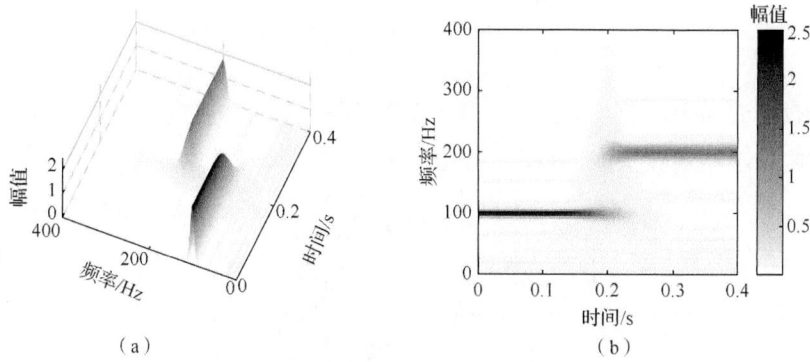

图 2-11 信号的小波变换

(a) 斜视图；(b) 俯视图

相比于短时傅里叶变换，小波变换的优点主要表现如下。

(1) 由于小波母函数的宽度是可变的，较好地解决了时间分辨率和频率分辨率的矛盾，其变化规律使得小波变换具有优良的局部化特性，对分析突变信号和奇异信号非常有效，充分体现了相对带宽频率分析和自适应分析的思想。

(2) 小波变换能将各种交织在一起的由不同频率组成的混合信号分解成不同频率的信号，并对频率大小不同的信号采用相应粗细的时空域取样步长，从而能够不断聚焦到对象的任意微小细节，对时变信号的频谱分析意义重大。

(3) 小波变换并不要求基底是正交的，其时窗宽度和频窗宽度乘积较小，因而展开系数的能量较为集中。

2.3.3 常见的小波函数

哈尔小波（Haar wavelet）函数是最简单的小波函数，也是小波函数分析中最早用到的一个具有紧支撑的正交小波函数，如图 2-12 所示。哈尔小波函数的定义为

$$\psi(t) = \begin{cases} 1, & 0 \leqslant t < 1/2 \\ -1, & 1/2 \leqslant t < 1 \\ 0, & \text{其他} \end{cases} \quad (2\text{-}41)$$

哈尔小波函数 $\psi(t)$ 的傅里叶变换为

$$\hat{\psi}(\omega) = j\frac{4}{\omega}\sin^2\left(\frac{\omega}{4}\right)e^{-j\frac{\omega}{2}} \quad (2\text{-}42)$$

显然,哈尔小波函数满足容许条件:

$$\int_{-\infty}^{+\infty}\frac{|\hat{\psi}(\omega)|^2}{|\omega|}\mathrm{d}\omega=16\int_{-\infty}^{+\infty}\frac{\sin^4\left(\frac{\omega}{4}\right)}{|\omega|^3}\mathrm{d}\omega<+\infty \tag{2-43}$$

哈尔小波函数具有很好的正交性且计算简单。因此,在多分辨率系统分析中,常采用哈尔小波函数构成一组简单的正交归一化小波函数族。

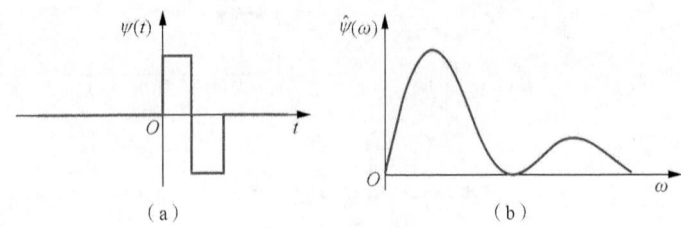

图 2-12　哈尔小波函数及其傅里叶变换

马尔小波(Marr wavelet)函数形状像墨西哥帽子的截面,如图 2-13 所示。因此,马尔小波函数也被称为墨西哥帽小波函数,其定义为

$$\psi(t)=\frac{1}{\sqrt{2\pi}}(1-t^2)\mathrm{e}^{-\frac{t^2}{2}} \tag{2-44}$$

墨西哥帽小波函数 $\psi(t)$ 的傅里叶变换为

$$\hat{\psi}(\omega)=\omega^2\mathrm{e}^{-\frac{\omega^2}{2}} \tag{2-45}$$

显然有

$$\int_{-\infty}^{+\infty}\frac{|\hat{\psi}(\omega)|^2}{|\omega|}\mathrm{d}\omega=2\int_{-\infty}^{+\infty}\omega^3\mathrm{e}^{-\omega^2}\mathrm{d}\omega=1<+\infty \tag{2-46}$$

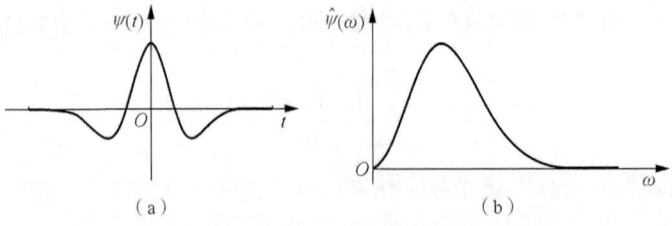

图 2-13　墨西哥帽小波函数及其傅里叶变换

墨西哥帽小波函数具有以下特点。

（1）在时间域与频率域都有很好的局部化特性，并且满足 $\int_{-\infty}^{+\infty}\psi(t)\mathrm{d}t=0$。

（2）不存在尺度函数，所以墨西哥帽小波函数不具有正交性。

莫雷特小波（Morlet wavelet）函数是一个高斯包络下的单频复正弦函数，如图 2-14 所示，其定义为

$$\psi(t)=\mathrm{e}^{\mathrm{j}\omega_0 t}\mathrm{e}^{-t^2/2} \tag{2-47}$$

式中，ω_0 为无量纲频率。

莫雷特小波函数 $\psi(t)$ 的傅里叶变换为

$$\hat{\psi}(\omega)=\sqrt{2\pi}\mathrm{e}^{-(\omega-\omega_0)^2/2} \tag{2-48}$$

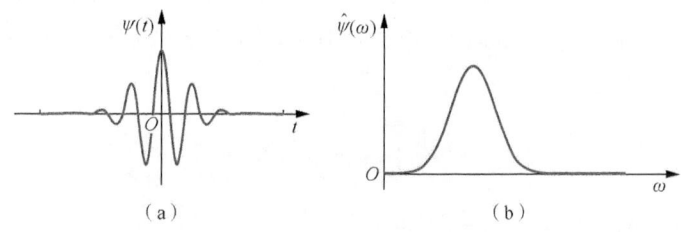

图 2-14　莫雷特小波函数及其傅里叶变换

莫雷特小波函数没有尺度函数，而且是非正交的小波函数，其在时间与频率的局部化之间有着很好的平衡。此外，还有高斯小波函数、香农小波函数、迈耶小波函数、多贝切斯小波函数、样条小波函数等，可根据实际需求选择，详见小波分析相关书籍[142-144]，在此不再赘述。

2.4　希尔伯特变换及希尔伯特-黄变换

希尔伯特变换是以著名数学家希尔伯特（Hilbert）命名的。希尔伯特变换是信号分析的重要工具，可以提供 90°的相位变换而不影响频率分量的幅度，在通信领域常用来构造解析信号。本节将介绍希尔伯特变换的基本原理，并在此基础上介绍希尔伯特-黄变换的基本原理。

2.4.1 希尔伯特变换

信号 $x(t) \in L^2(\mathbb{R})$，其希尔伯特变换（Hilbert transform, HT）定义为

$$\hat{x}(t) = H(x(t)) = \int_{-\infty}^{+\infty} \frac{x(\tau)}{\pi(t-\tau)} d\tau = x(t) * \frac{1}{\pi t} \quad (2\text{-}49)$$

式中，"*"表示卷积运算。

希尔伯特逆变换为

$$x(t) = H^{-1}(\hat{x}(\tau)) = \int_{-\infty}^{+\infty} \frac{\hat{x}(\tau)}{\pi(t-\tau)} d\tau \quad (2\text{-}50)$$

由定义可知，信号 $x(t)$ 的希尔伯特变换为 $x(t)$ 和 $1/(\pi t)$ 的卷积。因此，希尔伯特变换可看作是信号 $x(t)$ 经过一个单位脉冲响应函数为 $h(t) = 1/(\pi t)$ 的系统，该系统的傅里叶变换为

$$\mathcal{F}(h(t)) = \mathcal{F}\left(\frac{1}{\pi t}\right) = -\mathrm{j}\,\mathrm{sgn}(\omega) = \begin{cases} -\mathrm{j}, & \omega \geqslant 0 \\ \mathrm{j}, & \omega < 0 \end{cases} \quad (2\text{-}51)$$

式中，$\mathrm{sgn}(\cdot)$ 为符号函数，其定义为

$$\mathrm{sgn}(\omega) = \begin{cases} 1, & \omega \geqslant 0 \\ -1, & \omega < 0 \end{cases} \quad (2\text{-}52)$$

图 2-15 为希尔伯特变换前后信号频谱的变化。可以看出，原始信号经过一次希尔伯特变换后，在正频率部分的频谱乘以 $-\mathrm{j}$，在负频率部分的频谱乘以 j。也就是说，在保持幅度不变的条件下，将正频率部分频谱的相位移动了 $-\pi/2$，而对于负频率部分频谱的相位移动了 $\pi/2$。因此，希尔伯特变换又被称为 90° 移相器。

根据希尔伯特变换的特点，构造解析函数：

$$z(t) = x(t) + \mathrm{j}\hat{x}(t) = a(t)\mathrm{e}^{-\mathrm{j}\varphi(t)} \quad (2\text{-}53)$$

式中，$a(t)$ 为信号 $x(t)$ 的瞬时包络，其计算公式为

$$a(t) = \sqrt{x^2(t) + \hat{x}^2(t)} \quad (2\text{-}54)$$

信号 $x(t)$ 的瞬时相位 $\varphi(t)$ 为

$$\varphi(t) = \arctan\frac{\hat{x}(t)}{x(t)} \quad (2\text{-}55)$$

定义信号 $x(t)$ 的瞬时频率为

$$\tilde{f}(t) = \frac{1}{2\pi}\frac{\mathrm{d}\varphi(t)}{\mathrm{d}t} \tag{2-56}$$

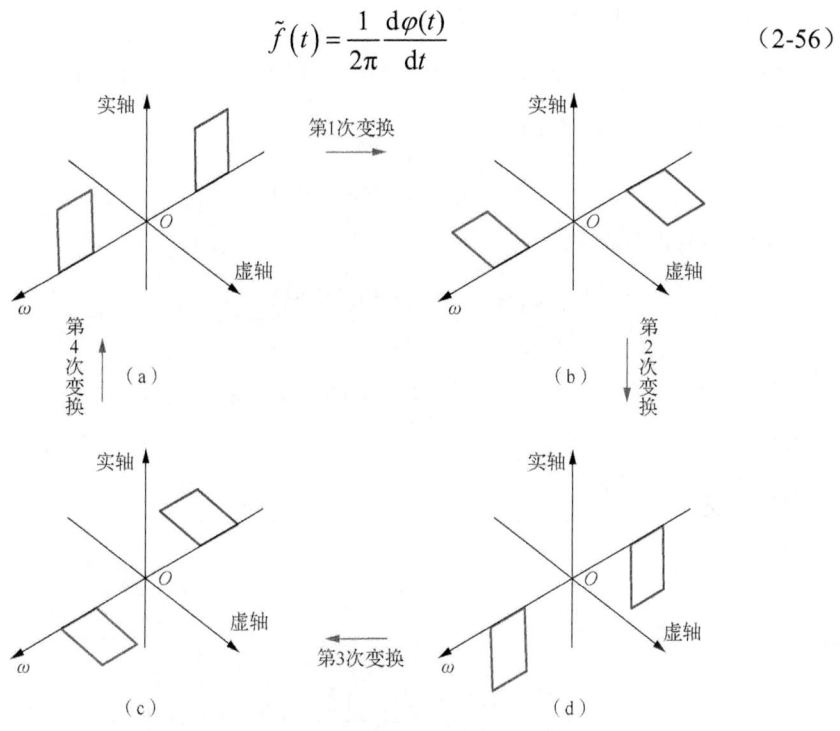

图 2-15　希尔伯特变换前后信号频谱的变化

由式（2-54）～式（2-56）可知，通过希尔伯特变换可以得到复杂信号的瞬时参数，实现瞬时信号的参数提取。从图 2-16 中可观察到信号 $x(t)$（实线）的希尔伯特变换 $\hat{x}(t)$（点画线），通过计算可以很容易得到信号 $x(t)$ 的包络 $a(t)$。因此，希尔伯特变换在信号处理上具有十分重要的地位。

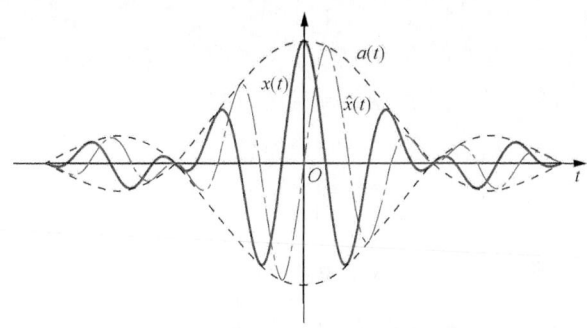

图 2-16　希尔伯特变换求取信号包络

下面，通过一个实例说明希尔伯特变换在求取信号 $x(t)$ 的包络 $a(t)$ 和瞬时频率 $\tilde{f}(t)$ 方面的应用。对于一个窄带信号：

$$x(t) = (1 + 0.5\cos(10\pi t))\cos(100\pi t + 0.5\sin(20\pi t)) \tag{2-57}$$

信号 $x(t)$ 的包络 $a(t)$ 为

$$a(t) = 1 + 0.5\cos(10\pi t) \tag{2-58}$$

信号 $x(t)$ 的瞬时频率为

$$\tilde{f}(t) = \frac{1}{2\pi}\frac{\mathrm{d}(100\pi t + 0.5\sin(20\pi t))}{\mathrm{d}t} = 50 + 5\cos(20\pi t) \tag{2-59}$$

图 2-17 为通过希尔伯特变换得到的包络 $a(t)$ 和瞬时频率 $\tilde{f}(t)$。可以看出，通过希尔伯特变换得到的结果与理论值吻合很好，希尔伯特变换能准确地获取信号的包络和瞬时频率。

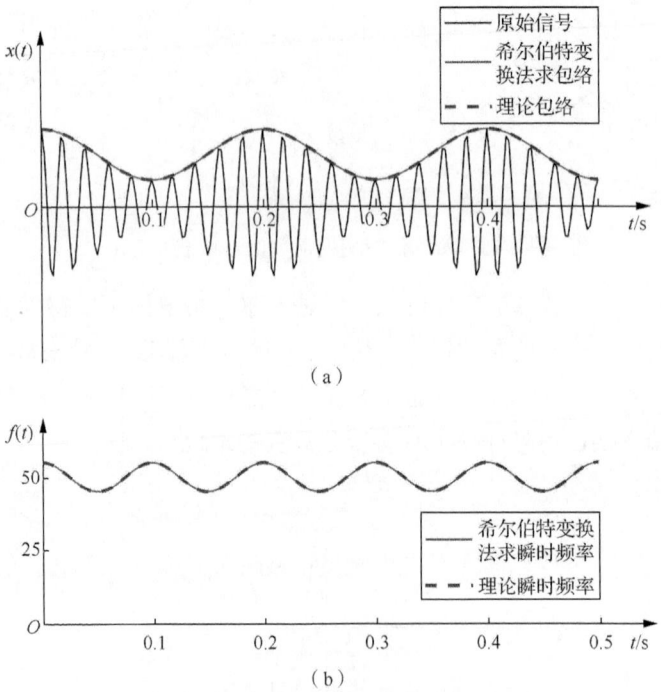

图 2-17 希尔伯特变换求取信号包络和瞬时频率

注意到，式（2-56）中给出的瞬时频率是时间的单值函数。为了使其有意义，通常把窄带作为对信号 $x(t)$ 的限制，即希尔伯特变换仅适用于窄带信号。但实际应用过程中，存在许多非窄带信号，比如非平稳信号，希尔伯特变换对这些信号无能为力，其结果很大程度上失去了原有的物理意义。即便是窄带信号，如果不能完全满足希尔伯特变换条件，也会导致错误的结果。

2.4.2 希尔伯特-黄变换

为了解决希尔伯特变换不能给出一般信号的完全频率内容问题，Huang 等[145]创造性地提出固有模态函数（intrinsic mode function, IMF）和将任意信号分解为固有模态函数的方法，即经验模态分解（empirical mode decomposition, EMD）。通过把信号分解成基本的分量形式的线性组合，从而赋予瞬时频率合理的定义、物理意义和求解方法。美国航空航天局将该方法命名为希尔伯特-黄变换（Hilbert-Huang transform, HHT）。

固有模态函数需满足两个条件：①信号与横轴交点数同信号极值点数相差不超过一个；②连接各个极大值点的上包络线与连接各个极小值点的下包络线的平均值为零。采用经验模态分解的方法将信号 $x(t)$ 分解成各个固有模态函数，首先需找出信号 $x(t)$ 中所有极大值点和极小值点，分别用曲线拟合出信号 $x(t)$ 的上包络线 $u_1(t)$ 和下包络线 $v_1(t)$，且需满足

$$v_1(t) \leqslant x(t) \leqslant u_1(t) \tag{2-60}$$

信号 $x(t)$ 上下包络的平均值为

$$m_1(t) = \frac{1}{2}(v_1(t) + u_1(t)) \tag{2-61}$$

例如，信号 $x(t)$ 随时间的变化如图 2-18 所示。通过曲线拟合得到上包络线 $u_1(t)$ 和下包络线 $v_1(t)$，利用式（2-61）求得平均值 $m_1(t)$。

用信号 $x(t)$ 减去平均值 $m_1(t)$，完成对固有模态函数的第一次筛选：

$$h_1(t) = x(t) - m_1(t) \tag{2-62}$$

得到的 $h_1(t)$ 通常并不能完全满足固有模态函数的要求。为使 $h_1(t)$ 满足固有模态函数要求，用 $h_1(t)$ 替代 $x(t)$，重复式（2-60）～式（2-62）的计算过程，分别得到第 k 次筛选之后的上包络线 $u_k(t)$ 和下包络线 $v_k(t)$，并计算第 k 次筛选之后的平均值为

$$m_k = \frac{1}{2}(v_k(t) + u_k(t)) \tag{2-63}$$

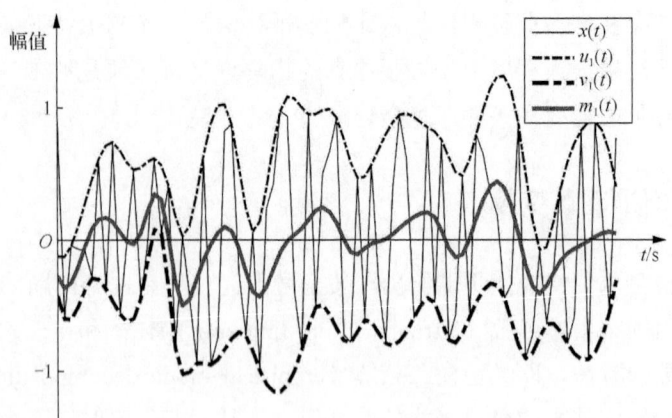

图 2-18 信号 $x(t)$ 及其上包络线 $u_1(t)$、下包络线 $v_1(t)$ 和包络均值 $m_1(t)$

经过 k 次筛选的固有模态函数为

$$h_{k+1}(t)=h_k(t)-m_k(t) \quad (2\text{-}64)$$

重复上述过程，直到 $h_{k+1}(t)$ 满足固有模态函数的两个条件，这样就得到了第一个固有模态函数为

$$c_1(t)=h_{k+1}(t) \quad (2\text{-}65)$$

信号 $x(t)$ 的剩余部分为

$$r_1(t)=x(t)-c_1(t) \quad (2\text{-}66)$$

对剩余部分 $r_1(t)$ 继续进行经验模态分解，直到所得剩余部分 $r_n(t)$ 为一单调信号或者其值小于预先给定的值时分解完毕。最终，得到所有的固有模态函数和余量为

$$r_2(t)=r_1(t)-c_2(t),\cdots,r_n(t)=r_{n-1}(t)-c_n(t) \quad (2\text{-}67)$$

通过上述方法，求得图 2-18 中信号 $x(t)$ 的前四阶固有模态函数 $c_1(t)$、$c_2(t)$、$c_3(t)$ 和 $c_4(t)$，如图 2-19 所示。

信号 $x(t)$ 可表示为所有固有模态函数及其余量的线性组合：

$$x(t)=c_1(t)+c_2(t)+\cdots+c_n(t)+r_n(t)=\sum_{i=1}^{n}c_i(t)+r_n(t) \quad (2\text{-}68)$$

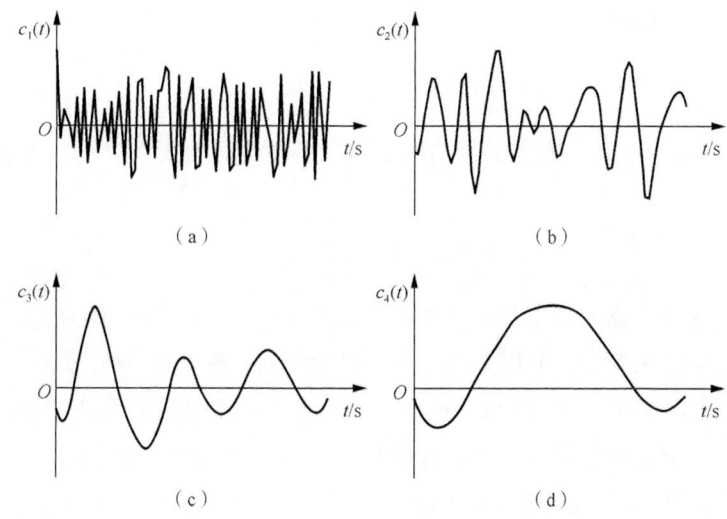

图 2-19 信号 $x(t)$ 的前四阶固有模态函数

每个固有模态函数 $c_i(t)$ 的瞬时幅值和瞬时频率均为时间 t 的函数,对其进行希尔伯特变换,可得

$$\hat{c}_i(t) = H[c_i(t)] = \int_{-\infty}^{+\infty} \frac{c_i(\tau)}{\pi(t-\tau)} d\tau \tag{2-69}$$

定义解析函数:

$$z_i(t) = c_i(t) + j\hat{c}_i(t) = a_i(t) e^{-j\varphi_i(t)} \tag{2-70}$$

式中,$a_i(t)$ 为固有模态函数分量对应的瞬时幅值:

$$a_i(t) = \sqrt{c_i^2(t) + \hat{c}_i^2(t)} \tag{2-71}$$

固有模态函数对应的瞬时频率为

$$\omega_i(t) = \frac{d\varphi_i(t)}{dt} \tag{2-72}$$

于是,信号 $x(t)$ 可以表示为

$$x(t) = \text{Re}\left(\sum_{i=1}^{n} a_i(t) e^{j\int \omega_i(t) dt}\right) + r_n(t) \tag{2-73}$$

式中,$\text{Re}(\cdot)$ 表示计算实部。

定义希尔伯特谱为

$$H(\omega,t) = \mathrm{Re}\left(\sum_{i=1}^{n} a_i(t) \mathrm{e}^{\mathrm{j}\int \omega_i(t)\mathrm{d}t}\right) \quad (2\text{-}74)$$

希尔伯特谱 $H(\omega,t)$ 描述信号的能量和频率随时间的变化情况。定义希尔伯特边际谱为

$$h_b(\omega) = \int_{-\infty}^{+\infty} H(\omega,t)\mathrm{d}t \quad (2\text{-}75)$$

希尔伯特边际谱 $h_b(\omega)$ 表示信号幅值在整个频率段上随频率的变化情况，描述了信号的能量在整个时间段上随频率的变化情况。图 2-18 中信号 $x(t)$ 的希尔伯特边际谱 $h_b(\omega)$ 如图 2-20 所示。值得注意的是，无论是希尔伯特谱 $H(\omega,t)$ 还是希尔伯特边际谱 $h_b(\omega)$ 中的频率与傅里叶谱中的频率意义完全不同：傅里叶谱中在 ω 处存在能量，代表在整个时间长度上都存在频率为 ω 的信号；希尔伯特谱 $H(\omega,t)$ 或者希尔伯特边际谱 $h_b(\omega)$ 中在 ω 处存在能量，则代表在整个时间上某一时间段内存在频率为 ω 的信号，并且希尔伯特谱 $H(\omega,t)$ 中给出该频率信号出现的时刻。

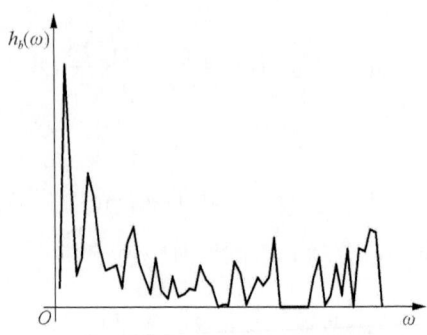

图 2-20　信号 $x(t)$ 的希尔伯特边际谱

与傅里叶变换、小波变换等信号处理方法相比，希尔伯特-黄变换具有如下特点。

（1）希尔伯特-黄变换能分析非线性非平稳信号。传统的傅里叶变换只能分析线性非平稳信号，小波变换虽然在理论上能处理非线性非平稳信号，但在实际算法实现中却只能处理线性非平稳信号。希尔伯特-黄变换彻底摆脱了线性和平稳性束缚，其适用于分析非线性非平稳信号。

（2）希尔伯特-黄变换具有完全自适应性。傅里叶变换、短时傅里叶变换、小波变换均需预先选定基函数。在实际工程中，如何选择基函数不是一件容易的事，

选择不同的基函数可能产生不同的处理结果。不同于傅里叶变换和小波变换，希尔伯特-黄变换能够自适应产生固有模态函数。

（3）希尔伯特-黄变换不受测不准原理制约。傅里叶变换、短时傅里叶变换、小波变换都受测不准原理制约，即时窗宽度与频窗宽度的乘积为一个常数。这就意味着如果要提高时间分辨率就得牺牲频率分辨率，反之亦然。而希尔伯特-黄变换不受测不准原理制约，可以达到很高的时间分辨率和频率分辨率。

（4）希尔伯特-黄变换的瞬时频率是采用求导得到的。希尔伯特-黄变换借助希尔伯特变换求得相位函数，再对相位函数求导产生瞬时频率。这样求出的瞬时频率是局部性的，能精确地给出信号中频率随时间变化的规律。而傅里叶变换的频率是全局性的，小波变换的频率是区域性的。

2.5 本 章 小 结

本章介绍了非线性系统的信号分析方法。通常，傅里叶变换适用于处理平稳信号。对于非平稳信号，由于频率特性会随时间变化，需要对信号进行时域与频域的联合分析。常见的分析方法包括短时傅里叶变换、小波变换、希尔伯特变换、希尔伯特-黄变换，其特点归纳如下。

（1）短时傅里叶变换采用固定的窗函数，如果窗函数太窄，窗函数内的信号太短，则会导致频率分析不够精准，频率分辨率差；如果窗函数太宽，时域上又不够精细，则会导致时间分辨率低。因此，无法满足在低频区域高频率分辨率且在高频区域高时间分辨率的要求。

（2）小波变换采用可以调节的时频小波函数，其在低频区域具有较高的频率分辨率，在高频区域具有较高的时间分辨率，较好地解决了时间分辨率和频率分辨率的矛盾。选择合适的小波函数是进行小波变换的前提。在实际应用研究中，应针对具体情况选择所需的小波函数。

（3）希尔伯特变换仅适用于处理窄带信号，无法直接处理具有复杂频率成分的信号。为了解决该问题，希尔伯特-黄变换将信号分解为固有模态函数的叠加。希尔伯特-黄变换突破了测不准原理的限制，特别适合于处理非平稳信号，但经验模态分解的研究尚不完善，缺乏理论基础。

第 3 章 立方刚度非线性能量阱

3.1 概 述

如第 1 章所述,靶能量传递是一种能量由初级结构向非线性能量阱单向、不可逆的传递过程。从初级结构到非线性能量阱的靶能量传递现象得到广泛关注和研究。作为一种典型的非线性装置,立方刚度非线性能量阱(CNES)可以在脉冲、周期性和准周期强迫等形式的激励下,不可逆地从初级结构中捕获能量。在简谐力作用下,立方刚度非线性能量阱比传统的调谐质量阻尼器更有效。在地震载荷下,其有效性已通过数值和实验加以证明。在气动弹性失稳的振动控制之中,其具有良好的控制效果和宽频抑制能力。

本章将对立方刚度非线性能量阱的靶能量传递机制进行介绍,分析其在结构减振方面的应用。首先,利用复变量-平均法和多尺度法将系统运动方程投影到慢不变流形(slow invariant manifold, SIM),进而对瞬态振动情况下系统的特性进行分析,得到实现完全靶能量传递的最小质量比。随后,在简谐激励条件下,研究立方刚度非线性能量阱实现靶能量传递的动力学机理,得到诱发弱准周期振动的条件,并通过对系统的动力学分析,给出立方刚度非线性能量阱参数的设计策略。最后,通过数值仿真验证理论分析结果。

3.2 立方刚度非线性能量阱系统建模

图 3-1 为一个带有立方刚度非线性能量阱的初级结构。m_1 为初级结构的质量,k_1 为初级结构与基础之间的线性弹簧刚度,c_1 为初级结构与基础之间的黏性阻尼,m_2 为非线性能量阱的质量,k_c 为非线性能量阱与初级结构之间非线性弹簧的立方

刚度，c_2 为非线性能量阱与初级结构之间的黏性阻尼。通常，希望非线性能量阱质量很小，以减小附加质量的影响，因此假设 $m_2 \ll m_1$。

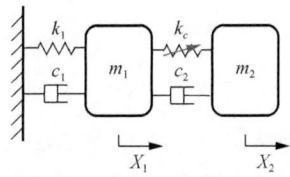

图 3-1　带有立方刚度非线性能量阱的初级结构（箭头表示弹簧具有非线性刚度）

图 3-1 所示系统的动力学方程如下：

$$\begin{cases} m_1\ddot{X}_1 + c_1\dot{X}_1 + k_1X_1 + c_2(\dot{X}_1 - \dot{X}_2) + k_c(X_1 - X_2)^3 = 0 \\ m_2\ddot{X}_2 - c_2(\dot{X}_1 - \dot{X}_2) - k_c(X_1 - X_2)^3 = 0 \end{cases} \quad (3\text{-}1)$$

式中，X_1 表示初级结构的位移；X_2 表示非线性能量阱的位移。

为了使结果具有普遍意义，对上述系统以初级结构的参数进行无量纲处理。引入无量纲时间：

$$t = \sqrt{\frac{k_1}{m_1}}T \quad (3\text{-}2)$$

将式（3-2）代入式（3-1），整理可得无量纲的系统运动微分方程为

$$\begin{cases} \ddot{x}_1 + \varepsilon\eta_1\dot{x}_1 + x_1 + \varepsilon\eta_2(\dot{x}_1 - \dot{x}_2) + \varepsilon\kappa(x_1 - x_2)^3 = 0 \\ \varepsilon\ddot{x}_2 - \varepsilon\eta_2(\dot{x}_1 - \dot{x}_2) - \varepsilon\kappa(x_1 - x_2)^3 = 0 \end{cases} \quad (3\text{-}3)$$

式中，$\varepsilon = \dfrac{m_2}{m_1}$；$\kappa = \dfrac{k_c}{\varepsilon k_1}$；$\eta_1 = \dfrac{c_1}{\varepsilon}\sqrt{\dfrac{m_1}{k_1}}$；$\eta_2 = \dfrac{c_2}{\varepsilon}\sqrt{\dfrac{m_1}{k_1}}$；$x_i = \dfrac{k_1 X_i}{m_1 g}$。

由式（3-3）可知，立方刚度非线性能量阱的质量、刚度和阻尼将可能影响其对初级结构响应的抑制性能。下面将分别在瞬态激励和简谐激励情况下，讨论非线性能量阱设计参数对系统响应的影响。

3.3　立方刚度非线性能量阱系统瞬态动力学分析

为了分析方便，引入变量代换：

$$w_1 = x_1,\ w_2 = x_2 - x_1 \quad (3\text{-}4)$$

于是,式(3-3)可改写为

$$\begin{cases} \ddot{w}_1 + \varepsilon\eta_1\dot{w}_1 + w_1 - \varepsilon\eta_2\dot{w}_2 - \varepsilon\kappa w_2^3 = 0 \\ \ddot{w}_1 + \ddot{w}_2 + \eta_2\dot{w}_2 + \kappa w_2^3 = 0 \end{cases} \quad (3\text{-}5)$$

1920年,范德波尔在研究电子管的非线性振荡时,使用了慢变系数法,形成平均法的基础。随后,戈雷洛夫等的工作使平均法更趋完善。平均法考虑两种不同的时间尺度,将系统的振动分解为快变和慢变两种过程。将表示运动的主要参数(如幅值和相角)在快变过程的每个周期内平均,得到慢变过程。也可形象地认为,平均法简化方程是计算振动过程的包络线方程。复变量-平均法不仅能求解弱非线性振动系统,而且能求解具有强非线性刚度项的多自由度系统[6]。采用复变量-平均法对式(3-5)进行简化,引入复变量:

$$\dot{w}_i + j\omega w_i = \varphi_i e^{j\omega t}, \quad \dot{w}_i - j\omega w_i = \varphi_i^* e^{-j\omega t}, \quad i = 1, 2 \quad (3\text{-}6)$$

式中,$j=\sqrt{-1}$ 为虚数单位;上标"*"表示共轭运算;φ_i 为系统的慢变幅值;$e^{j\omega t}$ 表示系统的快变过程;ω 表示系统快变过程的频率。

将式(3-6)改写为

$$\begin{cases} w_i = -\dfrac{j}{2\omega}\left(\varphi_i e^{j\omega t} - \varphi_i^* e^{-j\omega t}\right) \\ \dot{w}_i = \dfrac{1}{2}\left(\varphi_i e^{j\omega t} + \varphi_i^* e^{-j\omega t}\right) \end{cases}, \quad i = 1, 2 \quad (3\text{-}7)$$

忽略初级结构中阻尼的影响,将式(3-7)代入式(3-5),采用平均法消除快变过程 $e^{j\omega t}$,整理可得

$$\begin{cases} (1+\varepsilon)\dot{\varphi}_1 + \varepsilon\dot{\varphi}_2 + \dfrac{j}{2}\varepsilon\omega\left(\varphi_1 - \varphi_1^* e^{-2j\omega t}\right) + \dfrac{j}{2}\varepsilon\omega\left(\varphi_2 - \varphi_2^* e^{-2j\omega t}\right) = 0 \\ \dot{\varphi}_1 + \dot{\varphi}_2 + \dfrac{j\omega}{2}\left(\varphi_1 - \varphi_1^* e^{-2j\omega t}\right) + \dfrac{j\omega}{2}\left(\varphi_2 - \varphi_2^* e^{-2j\omega t}\right) + \dfrac{\eta_2}{2}\left(\varphi_2 + \varphi_2^* e^{-2j\omega t}\right) \\ \quad -j\dfrac{\kappa}{8\omega^3}\left(\varphi_2^{*3} e^{-4j\omega t} - 3\varphi_2^* |\varphi_2|^2 e^{-2j\omega t} + 3\varphi_2 |\varphi_2|^2 - \varphi_2^3 e^{2j\omega t}\right) = 0 \end{cases} \quad (3\text{-}8)$$

为了提高平均法的计算精度,可以将时间尺度划分得更为精细。1957年,斯特罗克(Sturrock)最早提出多时间尺度的概念,并视这些时间尺度为独立变量。经过奈弗(Nayfeh)等的发展和完善,多尺度法成为一种十分有效的近似计算方法[146]。多尺度法不仅能计算周期运动,而且能计算耗散系统的衰减振动;除了能

计算稳态响应，还能计算非稳态过程。下面，采用多尺度法推导式（3-8）的慢变过程的动力学方程，定义不同时间尺度为

$$\tau_0 = t,\ \tau_1 = \varepsilon t,\ \tau_2 = \varepsilon^2 t, \cdots \tag{3-9}$$

式（3-9）中不同的时间尺度 τ_i 描述运动过程的不同节奏，ε^i 阶数越高，时间尺度 τ_i 变化越缓慢。采用多尺度法可将动力学方程划分为快变过程和慢变过程。将时间 t 的微分算子展开为

$$\begin{aligned}\frac{\mathrm{d}}{\mathrm{d}t} &= \frac{\partial \tau_0}{\partial t}\frac{\partial}{\partial \tau_0} + \frac{\partial \tau_1}{\partial t}\frac{\partial}{\partial \tau_1} + \frac{\partial \tau_2}{\partial t}\frac{\partial}{\partial \tau_2} + \cdots \\ &= \frac{\partial}{\partial \tau_0} + \varepsilon \frac{\partial}{\partial \tau_1} + \varepsilon^2 \frac{\partial}{\partial \tau_2} + \cdots\end{aligned} \tag{3-10}$$

同时，对变量 φ_1 和 φ_2 展开：

$$\begin{cases}\varphi_1 = \varphi_{10}(\tau_0, \tau_1, \tau_2, \cdots) + \varepsilon \varphi_{11}(\tau_0, \tau_1, \tau_2, \cdots) + \varepsilon^2 \varphi_{12}(\tau_0, \tau_1, \tau_2, \cdots) + \cdots \\ \varphi_2 = \varphi_{20}(\tau_0, \tau_1, \tau_2, \cdots) + \varepsilon \varphi_{21}(\tau_0, \tau_1, \tau_2, \cdots) + \varepsilon^2 \varphi_{22}(\tau_0, \tau_1, \tau_2, \cdots) + \cdots\end{cases} \tag{3-11}$$

式（3-11）所需独立时间尺度变量的个数取决于近似的精度。例如，需要精确到 $o(\varepsilon^2)$，则需要的独立时间变量为 τ_0 和 τ_1。将式（3-9）～式（3-11）代入式（3-8），可得

$$\begin{cases}(1+\varepsilon)\dfrac{\partial \varphi_{10}}{\partial \tau_0} + \varepsilon \dfrac{\partial \varphi_{11}}{\partial \tau_0} + \varepsilon \dfrac{\partial \varphi_{10}}{\partial \tau_1} + \varepsilon \dfrac{\partial \varphi_{20}}{\partial \tau_0} \\ + \dfrac{\mathrm{j}}{2}\varepsilon\omega\left(\varphi_{10} - \varphi_{10}^* \mathrm{e}^{-2\mathrm{j}\omega\tau_0}\right) + \dfrac{\mathrm{j}}{2}\varepsilon\omega\left(\varphi_{20} - \varphi_{20}^* \mathrm{e}^{-2\mathrm{j}\omega\tau_0}\right) + \cdots = 0 \\ \dfrac{\partial}{\partial \tau_0}(\varphi_{20} + \varepsilon\varphi_{21}) + \varepsilon\dfrac{\partial \varphi_{20}}{\partial \tau_1} + \dfrac{\partial}{\partial \tau_0}(\varphi_{10} + \varepsilon\varphi_{11}) \\ + \dfrac{\mathrm{j}\omega}{2}\left(\varphi_{10} - \varphi_{10}^* \mathrm{e}^{-2\mathrm{j}\omega\tau_0}\right) + \dfrac{\mathrm{j}\omega}{2}\left(\varphi_{20} - \varphi_{20}^* \mathrm{e}^{-2\mathrm{j}\omega\tau_0}\right) + \dfrac{\eta_2}{2}\left(\varphi_{20} + \varphi_{20}^* \mathrm{e}^{-2\mathrm{j}\omega\tau_0}\right) \\ -\mathrm{j}\dfrac{\kappa}{8\omega^3}\left(\varphi_{20}^{*3}\mathrm{e}^{-4\mathrm{j}\omega\tau_0} - 3\varphi_{20}^*\left|\varphi_{20}\right|^2 \mathrm{e}^{-2\mathrm{j}\omega\tau_0} + 3\varphi_{20}\left|\varphi_{20}\right|^2 - \varphi_{20}^3 \mathrm{e}^{2\mathrm{j}\omega\tau_0}\right) + \cdots = 0\end{cases} \tag{3-12}$$

式（3-12）成立的条件为 $\varepsilon^0, \varepsilon^1, \varepsilon^2, \cdots$ 的系数等于零。于是，可以得到关于 φ_{1i} 和 φ_{2i} 的各阶近似线性偏微分方程组[147]。方程中的变量 φ_{1i} 和 φ_{2i} 为不同时间尺度 $\tau_0, \tau_1, \tau_2, \cdots$ 的函数。首先，考察 ε^0 阶，有

$$\frac{\partial \varphi_{10}}{\partial \tau_0} = \frac{\partial \varphi_{20}}{\partial \tau_0} = 0 \tag{3-13}$$

对于 ε^1 阶，有

$$\begin{cases} \dfrac{\partial \varphi_{11}}{\partial \tau_0} + \dfrac{\partial \varphi_{10}}{\partial \tau_1} + \dfrac{\mathrm{j}\omega}{2}\left(\varphi_{10} - \varphi_{10}^* \mathrm{e}^{-2\mathrm{j}\omega\tau_0} + \varphi_{20} - \varphi_{20}^* \mathrm{e}^{-2\mathrm{j}\omega\tau_0}\right) = 0 \\ \dfrac{\partial \varphi_{20}}{\partial \tau_1} + \dfrac{\partial \varphi_{21}}{\partial \tau_0} + \dfrac{1}{\varepsilon}\left(\dfrac{\mathrm{j}\omega}{2}\left(\varphi_{10} - \varphi_{10}^* \mathrm{e}^{-2\mathrm{j}\omega\tau_0} + \varphi_{20} - \varphi_{20}^* \mathrm{e}^{-2\mathrm{j}\omega\tau_0}\right) + \dfrac{\eta_2}{2}\left(\varphi_{20} - \varphi_{20}^* \mathrm{e}^{-2\mathrm{j}\omega\tau_0}\right) \\ \quad - \dfrac{\mathrm{j}\kappa}{8\omega^3}\left(\varphi_{20}^{*3}\mathrm{e}^{-4\mathrm{j}\omega\tau_0} - 3\varphi_{20}^*|\varphi_{20}|^2 \mathrm{e}^{-2\mathrm{j}\omega\tau_0} + 3\varphi_{20}|\varphi_{20}|^2 - \varphi_{20}^3 \mathrm{e}^{2\mathrm{j}\omega\tau_0}\right)\right) = 0 \end{cases} \tag{3-14}$$

为了保证解的稳定，消除式（3-14）中久期项并对 τ_0 积分，可得到系统的近似慢变方程：

$$\begin{cases} \dfrac{\partial \varphi_{10}}{\partial \tau_1} + \dfrac{\mathrm{j}\omega}{2}(\varphi_{10} + \varphi_{20}) = 0 \\ \dfrac{\partial \varphi_{20}}{\partial \tau_1} + \dfrac{1}{\varepsilon}\left(\dfrac{\mathrm{j}\omega}{2}(\varphi_{10} + \varphi_{20}) + \dfrac{\eta_2}{2}\varphi_{20} - \dfrac{3\mathrm{j}\kappa}{8\omega^3}|\varphi_{20}|^2 \varphi_{20}\right) = 0 \end{cases} \tag{3-15}$$

在式（3-15）的两端分别乘以复共轭变量，可得

$$\dfrac{\partial |\varphi_{10}|^2}{\partial \tau_1} + \varepsilon \dfrac{\partial |\varphi_{20}|^2}{\partial \tau_1} + \eta_2 |\varphi_{20}|^2 = 0 \tag{3-16}$$

考虑保守系统，即阻尼 $\eta_2 = 0$，式（3-16）可以写为

$$\dfrac{\partial \left(|\varphi_{10}|^2 + \varepsilon |\varphi_{20}|^2\right)}{\partial \tau_1} = \varphi_{10}\dfrac{\partial \varphi_{10}^*}{\partial \tau_1} + \varphi_{10}^*\dfrac{\partial \varphi_{10}}{\partial \tau_1} + \varepsilon \varphi_{20}\dfrac{\partial \varphi_{20}^*}{\partial \tau_1} + \varepsilon \varphi_{20}^*\dfrac{\partial \varphi_{20}}{\partial \tau_1} = 0 \tag{3-17}$$

于是，可得保守量：

$$N_0 = |\varphi_{10}|^2 + \varepsilon |\varphi_{20}|^2 \tag{3-18}$$

基于 1∶1 共振假设，即 $\omega = 1$，将式（3-18）在复平面展开：

$$\begin{cases} \varphi_{10} = N_0 \cos\theta\, \mathrm{e}^{\mathrm{j}\alpha_1} \\ \varphi_{20} = \dfrac{N_0}{\sqrt{\varepsilon}} \sin\theta\, \mathrm{e}^{\mathrm{j}\alpha_2} \end{cases} \tag{3-19}$$

式中，$N_0 \cos\theta$ 和 $N_0 \sin\theta$ 为慢变幅值；α_i $(i=1,2)$ 为慢变相位。

接下来推导系统中能量由初级结构向非线性能量阱传递的必要条件。初级结构中的能量可以表示为

$$E_{\text{LO}} = \frac{1}{2}\left(\dot{x}_1^2 + x_1^2\right) = \frac{\varepsilon}{2}|\varphi_{10}|^2 = \frac{\varepsilon}{2}N_0^2\cos^2\theta \tag{3-20}$$

能量在初级结构和非线性能量阱之间的传递可以用 θ 的变化来表示。能量由初级结构传递至非线性能量阱的过程中，对应 θ 由 0 变化至 $\pi/2$。假设初始时刻系统中能量全部集中在初级结构，则能量的传递过程可表示为

$$\begin{cases} \max(E_{\text{LO}}) = \dfrac{\varepsilon}{2}N_0^2, & \theta = 0 \\ \min(E_{\text{LO}}) = 0, & \theta = \pi/2 \end{cases} \tag{3-21}$$

下面推导能量由初级结构向非线性能量阱完全传递的条件。式（3-15）对应保守系统的首次积分为

$$H = -\frac{\text{j}}{2}\left(|\varphi_{10}|^2 + |\varphi_{20}|^2\right) - \frac{\text{j}}{2}\left(\varphi_{10}\varphi_{20}^* + \varphi_{20}\varphi_{10}^*\right) + \frac{3\text{j}\kappa}{16}|\varphi_{20}|^4 \tag{3-22}$$

将式（3-19）代入式（3-22），可得

$$H = \frac{1}{2}\left(N_0^2\cos^2\theta + \frac{1}{\varepsilon}N_0^2\sin^2\theta\right) + \frac{1}{\sqrt{\varepsilon}}N_0^2\sin\theta\cos\theta\cos(\alpha_1 - \alpha_2)$$
$$- \frac{3\kappa}{16\varepsilon^2}N_0^4\sin^4\theta \tag{3-23}$$

整理可得

$$\cos(\alpha_1 - \alpha_2) = \frac{\sqrt{\varepsilon}\left(H - \dfrac{1}{2}\left(N_0^2\cos^2\theta + \dfrac{1}{\varepsilon}N_0^2\sin^2\theta\right) + \dfrac{3\kappa}{16\varepsilon^2}N_0^4\sin^4\theta\right)}{N_0^2\sin\theta\cos\theta} \tag{3-24}$$

当 $\theta = 0$ 时，$H = N_0^2/2$。由于 $-1 \leqslant \cos(\alpha_1 - \alpha_2) \leqslant 1$，可得

$$0 \leqslant \frac{1-\varepsilon}{4\sqrt{\varepsilon}} \leqslant 1 \tag{3-25}$$

化简式(3-25),整理可得

$$0.056 \leqslant \varepsilon < 1 \tag{3-26}$$

式(3-26)表明能量由初级结构向非线性能量阱完全传递的最小质量比为 $\varepsilon = 0.056$。张也弛[148]首先发现该规律,并定义 $\varepsilon_{cr} = 0.056$ 为临界质量比。当质量比 $\varepsilon < \varepsilon_{cr}$ 时,无法诱发完全靶能量传递,立方刚度非线性能量阱对初级结构响应的抑制效果较差。

为了说明临界质量比对靶能量传递的影响,分别检验不同质量比下非线性能量阱和初级结构之间的能量传递。选取仿真参数为 $m_1 = 1$,$k_1 = 1$,$k_c = 2$,$c_1 = c_2 = 0$,考虑初始能量全部集中在初级结构的情况,采用四阶龙格-库塔法对系统进行仿真分析。

图3-2为带有非线性能量阱的保守系统响应,其中非线性能量阱和初级结构的响应分别用NES和LO表示,在非线性能量阱和初级结构中的能量分别用 E_{NES} 和 E_{LO} 表示,且 E_{NES} 和 E_{LO} 都除以初始能量 E_0 做归一化处理。从图3-2(a)、(b)中可以看出,当质量比 $\varepsilon = 0.080$ 时,初级结构位移响应减小而非线性能量阱的位移响应增加,能量可从初级结构向非线性能量阱完全传递。从图3-2(c)、(d)中可以看出,当质量比 $\varepsilon = 0.056$ 时,也能够实现能量从初级结构向非线性能量阱的完全传递。从图3-2(e)、(f)中可以看出,当质量比 $\varepsilon = 0.015$ 时,初级结构中的能量则无法完全传递至非线性能量阱,无法通过非线性能量阱抑制初级结构的响应,从而验证了上述结论的正确性。

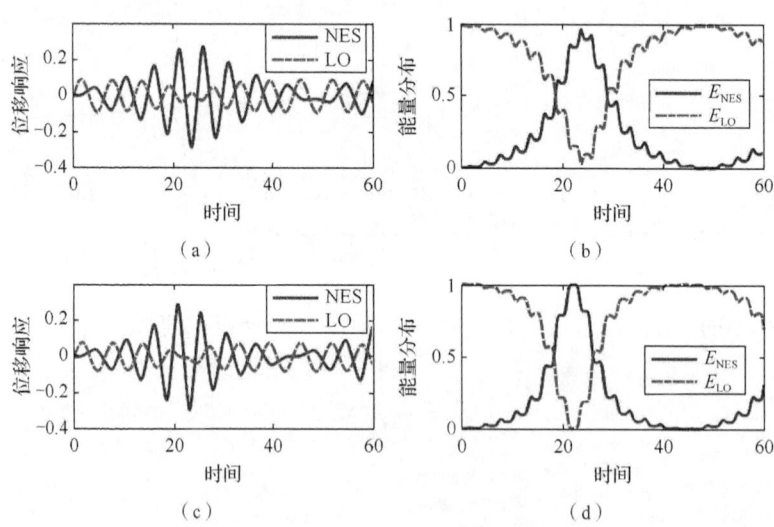

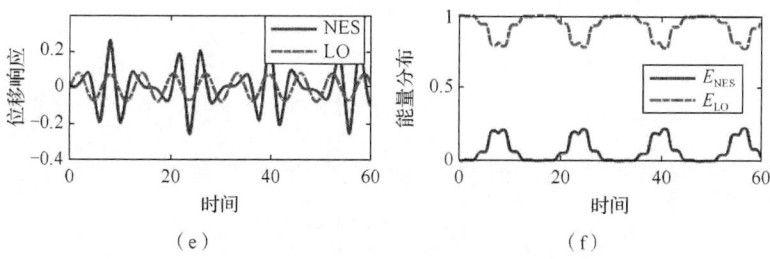

图 3-2 带有非线性能量阱的保守系统响应

(a) 位移响应（$\varepsilon=0.080$）；(b) 能量分布（$\varepsilon=0.080$）；(c) 位移响应（$\varepsilon=0.056$）；
(d) 能量分布（$\varepsilon=0.056$）；(e) 位移响应（$\varepsilon=0.015$）；(f) 能量分布（$\varepsilon=0.015$）

下面推导瞬态激励下，初始条件对系统中靶能量传递的影响规律。当能量由初级结构完全传递至非线性能量阱时，$\theta=\pi/2$，此时有

$$\lim_{\theta\to\pi/2}\cos(\alpha_1-\alpha_2)=\lim_{\theta\to\pi/2}\frac{\sqrt{\varepsilon}\left(H-\frac{1}{2}\left(N_0^2\cos^2\theta+\frac{1}{\varepsilon}N_0^2\sin^2\theta\right)+\frac{3\kappa}{16\varepsilon^2}N_0^4\sin^4\theta\right)}{N_0^2\sin\theta\cos\theta}$$

$$=\lim_{\theta\to\pi/2}\frac{8\varepsilon(\varepsilon-1)+3\kappa N_0^2}{16\varepsilon^{1.5}\cos\theta} \tag{3-27}$$

由于 $\lim_{\theta\to\pi/2}\cos\theta=0$，要使式（3-27）成立，当且仅当：

$$8\varepsilon(\varepsilon-1)+3\kappa N_0^2=0 \tag{3-28}$$

将式（3-28）化简，可得

$$N_0=\sqrt{\frac{8\varepsilon(1-\varepsilon)}{3\kappa}} \tag{3-29}$$

将式（3-29）代入式（3-20），可得在保守系统中，当初级结构中的能量满足

$$E_{\text{LO}}^0=\frac{4\varepsilon^2(1-\varepsilon)}{3\kappa}, \quad 0.056\leqslant\varepsilon\ll 1 \tag{3-30}$$

则可诱发能量从初级结构向非线性能量阱完全传递，且保守系统中诱发最优靶能量传递的初始能量与 κ 成反比。进一步地，张也弛[148]考虑阻尼的影响，通过大量仿真分析发现，当阻尼与质量比 ε 为同阶小量时，诱发最优靶能量传递的初始能量 E_{LO}^0 与立方刚度 k_c 成反比：

$$E_{\text{LO}}^0=\frac{\psi(c_1,c_2,\varepsilon)}{k_c}, \quad 0.056\leqslant\varepsilon\ll 1 \tag{3-31}$$

式中，$\psi(c_1,c_2,\varepsilon)$ 与 c_1、c_2、ε 有关。

为了说明上述理论的正确性，采用四阶龙格-库塔法对系统进行仿真分析。选取仿真参数为 $m_1=1$，$k_1=1$，$c_1=0$，$\varepsilon=0.1$，$k_c=0.05$，$c_2=0.01$。假设系统的初始能量集中在初级结构中，表现为初级结构有初始速度 $\dot{x}_1(0)$。为了评价靶能量传递效率，定义经过一段时间后非线性能量阱中耗散的能量为

$$E_d(t)=\frac{\int_0^t c_2\left(\dot{x}_1(\tau)-\dot{x}_2(\tau)\right)^2 \mathrm{d}\tau}{E_{\mathrm{LO}}^0} \tag{3-32}$$

式中，E_{LO}^0 表示系统中的初始能量。

图 3-3 为不同初始能量下非线性能量阱中耗散的能量。可以看出，当初始能量在 $0.27\leqslant E_{\mathrm{LO}}^0 \leqslant 0.69$ 时，非线性能量阱耗散的能量超过初始能量的 90%，在此范围外能量耗散开始逐渐降低。当初始能量在 $0.27\leqslant E_{\mathrm{LO}}^0 \leqslant 0.69$ 时，所选取的仿真参数能够使能量由初级结构向非线性能量阱高效传递，并在非线性能量阱中通过阻尼快速耗散[113]。最优靶能量传递发生在 $E_{\mathrm{LO}}^0=0.47$ 处，此时能量耗散达到 0.97。

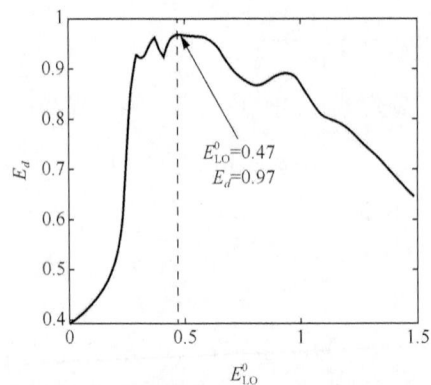

图 3-3　不同初始能量下非线性能量阱中耗散的能量

通过仿真分析最优靶能量传递发生时初始能量 E_{LO}^0 与 k_c 之间的关系来验证式 (3-31)。选取仿真参数为 $m_1=1$，$k_1=1$，$c_1=0$，$\varepsilon=0.1$，c_2 的变化范围为 $[0.01,0.05]$，k_c 的变化范围为 $[0.05,0.5]$，E_{LO}^0 的变化范围为 $[0.01,1.2]$。计算不同仿真条件下 E_d 的最大值，得到最优靶能量传递发生时所对应的初始能量 E_{LO}^0 和 k_c，其结果如图 3-4 所示。可以看出，在非保守系统中，诱发最优靶能量传递的初始能量 E_{LO}^0 与立方刚度 k_c 成反比，仿真结果与理论分析结果完全吻合[148]。

式 (3-31) 所得结论为立方刚度非线性能量的设计提供有效的方法。当初始

能量全部集中在初级结构之中时,即 $E_0 = E_{\mathrm{LO}}^0$,通过数值方法计算得到诱发最优靶能量传递的立方刚度 k_c 和 $\psi(c_1, c_2, \varepsilon)$。则对于该系统 E_0 取任意值时,诱发最优靶能量传递的立方刚度 k_c 可通过式(3-31)计算得到,进而方便地获得最佳的初级结构响应抑制效果。

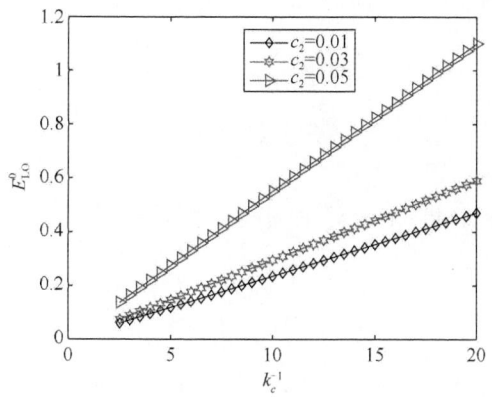

图 3-4 最优靶能量传递发生时 E_{LO}^0 和 k_c 的关系

3.4 立方刚度非线性能量阱系统稳态动力学分析

假设质量比 $\varepsilon \ll 1$,考虑初级结构受到一个频率为 ω、幅值为 F 的简谐激励,系统的无量纲动力学方程可以表示为

$$\begin{cases} \ddot{x}_1 + \varepsilon\eta_1\dot{x}_1 + x_1 + \varepsilon\eta_2(\dot{x}_1 - \dot{x}_2) + \varepsilon\kappa(x_1 - x_2)^3 = \varepsilon F\cos\Omega t \\ \varepsilon\ddot{x}_2 - \varepsilon\eta_2(\dot{x}_1 - \dot{x}_2) - \varepsilon\kappa(x_1 - x_2)^3 = 0 \end{cases} \quad (3\text{-}33)$$

式中,$\Omega = \omega\sqrt{m_1/k_1}$。

引入变量:

$$w_1 = x_1 + \varepsilon x_2,\ w_2 = x_1 - x_2 \quad (3\text{-}34)$$

将式(3-34)代入式(3-33),整理可得

$$\begin{cases} \ddot{w}_1 + \varepsilon\eta_1\dfrac{\dot{w}_1 + \varepsilon\dot{w}_2}{1+\varepsilon} + \dfrac{w_1 + \varepsilon w_2}{1+\varepsilon} = \varepsilon F\cos\Omega t \\ \ddot{w}_2 + \varepsilon\eta_1\dfrac{\dot{w}_1 + \varepsilon\dot{w}_2}{1+\varepsilon} + \dfrac{w_1 + \varepsilon w_2}{1+\varepsilon} + \eta_2(1+\varepsilon)\dot{w}_2 + \kappa(1+\varepsilon)w_2^3 = \varepsilon F\cos\Omega t \end{cases} \quad (3\text{-}35)$$

采用复变量-平均法对系统进行分析求解，引入复变量：

$$\dot{w}_i + j\Omega w_i = \varphi_i e^{j\Omega t}, \dot{w}_i - j\Omega w_i = \varphi_i^* e^{-j\Omega t}, \quad i=1,2 \tag{3-36}$$

式中，上标"*"表示共轭运算；$e^{j\Omega t}$ 为系统的快变过程；φ_i 为系统的慢变幅值。

将式（3-36）改写为

$$\begin{cases} w_i = -\dfrac{j}{2\Omega}\left(\varphi_i e^{j\Omega t} - \varphi_i^* e^{-j\Omega t}\right) \\ \dot{w}_i = \dfrac{1}{2}\left(\varphi_i e^{j\Omega t} + \varphi_i^* e^{-j\Omega t}\right) \end{cases}, \quad i=1,2 \tag{3-37}$$

将式（3-37）代入式（3-35），可得

$$\begin{cases} \dot{\varphi}_1 e^{j\Omega t} + \dfrac{j\Omega}{2}\left(\varphi_1 e^{j\Omega t} - \varphi_1^* e^{-j\Omega t}\right) + \dfrac{\varepsilon\eta_1}{2(1+\varepsilon)}\left(\varphi_1 e^{j\Omega t} + \varphi_1^* e^{-j\Omega t} + \varepsilon\varphi_2 e^{j\Omega t} + \varepsilon\varphi_2^* e^{-j\Omega t}\right) \\ \quad -\dfrac{j}{2\Omega(1+\varepsilon)}\left(\varphi_1 e^{j\Omega t} - \varphi_1^* e^{-j\Omega t} + \varepsilon\varphi_2 e^{j\Omega t} - \varepsilon\varphi_2^* e^{-j\Omega t}\right) = \dfrac{\varepsilon F}{2}\left(e^{j\Omega t} + e^{-j\Omega t}\right) \\ \dot{\varphi}_2 e^{j\Omega t} + \dfrac{j\Omega}{2}\left(\varphi_2 e^{j\Omega t} - \varphi_2^* e^{-j\Omega t}\right) + \dfrac{\varepsilon\eta_1}{2(1+\varepsilon)}\left(\varphi_1 e^{j\Omega t} + \varphi_1^* e^{-j\Omega t} + \varepsilon\varphi_2 e^{j\Omega t} + \varepsilon\varphi_2^* e^{-j\Omega t}\right) \\ \quad +\dfrac{\eta_2(1+\varepsilon)}{2}\left(\varphi_2 e^{j\Omega t} + \varphi_2^* e^{-j\Omega t}\right) - \dfrac{j}{2\Omega(1+\varepsilon)}\left(\varphi_1 e^{j\Omega t} - \varphi_1^* e^{-j\Omega t} + \varepsilon\varphi_2 e^{j\Omega t} - \varepsilon\varphi_2^* e^{-j\Omega t}\right) \\ \quad +\dfrac{j\kappa(1+\varepsilon)}{8\Omega^3}\left(\varphi_2^3 e^{3j\Omega t} - 3\varphi_2^2\varphi_2^* e^{j\Omega t} + 3\varphi_2\varphi_2^{*2} e^{-j\Omega t} - \varphi_2^{*3} e^{-3j\Omega t}\right) = \dfrac{\varepsilon F}{2}\left(e^{j\Omega t} + e^{-j\Omega t}\right) \end{cases}$$

$$\tag{3-38}$$

消去式（3-38）中快变过程，整理可得

$$\begin{cases} \dot{\varphi}_1 + \dfrac{j\Omega}{2}\varphi_1 + \dfrac{\varepsilon\eta_1(\varphi_1+\varepsilon\varphi_2)}{2(1+\varepsilon)} - \dfrac{j(\varphi_1+\varepsilon\varphi_2)}{2\Omega(1+\varepsilon)} = \dfrac{\varepsilon F}{2} \\ \dot{\varphi}_2 + \dfrac{j\Omega}{2}\varphi_2 + \dfrac{\varepsilon\eta_1(\varphi_1+\varepsilon\varphi_2)}{2(1+\varepsilon)} - \dfrac{j(\varphi_1+\varepsilon\varphi_2)}{2\Omega(1+\varepsilon)} + \dfrac{\eta_2(1+\varepsilon)\varphi_2}{2} - \dfrac{3j\kappa(1+\varepsilon)|\varphi_2|^2\varphi_2}{8\Omega^3} = \dfrac{\varepsilon F}{2} \end{cases}$$

$$\tag{3-39}$$

采用多尺度法对式（3-39）进行分析，定义不同时间尺度如下：

$$\tau_k = \varepsilon^k t, \quad k=0,1,\cdots \tag{3-40}$$

对时间的微分算子可以表示为

$$\frac{\mathrm{d}}{\mathrm{d}t} = \frac{\partial}{\partial \tau_0} + \varepsilon \frac{\partial}{\partial \tau_1} + \cdots \quad (3\text{-}41)$$

将式（3-40）和式（3-41）代入式（3-39），令 $\varepsilon^0, \varepsilon^1, \varepsilon^2, \cdots$ 的系数等于零，整理可得各阶近似的线性偏微分方程组。考察 ε^0 阶，有

$$\begin{cases} \dfrac{\partial}{\partial \tau_0} \varphi_1 = 0 \\ \dfrac{\partial}{\partial \tau_0} \varphi_2 + \dfrac{\eta_2}{2} \varphi_2 + \dfrac{\mathrm{j}}{2}(\varphi_2 - \varphi_1) - \dfrac{3\mathrm{j}\kappa}{8} |\varphi_2|^2 \varphi_2 = 0 \end{cases} \quad (3\text{-}42)$$

将 φ_i 在复平面展开：

$$\varphi_1(\tau_0, \tau_1, \cdots) = N_1 \mathrm{e}^{\mathrm{j}\alpha_1}, \ \varphi_2(\tau_0, \tau_1, \cdots) = N_2 \mathrm{e}^{\mathrm{j}\alpha_2} \quad (3\text{-}43)$$

式中，N_1 和 N_2 为慢变幅值；α_1 和 α_2 为慢变相位。

将式（3-43）代入式（3-42），整理化简可得系统的慢不变流形方程为

$$N_1^2 = \left(1 + \eta_2^2\right) N_2^2 - \frac{3\kappa}{2} N_2^4 + \frac{9\kappa^2}{16} N_2^6 \quad (3\text{-}44)$$

式中，N_1 和 N_2 分别对应初级结构和非线性能量阱的幅值。

图 3-5 为带有立方刚度非线性能量阱系统的慢不变流形。所谓流形是指局部具有欧几里得空间性质的空间，其中的点可以建立局部坐标。若一流形使得某微分方程初值在该流形内的解始终保持在该流形内，则称之为该方程的不变流形[149]。值得注意的是，稳定流形和不稳定流形都是不变流形。系统的响应只能在慢不变流形上运动，为了分析慢不变流形的稳定性，对式（3-44）中的 N_2 求导可得

$$\frac{27\kappa^2}{16} N_2^4 - 3\kappa N_2^2 + 1 + \eta_2^2 = 0 \quad (3\text{-}45)$$

式（3-45）的解为

$$N_{2,(1,2)}^2 = \frac{8 \pm 4\sqrt{1 - 3\eta_2^2}}{9\kappa} \quad (3\text{-}46)$$

若式（3-46）存在实数解，则必有

$$\eta_2 \leqslant \eta_2^{\mathrm{cr}} = \frac{\sqrt{3}}{3} \quad (3\text{-}47)$$

当系统阻尼大于临界阻尼 η_2^{cr} 时，系统仅有一个实根，响应呈稳定状态。当系统阻尼小于临界阻尼 η_2^{cr} 时，式（3-44）有两个实根 $N_{2,(1)}^2$ 和 $N_{2,(2)}^2$，慢不变流形被划分为稳定区域和不稳定区域。图 3-5 所示的慢不变流形中粗实线表示稳定解，虚线表示不稳定解，系统响应会直接跳过不稳定区域，跳变点为 $N_{2,(1)}$ 和 $N_{2,(2)}$[150]。当系统响应沿着稳定分支Ⅰ向上运动时，在经过跳变点 $N_{2,(1)}$ 后不会沿着不稳定分支运动，而是直接跳到稳定分支Ⅱ。反之，当系统响应沿着稳定分支Ⅱ向下运动时，在经过跳变点 $N_{2,(2)}$ 后也不会沿着不稳定分支运动，而是直接跳到稳定分支Ⅰ。这样，系统将会在慢不变流形的两个稳定分支之间来回跳跃，响应的幅值也会不断变化，可能发生强调制响应（SMR），诱发从初级结构向非线性能量阱的靶能量传递[151]。相比稳态响应，强调制响应发生时初级结构中能量更少，非线性能量阱的减振性能大幅提高。因此，为了抑制初级结构的响应，可通过设计非线性能量阱的参数，使系统产生强调制响应。

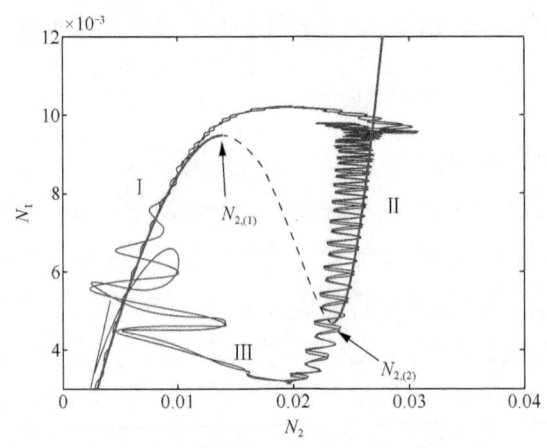

图 3-5　带有立方刚度非线性能量阱系统的慢不变流形

为了说明该机制，选取仿真参数为 $m_1=1$，$k_1=1$，$\varepsilon=0.015$，$\kappa=2400$，$\eta_1=0.8$，$\eta_2=0.2$，$F=0.02$。仿真的初始条件为 $x_1(0)=x_2(0)=\dot{x}_1(0)=\dot{x}_2(0)=0$。系统的响应如图 3-6 所示，响应在慢不变流形上的投影如图 3-5 中的细实线所示。由图 3-6 可知，系统响应为幅值缓慢变化的准周期振动。所谓准周期振动是指波形略有变化的周期振动。准周期振动是实际工程中较为广泛的一类振动现象，也是从周期振动通往混沌的途径之一。能量从初级结构向非线性能量阱传递机制可分为以下几类。

第 3 章 立方刚度非线性能量阱

（1）非线性拍频（区域Ⅰ）。在该区域内，非线性能量阱的幅值从较小值逐渐增加，初级结构的幅值逐渐增长。

（2）瞬态共振捕获（区域Ⅱ）。在该区域内，非线性能量阱会从初级结构中吸收并耗散能量，导致初级结构的幅值迅速减小。结合小波分析发现，非线性能量阱和初级结构之间发生 1∶1 共振捕获现象。

（3）共振捕获逃逸（区域Ⅲ）。在共振捕获过程中，响应轨迹穿过分岔点，并被慢不变流形的低能量分支吸引，从而导致非线性能量阱中的能量波动。

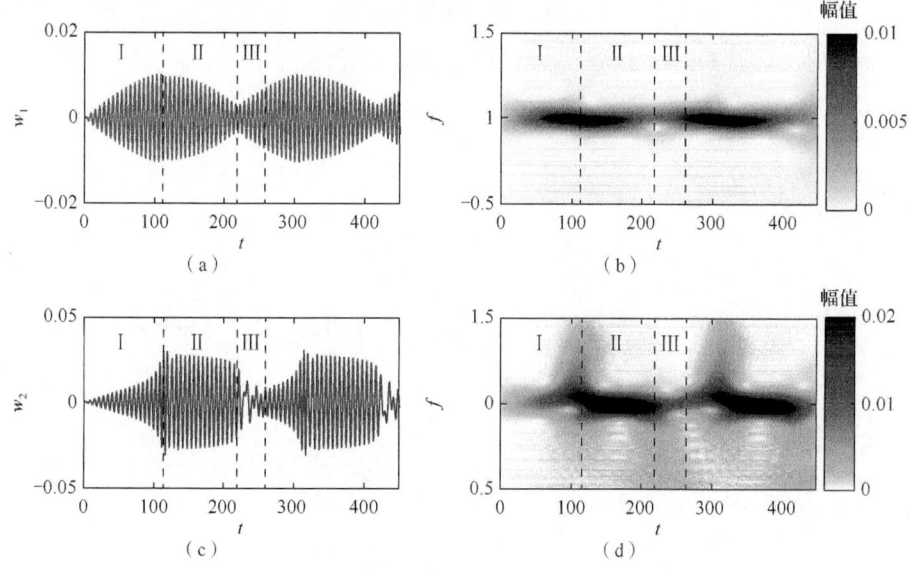

图 3-6　系统的响应

(a) w_1 的时域响应；(b) w_1 的小波变换；(c) w_2 的时域响应；(d) w_2 的小波变换

非线性能量阱抑制初级结构响应的主要思想是通过调整参数，使系统产生准周期响应或拍频响应[126,127]。准周期响应包括两类：第一类是弱准周期响应，其产生的原因是周期响应的失稳（如 Hopf 分岔）；第二类是强准周期响应，它产生的原因与周期响应的稳定性无关，而与不变流形上吸引子的形成有关。强准周期响应伴随着弛豫振动，表现为响应幅值的快慢交替变化。关于强准周期响应和弱准周期响应边界的研究参见文献[152]。当系统产生弱准周期响应时，非线性能量阱对初级结构的响应抑制性能要高于周期响应的情形[127]。因此，以下推导仅针对弱准周期响应展开。

由式（3-42）可知：

$$\frac{\partial}{\partial \tau_0}\varphi_2 + \frac{\eta_2}{2}\varphi_2 + \frac{\mathrm{j}}{2}\varphi_2 - \frac{3\mathrm{j}\kappa}{8}|\varphi_2|^2\varphi_2 = \frac{\mathrm{j}}{2}\varphi_1 \qquad (3\text{-}48)$$

为了求式（3-48）的定点，令

$$\frac{\partial \varphi_2}{\partial \tau_0} = 0 \qquad (3\text{-}49)$$

若定点是稳定的，则有[126,127]

$$\Phi(\tau_1) = \lim_{\tau_0 \to +\infty} \varphi_2(\tau_0, \tau_1) \qquad (3\text{-}50)$$

将式（3-49）和式（3-50）代入式（3-48），可得

$$\frac{\eta_2}{2}\Phi + \frac{\mathrm{j}}{2}\Phi - \frac{3\mathrm{j}\kappa}{8}|\Phi|^2\Phi = \frac{\mathrm{j}}{2}N_1\mathrm{e}^{\mathrm{j}\alpha_1} \qquad (3\text{-}51)$$

考虑 ε 的高阶项，则有

$$2\frac{\partial^2}{\partial \tau_0 \partial \tau_1}\varphi_2 + \frac{\partial}{\partial \tau_1}\left(\frac{\mathrm{j}}{2}\varphi_2 + \frac{\eta_2}{2}\varphi_2 - \frac{3\mathrm{j}}{4}\kappa|\varphi_2|^2\varphi_2\right) \\ + \frac{\partial}{\partial \tau_0}\left(\frac{\eta_2}{2}\varphi_2 - \frac{3\mathrm{j}}{4}\kappa|\varphi_2|^2\varphi_2\right) + \frac{\mathrm{j}}{4}\left(\eta_2\varphi_2 - \frac{3\mathrm{j}}{8}\kappa|\varphi_2|^2\varphi_2 - F\right) = 0 \qquad (3\text{-}52)$$

对式（3-52）取极限，可得

$$\frac{\partial}{\partial \tau_1}\left(\frac{\mathrm{j}}{2}\Phi + \frac{\eta_2}{2}\Phi - \frac{3\mathrm{j}}{4}\kappa|\Phi|^2\Phi\right) + \frac{\mathrm{j}}{4}\left(\eta_2\Phi - \frac{3\mathrm{j}}{8}\kappa|\Phi|^2\Phi - F\right) = 0 \qquad (3\text{-}53)$$

式（3-53）描述了有阻尼系统在慢不变流形上的运动，整理可得

$$\left(\frac{\mathrm{j}}{2} + \frac{\eta_2}{2} - \frac{3\mathrm{j}}{4}\kappa|\Phi|^2\right)\frac{\partial \Phi}{\partial \tau_1} - \frac{3\mathrm{j}}{8}\kappa\Phi^2\frac{\partial \Phi^*}{\partial \tau_1} = -\frac{\mathrm{j}}{4}\left(\eta_2\Phi - \frac{3\mathrm{j}}{8}\kappa|\Phi|^2\Phi^* - F\right) \qquad (3\text{-}54)$$

整理可得

$$\frac{\partial \Phi}{\partial \tau_1} = \frac{\left(12\kappa|\Phi|^2 - 8 - 8\mathrm{j}\eta_2\right)\left(\eta_2\Phi - \frac{3\mathrm{j}}{8}\kappa|\Phi|^2\Phi^* - F\right) + 6\kappa\Phi^2\left(\eta_2\Phi^* + \frac{3\mathrm{j}}{8}\kappa|\Phi|^2\Phi - F\right)}{16 + 16\eta_2^2 + 45\kappa^2|\Phi|^4} \qquad (3\text{-}55)$$

式（3-55）的定点 Φ_0 满足

$$\left(6\kappa|\Phi_0|^2 - 4 - 4\mathrm{j}\eta_2\right)\left(\eta_2\Phi_0 - \frac{3\mathrm{j}}{8}\kappa|\Phi_0|^2\Phi_0^* - F\right) + 3\kappa\Phi_0^2\left(\eta_2\Phi_0^* + \frac{3\mathrm{j}}{8}\kappa|\Phi_0^*|^2\Phi_0^* - F\right) = 0 \qquad (3\text{-}56)$$

第 3 章 立方刚度非线性能量阱

显然，式（3-56）的一个解为

$$\eta_2 \Phi_0 - \frac{3\mathrm{j}}{8}\kappa|\Phi_0|^2 \Phi_0^* - F = 0 \quad (3\text{-}57)$$

消去 Φ_0^*，化简整理可得

$$\eta_2^2 |\Phi_0|^2 + \frac{9\kappa^2}{64}|\Phi_0|^6 = F^2 \quad (3\text{-}58)$$

利用扰动法[127]，在系统的定点处附加一微小扰动，可以得到弱准周期运动时的稳定边界方程为

$$\frac{27}{16}\kappa^2|\Phi_0|^4 - \frac{3\kappa}{1+\varepsilon}|\Phi_0|^2 + \eta_2^2 + \frac{1}{(1+\varepsilon)^2} = 0 \quad (3\text{-}59)$$

式（3-59）的解为

$$|\Phi_0|^2_{1,2} = \frac{\lambda_{1,2}}{\kappa} \quad (3\text{-}60)$$

式中，

$$\lambda_{1,2} = \frac{8 \pm 4\sqrt{1 - 3\eta_2^2(1+\varepsilon)^2}}{9(1+\varepsilon)} \quad (3\text{-}61)$$

将式（3-60）代入式（3-58），整理可得

$$\begin{cases} \kappa_1 = \dfrac{\eta_2^2 \lambda_1 + (9/64)\lambda_1^3}{F^2} \\ \kappa_2 = \dfrac{\eta_2^2 \lambda_2 + (9/64)\lambda_2^3}{F^2} \end{cases} \quad (3\text{-}62)$$

式（3-58）表示周期响应的稳定边界，当 $\kappa \in [\kappa_1, \kappa_2]$ 时系统不稳定，并存在弱准周期响应。当系统处于弱准周期振动时，响应的幅值与时间有关。为了分析非线性能量阱的能量吸收效率，定义系统的平均总能量为

$$E_{\mathrm{tot}} = \frac{1}{t_2 - t_1}\int_{t_1}^{t_2}\left(\frac{\dot{x}_1^2}{2} + \frac{x_1^2}{2} + \varepsilon\frac{\dot{x}_2^2}{2} + \frac{\varepsilon\kappa(x_1 - x_2)^4}{4}\right)\mathrm{d}t \quad (3\text{-}63)$$

初级结构的平均能量定义为

$$E_{\mathrm{LO}} = \frac{1}{t_2 - t_1}\int_{t_1}^{t_2}\left(\frac{\dot{x}_1^2}{2} + \frac{x_1^2}{2}\right)\mathrm{d}t \quad (3\text{-}64)$$

采用四阶龙格-库塔法对图 3-1 所示系统进行仿真分析，并将数值结果与理论

预测结果进行比较。选取仿真参数为 $m_1=1$，$\varepsilon=0.1$，$\eta_1=0$，$\eta_2=0.4$，$F=0.3$。由式（3-62）计算可得，当 $\kappa \in [1.23, 8.31]$ 时系统处于不稳定区域。因此，仿真时 κ 的取值范围为 $[1,9]$。仿真结果如图 3-7 和图 3-8 所示。可以看出，在弱准周期振动时，随着 κ 的逐渐增加，系统的平均总能量 E_{tot}（图 3-7）和初级结构的平均能量 E_{LO}（图 3-8）均单调减少，这表明通过合理设置参数，立方刚度非线性能量阱能够有效抑制初级结构的响应，验证了式（3-62）结论的正确性，为立方刚度非线性能量阱的参数优化设计和实际应用提供指导。

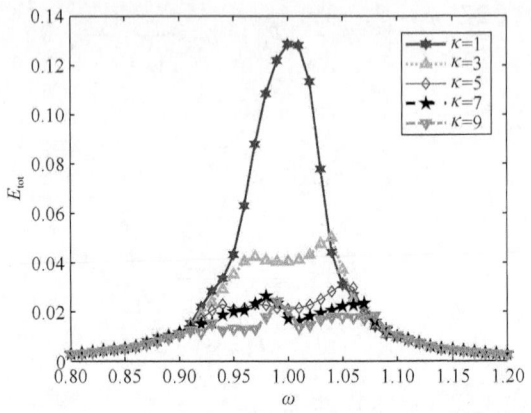

图 3-7　系统的平均总能量

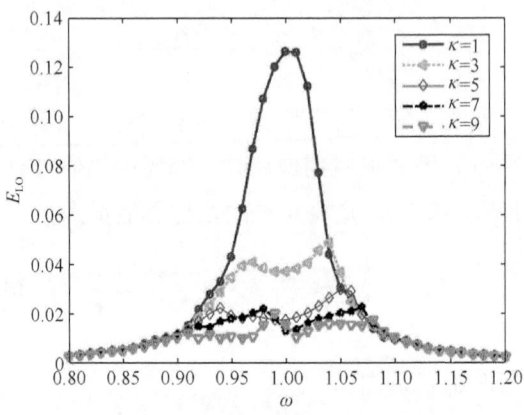

图 3-8　初级结构的平均能量

3.5　本章小结

基于前人对于立方刚度非线性能量阱的研究成果，本章采用复变量-平均法推导了系统的慢变动力学模型，系统地分析了非线性能量阱的动力学特性，分别在瞬态激励和简谐激励下，介绍了立方刚度非线性能量阱及其对初级结构响应的抑制性能。

（1）在瞬态激励下，得到由初级结构向非线性能量阱完全能量传递所需的最小质量比，分析了产生最优靶能量传递所需的初始能量与立方刚度之间的关系。

（2）在简谐激励下，揭示了能量从初级结构向非线性能量阱传递的机制，发现系统产生弱准周期响应时，非线性能量阱对初级结构的响应抑制性能优于产生周期响应的情形，并给出非线性能量阱的参数设计准则，为其优化设计提供理论基础和方法参考。

第 4 章　串联型立方刚度非线性能量阱

4.1　概　　述

尽管立方刚度非线性能量阱能够在宽频范围内抑制结构的振动，但其性能对系统设计参数和外界激励条件十分敏感。当外界激励较小时，无法激发立方刚度非线性能量阱的能量耗散机制。当外界激励较强时，初级结构的运动会出现强调制响应。对于更强的激励，当系统出现大幅值的周期性响应时，第 3 章中介绍的单自由度立方刚度非线性能量阱对初级结构响应的抑制能力几乎消失。因此，在外部激励不确定性的情况下，对单自由度立方刚度非线性能量阱的参数设计将变得十分困难。

为了解决该问题，Gendelman 等[29]和张也弛[148]提出串联型两自由度立方刚度非线性能量阱。研究表明，在靶能量传递的效率方面，串联型两自由度立方刚度非线性能量阱比单自由度立方刚度非线性能量阱具有显著优势。Wierschem 等[33]通过仿真和实验验证了串联型两自由度立方刚度非线性能量阱在冲击激励下具有更强的靶能量传递能力，表现为既有很高的效率，又有宽频的抑制性能。

本章首先介绍串联型两自由度立方刚度非线性能量阱，通过理论分析得到系统在 1∶1∶1 共振附近的周期、准周期和混沌响应，通过仿真分析串联型两自由度立方刚度非线性能量阱对初级结构响应的抑制能力。随后，将结果推广到串联型多自由度立方刚度非线性能量阱，并进行简要分析。

4.2　串联型立方刚度非线性能量阱系统建模

图 4-1 为带有串联型两自由度立方刚度非线性能量阱的初级结构。m_1 为初级结构的质量，k_1 为初级结构与基础之间的线性弹簧刚度，c_1 为初级结构与基础之

间的黏性阻尼，m_2 和 m_3 为非线性能量阱的质量，k_{c2} 和 k_{c3} 为非线性能量阱的非线性弹簧刚度，c_2 和 c_3 为非线性能量阱的黏性阻尼。

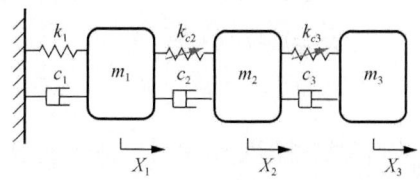

图 4-1　带有串联型两自由度立方刚度非线性能量阱的初级结构

（箭头表示弹簧具有非线性刚度）

系统动力学方程为

$$\begin{cases} m_1\ddot{X}_1 + c_1\dot{X}_1 + k_1 X_1 - c_2(\dot{X}_2 - \dot{X}_1) - k_{c2}(X_2 - X_1)^3 = 0 \\ m_2\ddot{X}_2 + c_2(\dot{X}_2 - \dot{X}_1) + k_{c2}(X_2 - X_1)^3 - c_3(\dot{X}_3 - \dot{X}_2) - k_{c3}(X_3 - X_2)^3 = 0 \\ m_3\ddot{X}_3 + c_3(\dot{X}_3 - \dot{X}_2) + k_{c3}(X_3 - X_2)^3 = 0 \end{cases} \quad (4\text{-}1)$$

式中，X_1 为初级结构的位移；X_2 和 X_3 分别为非线性能量阱质量 m_2 和 m_3 的位移。

为了使结果具有普遍意义，对上述振动系统以初级结构的参数进行无量纲处理。引入无量纲时间：

$$t = \sqrt{\frac{k_1}{m_1}} T \quad (4\text{-}2)$$

将式（4-2）代入式（4-1），整理可得无量纲的系统运动微分方程为

$$\begin{cases} \ddot{x}_1 + \eta_1 \dot{x}_1 + x_1 - \eta_2(\dot{x}_2 - \dot{x}_1) - \kappa_2(x_2 - x_1)^3 = 0 \\ \varepsilon_2 \ddot{x}_2 + \eta_2(\dot{x}_2 - \dot{x}_1) + \kappa_2(x_2 - x_1)^3 - \eta_3(\dot{x}_3 - \dot{x}_2) - \kappa_3(x_3 - x_2)^3 = 0 \\ \varepsilon_3 \ddot{x}_3 + \eta_3(\dot{x}_3 - \dot{x}_2) + \kappa_3(x_3 - x_2)^3 = 0 \end{cases} \quad (4\text{-}3)$$

式中，$\varepsilon_2 = \dfrac{m_2}{m_1}$；$\varepsilon_3 = \dfrac{m_3}{m_1}$；$\kappa_2 = \dfrac{k_{c2}}{k_1}$；$\kappa_3 = \dfrac{k_{c3}}{k_1}$；$\eta_i = c_i \sqrt{\dfrac{1}{m_1 k_1}}$，$i = 1, 2, 3$；$x_i = \dfrac{k_1 X_i}{m_1 g}$，$i = 1, 2, 3$。

4.3 串联型立方刚度非线性能量阱系统动力学分析

下面分别分析瞬态激励和简谐激励情况下,非线性能量阱的质量、刚度和阻尼等参数对系统响应的影响。

4.3.1 串联型立方刚度非线性能量阱系统瞬态动力学分析

采用复变量-平均法对系统进行分析求解,引入复变量:

$$\dot{x}_i + j\omega x_i = \varphi_i \mathrm{e}^{j\omega t}, \quad \dot{x}_i - j\omega x_i = \varphi_i^* \mathrm{e}^{-j\omega t}, \quad i=1,2,3 \tag{4-4}$$

式中,$j=\sqrt{-1}$ 为虚数单位;上标 "*" 表示共轭运算;$\mathrm{e}^{j\omega t}$ 表示系统的快变过程;ω 为系统中三个振子的快变振动频率;φ_i 表示系统的慢变幅值。

将式(4-4)改写为

$$\begin{cases} x_i = -\dfrac{j}{2\omega}\left(\varphi_i \mathrm{e}^{j\omega t} - \varphi_i^* \mathrm{e}^{-j\omega t}\right) \\ \dot{x}_i = \dfrac{1}{2}\left(\varphi_i \mathrm{e}^{j\omega t} + \varphi_i^* \mathrm{e}^{-j\omega t}\right) \end{cases}, \quad i=1,2,3 \tag{4-5}$$

将式(4-5)代入式(4-3),消除快变过程 $\mathrm{e}^{j\omega t}$,可以得到系统的慢变动力学方程为

$$\begin{cases} \dot{\varphi}_1 + \dfrac{j\omega}{2}\varphi_1 - \dfrac{j}{2\omega}\varphi_1 + \dfrac{\eta_2}{2}(\varphi_1-\varphi_2) - \dfrac{3j\kappa_2}{8\omega^3}|\varphi_1-\varphi_2|^2(\varphi_1-\varphi_2) = 0 \\ \varepsilon_2 \dot{\varphi}_2 + \dfrac{j\omega\varepsilon_2}{2}\varphi_2 - \dfrac{\eta_2}{2}(\varphi_1-\varphi_2) + \dfrac{3j\kappa_2}{8\omega^3}|\varphi_1-\varphi_2|^2(\varphi_1-\varphi_2) \\ \quad + \dfrac{\eta_3}{2}(\varphi_2-\varphi_3) - \dfrac{3j\kappa_3}{8\omega^3}|\varphi_2-\varphi_3|^2(\varphi_2-\varphi_3) = 0 \\ \varepsilon_3 \dot{\varphi}_3 + \dfrac{j\omega\varepsilon_3}{2}\varphi_3 - \dfrac{\eta_3}{2}(\varphi_2-\varphi_3) + \dfrac{3j\kappa_3}{8\omega^3}|\varphi_2-\varphi_3|^2(\varphi_2-\varphi_3) = 0 \end{cases} \tag{4-6}$$

忽略阻尼的影响，考虑系统发生 1∶1∶1 共振的情况，令 $\omega=1$，化简整理为

$$\begin{cases} \dot{\varphi}_1 - \dfrac{3\mathrm{j}\kappa_2}{8}|\varphi_1-\varphi_2|^2(\varphi_1-\varphi_2) = 0 \\ \varepsilon_2\dot{\varphi}_2 + \dfrac{\mathrm{j}\varepsilon_2}{2}\varphi_2 + \dfrac{3\mathrm{j}\kappa_2}{8}|\varphi_1-\varphi_2|^2(\varphi_1-\varphi_2) - \dfrac{3\mathrm{j}\kappa_3}{8}|\varphi_2-\varphi_3|^2(\varphi_2-\varphi_3) = 0 \\ \varepsilon_3\dot{\varphi}_3 + \dfrac{\mathrm{j}\varepsilon_3}{2}\varphi_3 + \dfrac{3\mathrm{j}\kappa_3}{8}|\varphi_2-\varphi_3|^2(\varphi_2-\varphi_3) = 0 \end{cases} \quad (4\text{-}7)$$

在式（4-7）两边乘以共轭变量，容易验证：

$$\dfrac{\mathrm{d}(|\varphi_1|^2 + \varepsilon_2|\varphi_2|^2 + \varepsilon_3|\varphi_3|^2)}{\mathrm{d}t} = \varphi_1\dfrac{\mathrm{d}\varphi_1^*}{\mathrm{d}t} + \varphi_1^*\dfrac{\mathrm{d}\varphi_1}{\mathrm{d}t}$$

$$+ \varepsilon_2\varphi_2\dfrac{\mathrm{d}\varphi_2^*}{\mathrm{d}t} + \varepsilon_2\varphi_2^*\dfrac{\mathrm{d}\varphi_2}{\mathrm{d}t} + \varepsilon_3\varphi_3\dfrac{\mathrm{d}\varphi_3^*}{\mathrm{d}t} + \varepsilon_3\varphi_3^*\dfrac{\mathrm{d}\varphi_3}{\mathrm{d}t} = 0 \quad (4\text{-}8)$$

于是可得

$$|\varphi_1|^2 + \varepsilon_2|\varphi_2|^2 + \varepsilon_3|\varphi_3|^2 = N_0 \quad (4\text{-}9)$$

式（4-7）所对应保守系统的哈密顿量表达式为

$$H = -\dfrac{\varepsilon_2}{2}|\varphi_2|^2 - \dfrac{\varepsilon_3}{2}|\varphi_3|^2 + \dfrac{3\kappa_2}{16}|\varphi_1-\varphi_2|^4 + \dfrac{3\kappa_3}{16}|\varphi_2-\varphi_3|^4 \quad (4\text{-}10)$$

当 $\omega \neq 1$ 时，定义变量：

$$w_1 = \varphi_1 + \varepsilon_2\varphi_2 + \varepsilon_3\varphi_3,\ w_2 = \varphi_1 - \varphi_2,\ w_3 = \varphi_2 - \varphi_3 \quad (4\text{-}11)$$

将式（4-11）代入式（4-6），整理可得

$$\begin{cases} \dot{w}_1 + \left(\dfrac{\mathrm{j}\omega}{2} - \dfrac{\mathrm{j}}{2\omega} + \dfrac{\eta_1}{2}\right)(a_1w_1+a_2w_2+a_3w_3) + \dfrac{\mathrm{j}\omega\varepsilon_2}{2}(a_1w_1-a_1w_2+a_3w_3) \\ + \dfrac{\mathrm{j}\omega\varepsilon_3}{2}(a_1w_1-a_1w_2+a_4w_3) = 0 \\ \dot{w}_2 + \left(\dfrac{\mathrm{j}\omega}{2} - \dfrac{\mathrm{j}}{2\omega} + \dfrac{\eta_1}{2}\right)(a_1w_1+a_2w_2+a_3w_3) + \dfrac{\mathrm{j}\omega}{2}(a_1w_1-a_1w_2+a_3w_3) \\ -\dfrac{3\mathrm{j}\kappa_2}{8\omega^3}|w_2|^2w_2 + \dfrac{\eta_2}{2}w_2 - \dfrac{3\mathrm{j}\kappa_2}{8\varepsilon_2\omega^3}|w_2|^2w_2 + \dfrac{3\mathrm{j}\kappa_3}{8\varepsilon_2\omega^3}|w_3|^2w_3 + \dfrac{\eta_2}{2\varepsilon_2}w_2 - \dfrac{\eta_3}{2\varepsilon_2}w_3 = 0 \\ \dot{w}_3 + \dfrac{\mathrm{j}\omega}{2}(a_3-a_4)w_3 + \dfrac{3\mathrm{j}\kappa_2}{8\varepsilon_2\omega^3}|w_2|^2w_2 - \dfrac{3\mathrm{j}\kappa_3}{8\varepsilon_2\omega^3}|w_3|^2w_3 - \dfrac{3\mathrm{j}\kappa_3}{8\varepsilon_3\omega^3}|w_3|^2w_3 \\ -\dfrac{\eta_2}{2\varepsilon_2}w_2 + \dfrac{\eta_3}{2\varepsilon_2}w_3 - \dfrac{\eta_3}{2\varepsilon_3}w_3 = 0 \end{cases} \quad (4\text{-}12)$$

式中，

$$a_1 = \frac{1}{1+\varepsilon_2+\varepsilon_3}; a_2 = \frac{\varepsilon_2+\varepsilon_3}{1+\varepsilon_2+\varepsilon_3}; a_3 = \frac{\varepsilon_3}{1+\varepsilon_2+\varepsilon_3}; a_4 = \frac{\varepsilon_2+1}{1+\varepsilon_2+\varepsilon_3} \quad (4\text{-}13)$$

为考察式（4-12）对应保守系统的周期解，令 $\dot{w}_1 = \dot{w}_2 = \dot{w}_3 = 0$，$\eta_1 = \eta_2 = \eta_3 = 0$，可得系统的平衡点方程：

$$\begin{cases} H_1 = \left(\dfrac{j\omega}{2} - \dfrac{j}{2\omega}\right)(a_1 w_1 + a_2 w_2 + a_3 w_3) + \dfrac{j\omega\varepsilon_2}{2}(a_1 w_1 - a_1 w_2 + a_3 w_3) \\ \qquad + \dfrac{j\omega\varepsilon_3}{2}(a_1 w_1 - a_1 w_2 + a_4 w_3) = 0 \\ H_2 = \left(\dfrac{j\omega}{2} - \dfrac{j}{2\omega}\right)(a_1 w_1 + a_2 w_2 + a_3 w_3) - \dfrac{j\omega}{2}(a_1 w_1 - a_1 w_2 + a_3 w_3) \\ \qquad - \dfrac{3j\kappa_2}{8\omega^3}|w_2|^2 w_2 - \dfrac{3j\kappa_2}{8\varepsilon_2 \omega^3}|w_2|^2 w_2 + \dfrac{3j\kappa_3}{8\varepsilon_2 \omega^3}|w_3|^2 w_3 = 0 \\ H_3 = \dfrac{j\omega}{2\varepsilon_2}(a_3 - a_4)w_3 + \dfrac{3j\kappa_2}{8\varepsilon_2 \omega^3}|w_2|^2 w_2 - \dfrac{3j\kappa_3}{8\varepsilon_2 \omega^3}|w_3|^2 w_3 - \dfrac{3j\kappa_3}{8\varepsilon_3 \omega^3}|w_3|^2 w_3 = 0 \end{cases} \quad (4\text{-}14)$$

将复变量 w_1、w_2 和 w_3 展开为

$$w_1 = N_1 e^{j\alpha_1}, w_2 = N_2 e^{j\alpha_2}, w_3 = N_3 e^{j\alpha_3} \quad (4\text{-}15)$$

式中，N_1、N_2 和 N_3 为慢变幅值；α_1、α_2 和 α_3 为慢变相位。

将式（4-15）代入式（4-14），消去 w_1 后整理化简，可得

$$|N_2|^3 = \left(\frac{\kappa_3}{\kappa_2} + \frac{\varepsilon_2 \kappa_3}{\varepsilon_3 \kappa_2}\right)|N_3|^3 - \frac{4\varepsilon_2 \omega^4}{3\kappa_2}(a_3 - a_4)|N_3|$$

$$\cdot \left(-\frac{a_5}{2\omega a_7} + \frac{\omega a_1}{2} + \frac{\omega a_2}{2} - \frac{a_2}{2\omega}\right)|N_2| - \left(\frac{3\kappa_2}{8\omega^3} + \frac{3\kappa_2}{8\varepsilon_2 \omega^3}\right)|N_2|^3$$

$$= \left(\frac{1}{2\omega} - \omega\right)a_3|N_3| + \frac{a_6}{2\omega a_7}|N_3| - \frac{3\kappa_3}{8\varepsilon_2 \omega^3}|N_3|^3 \quad (4\text{-}16)$$

式中，

$$a_5 = \left(\frac{1}{2\omega} + \frac{\varepsilon_3}{2\varepsilon_2\omega}\right)a_1; \quad a_6 = \left(\frac{1}{2\varepsilon_2\omega} - \frac{\omega}{2\varepsilon_2} - \frac{\omega}{2}\right)a_3 - \frac{\varepsilon_3\omega}{2\varepsilon_2}a_4; \quad a_7 = -\frac{1}{2\varepsilon_2\omega} + \frac{\omega}{2\varepsilon_2} + \frac{\omega}{2} + \frac{\varepsilon_3\omega}{2\varepsilon_2}$$

（4-17）

当 $\omega<1$ 时，式（4-16）无解，即在振动频率小于初级结构的固有频率时系统无周期解。此时，无论系统能量多少，初级结构的振动频率都不会小于其固有频率。当 $\omega \geq 1$ 时，$|N_2|$ 和 $|N_3|$ 都随着 ω 的增加而增加，如图 4-2 所示。

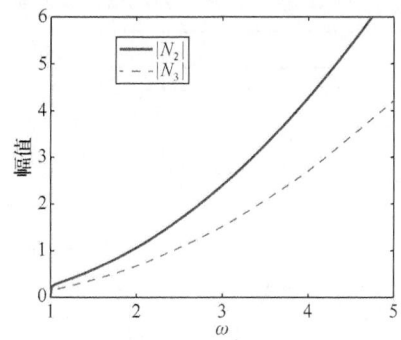

图 4-2　系统（4-16）的频率-幅值图

为了评价非线性能量阱对系统响应的抑制效果，定义系统耗散的能量为

$$E_d(t) = \frac{1}{E_{LO}^0}\int_0^t \left(c_2(\dot{x}_1(\tau) - \dot{x}_2(\tau))^2 + c_3(\dot{x}_2(\tau) - \dot{x}_3(\tau))^2\right)d\tau \quad （4\text{-}18）$$

式中，E_{LO}^0 表示系统中的初始能量。

将式（4-11）和式（4-15）分别代入式（4-18），并根据平均法原理[113]消去快变过程，可得

$$E_d(t) \approx \frac{1}{2E_{LO}^0}\int_0^t \left(c_2|N_2|^2 + c_3|N_3|^2\right)d\tau \quad （4\text{-}19）$$

因此，系统耗散的能量 E_d 与 $|N_2|$ 和 $|N_3|$ 密切相关。由于 $|N_2|$ 和 $|N_3|$ 都随着 ω 的增加而增加，系统耗散的能量 E_d 也将随着 ω 的增加而增加。

为了验证两自由度立方刚度非线性能量阱的性能，采用四阶龙格-库塔法对图 4-1 所示系统进行仿真。初级结构的参数为 $m_1=1$，$k_1=1$，$c_1=0$。同时，假设系统的初始能量集中在初级结构中，表现为初级结构有初始速度 $\dot{x}_1(0)$。任意选取 4 组两自由度立方刚度非线性能量阱（表示为 TDOF CNES）的参数进行仿真，如表 4-1 所示。并将结果与单自由度立方刚度非线性能量阱（表示为 SDOF CNES）进行比较。为了比较公平，将单自由度立方刚度非线性能量阱的参数设置为 $\varepsilon=\varepsilon_1+\varepsilon_2$，$k_c=0.2$，$c=c_1+c_2$。

表 4-1 用于仿真的两自由度立方刚度非线性能量阱参数

编号	ε_2	ε_3	k_{c2}	k_{c3}	c_2	c_3
TDOF CNES 1	0.07	0.03	0.2	0.05	0.01	0.01
TDOF CNES 2	0.05	0.05	0.2	0.05	0.01	0.01
TDOF CNES 3	0.07	0.03	0.2	0.01	0.01	0.01
TDOF CNES 4	0.05	0.05	0.2	0.01	0.01	0.01

图 4-3 为不同初始速度下非线性能量阱对系统响应的抑制效果。可以看出，相比于单自由度立方刚度非线性能量阱，两自由度立方刚度非线性能量阱能在更宽的范围内高效地吸收并耗散能量。注意到，虽然两自由度立方刚度非线性能量阱质量 m_2 和 m_3 的分配比例对其能量耗散性能有一定影响，但立方刚度 k_{c2} 和 k_{c3} 的变化对两自由度立方刚度非线性能量阱能量耗散性能的影响更大，且立方刚度 k_{c3} 越小，振动抑制效率较高的范围越大。另外，该现象也说明两自由度立方刚度非线性能量阱的性能对质量差异具有很强的鲁棒性。

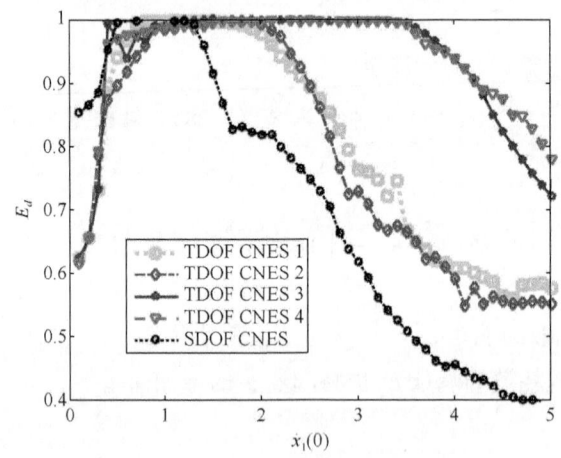

图 4-3 不同初始速度下非线性能量阱对系统响应的抑制效果

4.3.2 串联型立方刚度非线性能量阱系统稳态动力学分析

考虑图 4-1 所示系统，若初级结构受到一个幅值为 F、频率为 Ω 的简谐激励，系统的无量纲动力学微分方程为

$$\begin{cases} \ddot{x}_1 + \eta_1 \dot{x}_1 + x_1 - \eta_2(\dot{x}_2 - \dot{x}_1) - \kappa_2(x_2 - x_1)^3 = F\cos(\Omega t) \\ \varepsilon_2 \ddot{x}_2 + \eta_2(\dot{x}_2 - \dot{x}_1) + \kappa_2(x_2 - x_1)^3 - \eta_3(\dot{x}_3 - \dot{x}_2) - \kappa_3(x_3 - x_2)^3 = 0 \\ \varepsilon_3 \ddot{x}_3 + \eta_3(\dot{x}_3 - \dot{x}_2) + \kappa_3(x_3 - x_2)^3 = 0 \end{cases} \quad (4\text{-}20)$$

利用复变量-平均法对式（4-20）求解，引入复变量：

$$\dot{x}_i + j\Omega x_i = \varphi_i e^{j\Omega t}, \quad \dot{x}_i - j\Omega x_i = \varphi_i^* e^{-j\Omega t}, \quad i = 1, 2, 3 \quad (4\text{-}21)$$

式中，上标"*"表示共轭运算；$e^{j\Omega t}$ 表示系统的快变过程；φ_i 表示系统的慢变幅值。

将式（4-21）改写为

$$\begin{cases} x_i = -\dfrac{j}{2\Omega}\left(\varphi_i e^{j\Omega t} - \varphi_i^* e^{-j\Omega t}\right) \\ \dot{x}_i = \dfrac{1}{2}\left(\varphi_i e^{j\Omega t} + \varphi_i^* e^{-j\Omega t}\right) \end{cases}, \quad i = 1, 2, 3 \quad (4\text{-}22)$$

将式（4-22）代入式（4-20），消去快变过程 $e^{j\Omega t}$，整理可得

$$\begin{cases} \dot{\varphi}_1 + \dfrac{j\Omega}{2}\varphi_1 + \dfrac{\eta_1}{2}\varphi_1 - \dfrac{j}{2\Omega}\varphi_1 + \dfrac{\eta_2}{2}(\varphi_1 - \varphi_2) - \dfrac{3j\kappa_2}{8\Omega^3}|\varphi_1 - \varphi_2|^2(\varphi_1 - \varphi_2) = \dfrac{F}{2} \\ \varepsilon_2 \dot{\varphi}_2 + \dfrac{j\Omega \varepsilon_2}{2}\varphi_2 - \dfrac{\eta_2}{2}(\varphi_1 - \varphi_2) + \dfrac{3j\kappa_2}{8\Omega^3}|\varphi_1 - \varphi_2|^2(\varphi_1 - \varphi_2) \\ \quad + \dfrac{\eta_3}{2}(\varphi_2 - \varphi_3) - \dfrac{3j\kappa_3}{8\Omega^3}|\varphi_2 - \varphi_3|^2(\varphi_2 - \varphi_3) = 0 \\ \varepsilon_3 \dot{\varphi}_3 + \dfrac{j\Omega \varepsilon_3}{2}\varphi_3 - \dfrac{\eta_3}{2}(\varphi_2 - \varphi_3) + \dfrac{3j\kappa_3}{8\Omega^3}|\varphi_2 - \varphi_3|^2(\varphi_2 - \varphi_3) = 0 \end{cases} \quad (4\text{-}23)$$

引入变量代换：

$$w_1 = \varphi_1, \ w_2 = \varphi_1 - \varphi_2, \ w_3 = \varphi_2 - \varphi_3 \tag{4-24}$$

将式（4-24）代入式（4-23），整理可得

$$\begin{cases} \dot{w}_1 = \dfrac{F}{2} - \dfrac{\mathrm{j}\Omega}{2}w_1 - \dfrac{\eta_1}{2}w_1 + \dfrac{\mathrm{j}}{2\Omega}w_1 - \dfrac{\eta_2}{2}w_2 + \dfrac{3\mathrm{j}\kappa_2}{8\Omega^3}|w_2|^2 w_2 \\ \dot{w}_2 = \dfrac{F}{2} - \dfrac{\mathrm{j}\Omega}{2}w_2 - \dfrac{\eta_1}{2}w_1 + \dfrac{\mathrm{j}}{2\Omega}w_1 - \dfrac{\eta_2}{2}w_2 + \dfrac{3\mathrm{j}\kappa_2}{8\Omega^3}|w_2|^2 w_2 \\ \qquad - \dfrac{\eta_2}{2\varepsilon_2}w_2 + \dfrac{3\mathrm{j}\kappa_2}{8\Omega^3\varepsilon_2}|w_2|^2 w_2 + \dfrac{\eta_3}{2\varepsilon_2}w_3 - \dfrac{3\mathrm{j}\kappa_3}{8\Omega^3\varepsilon_2}|w_3|^2 w_3 \\ \dot{w}_3 = -\dfrac{\mathrm{j}\Omega}{2}w_3 + \dfrac{\eta_2}{2\varepsilon_2}w_2 - \dfrac{3\mathrm{j}\kappa_2}{8\Omega^3\varepsilon_2}|w_2|^2 w_2 \\ \qquad - \dfrac{\eta_3}{2\varepsilon_2}w_3 + \dfrac{3\mathrm{j}\kappa_3}{8\Omega^3\varepsilon_2}|w_3|^2 w_3 - \dfrac{\eta_3}{2\varepsilon_3}w_3 + \dfrac{3\mathrm{j}\kappa_3}{8\Omega^3\varepsilon_3}|w_3|^2 w_3 \end{cases} \tag{4-25}$$

为了得到系统的平衡点，令式（4-25）中导数 $\dot{w}_i = 0 (i=1,2,3)$，可得

$$\begin{cases} H_1 = \dfrac{F}{2} - \dfrac{\mathrm{j}\Omega}{2}w_1 - \dfrac{\eta_1}{2}w_1 + \dfrac{\mathrm{j}}{2\Omega}w_1 - \dfrac{\eta_2}{2}w_2 + \dfrac{3\mathrm{j}\kappa_2}{8\Omega^3}|w_2|^2 w_2 = 0 \\ H_2 = \dfrac{\mathrm{j}\Omega}{2}(w_1 - w_2) - \dfrac{\eta_2}{2\varepsilon_2}w_2 + \dfrac{3\mathrm{j}\kappa_2}{8\Omega^3\varepsilon_2}|w_2|^2 w_2 + \dfrac{\eta_3}{2\varepsilon_2}w_3 - \dfrac{3\mathrm{j}\kappa_3}{8\Omega^3\varepsilon_2}|w_3|^2 w_3 = 0 \\ H_3 = -\dfrac{\mathrm{j}\Omega}{2}w_3 + \dfrac{\eta_2}{2\varepsilon_2}w_2 - \dfrac{3\mathrm{j}\kappa_2}{8\Omega^3\varepsilon_2}|w_2|^2 w_2 - \dfrac{\eta_3}{2\varepsilon_2}w_3 + \dfrac{3\mathrm{j}\kappa_3}{8\Omega^3\varepsilon_2}|w_3|^2 w_3 \\ \qquad - \dfrac{\eta_3}{2\varepsilon_3}w_3 + \dfrac{3\mathrm{j}\kappa_3}{8\Omega^3\varepsilon_3}|w_3|^2 w_3 = 0 \end{cases} \tag{4-26}$$

为研究系统在 1∶1∶1 共振附近的响应，令 $\Omega=1$，忽略初级结构中的阻尼，并将 w_i 在复平面展开：

$$w_1 = N_1 \mathrm{e}^{\mathrm{j}\alpha_1}, \ w_2 = N_2 \mathrm{e}^{\mathrm{j}\alpha_2}, \ w_3 = N_3 \mathrm{e}^{\mathrm{j}\alpha_3} \tag{4-27}$$

式中，N_1、N_2 和 N_3 为慢变幅值；α_1、α_2 和 α_3 为慢变相位。

将式(4-27)代入式(4-26),整理可得

$$\begin{cases} H_1 = \dfrac{F}{2} + \dfrac{3\mathrm{j}\kappa_2}{8} N_2^3 \mathrm{e}^{\mathrm{j}\alpha_2} - \dfrac{\eta_2}{2} N_2 \mathrm{e}^{\mathrm{j}\alpha_2} = 0 \\ H_2 = \dfrac{F}{2} + \dfrac{\mathrm{j}}{2}\left(N_1 \mathrm{e}^{\mathrm{j}\alpha_1} - N_2 \mathrm{e}^{\mathrm{j}\alpha_2}\right) + \dfrac{3\mathrm{j}\kappa_2}{8} N_2^3 \mathrm{e}^{\mathrm{j}\alpha_2} - \dfrac{\eta_2}{2} N_2 \mathrm{e}^{\mathrm{j}\alpha_2} \\ \qquad + \dfrac{3\mathrm{j}\kappa_2}{8\varepsilon_2} N_2^3 \mathrm{e}^{\mathrm{j}\alpha_2} - \dfrac{\eta_2}{2\varepsilon_2} N_2 \mathrm{e}^{\mathrm{j}\alpha_2} - \dfrac{3\mathrm{j}\kappa_3}{8\varepsilon_2} N_3^3 \mathrm{e}^{\mathrm{j}\alpha_3} + \dfrac{\eta_3}{2\varepsilon_2} N_3 \mathrm{e}^{\mathrm{j}\alpha_3} = 0 \\ H_3 = -\dfrac{\mathrm{j}}{2} N_3 \mathrm{e}^{\mathrm{j}\alpha_3} - \dfrac{3\mathrm{j}\kappa_3}{8\varepsilon_2} N_2^3 \mathrm{e}^{\mathrm{j}\alpha_2} + \dfrac{\eta_2}{2\varepsilon_2} N_2 \mathrm{e}^{\mathrm{j}\alpha_2} + \dfrac{3\mathrm{j}\kappa_3}{8\varepsilon_2} N_3^3 \mathrm{e}^{\mathrm{j}\alpha_3} \\ \qquad - \dfrac{\eta_3}{2\varepsilon_2} N_3 \mathrm{e}^{\mathrm{j}\alpha_3} + \dfrac{3\mathrm{j}\kappa_3}{8\varepsilon_3} N_3^3 \mathrm{e}^{\mathrm{j}\alpha_3} - \dfrac{\eta_3}{2\varepsilon_3} N_3 \mathrm{e}^{\mathrm{j}\alpha_3} = 0 \end{cases} \quad (4\text{-}28)$$

分别令式(4-28)中实部和虚部为0,可得平衡点满足

$$\begin{cases} \eta_2^2 N_2^2 + \dfrac{9\kappa_2^2}{16} N_2^6 = F^2 \\ \alpha_2 = \arctan\left(\dfrac{3\kappa_2 N_2^2}{4\eta_2}\right) \end{cases} \quad (4\text{-}29)$$

$$\begin{cases} \left(\dfrac{3\kappa_3}{8\varepsilon_2} N_3^3 - \dfrac{1}{2} N_3 + \dfrac{3\kappa_3}{8\varepsilon_3} N_3^3\right)^2 + \left(\dfrac{\eta_3}{2\varepsilon_2} N_3 + \dfrac{\eta_3}{2\varepsilon_3} N_3\right)^2 = \dfrac{F^2}{4\varepsilon_2^2} \\ \dfrac{3\kappa_3}{8\varepsilon_2} N_3^3 \cos\alpha_3 + \dfrac{3\kappa_3}{8\varepsilon_3} N_3^3 \cos\alpha_3 - \dfrac{\eta_3}{\varepsilon_2} N_3 \sin\alpha_3 - \dfrac{\eta_3}{\varepsilon_3} N_3 \sin\alpha_3 - N_3 \cos\alpha_3 \\ = \dfrac{3\kappa_2}{8\varepsilon_2} N_2^3 \cos\alpha_2 - \dfrac{\eta_2}{2\varepsilon_2} N_2 \sin\alpha_2 \end{cases} \quad (4\text{-}30)$$

$$\begin{cases} \alpha_1 = \arctan\left(\dfrac{-4F + 3\kappa_3 N_3^3 \sin\alpha_3 + 4\eta_3 N_3 \cos\alpha_3 + 4\varepsilon_2 N_2 \sin\alpha_2}{3\kappa_3 N_3^3 \cos\alpha_3 - 4\eta_3 N_3 \sin\alpha_3 + 4\varepsilon_2 N_2 \cos\alpha_2}\right) \\ N_1 = \dfrac{3\kappa_3 N_3^3 \cos\alpha_3 - 4\eta_3 N_3 \sin\alpha_3 + 4\varepsilon_2 N_2 \cos\alpha_2}{4\varepsilon_2 \cos\alpha_1} \end{cases} \quad (4\text{-}31)$$

当平衡点不稳定时,系统将产生非周期响应,其中调制幅值较大的响应即为强调制响应。可采用李雅普诺夫稳定性判据判断平衡点的稳定性,相关理论可参阅文献[148],在此不再赘述。

采用四阶龙格-库塔法对图 4-1 所示系统仿真分析。考虑初级结构为一个无阻尼的单自由度系统，其质量为 $m_1=1$，弹簧刚度为 $k_1=1$。由于两自由度立方刚度非线性能量阱设计参数较多，只能在其弹簧非线性刚度和阻尼给定的情况下调节。仿真参数选取为 $\varepsilon_2=0.09$，$\varepsilon_3=0.01$，$k_{c2}=0.5$，$k_{c3}=0.002$，$c_2=0.01$，$c_3=0.01$，$F=0.02$。仿真的初始条件为 $x_1(0)=x_2(0)=x_3(0)=\dot{x}_1(0)=\dot{x}_2(0)=\dot{x}_3(0)=0$。图 4-4 为系统的时域响应。通过稳定性分析发现，无论是初级结构还是非线性能量阱的响应均为强调制响应。随着初级结构响应幅值的增加，非线性能量阱两个质量 m_2 和 m_3 的位移响应幅值均增加，在非线性能量阱响应幅值增加阶段，初级结构的响应幅值逐渐减小，能量由初级结构向非线性能量阱传递。

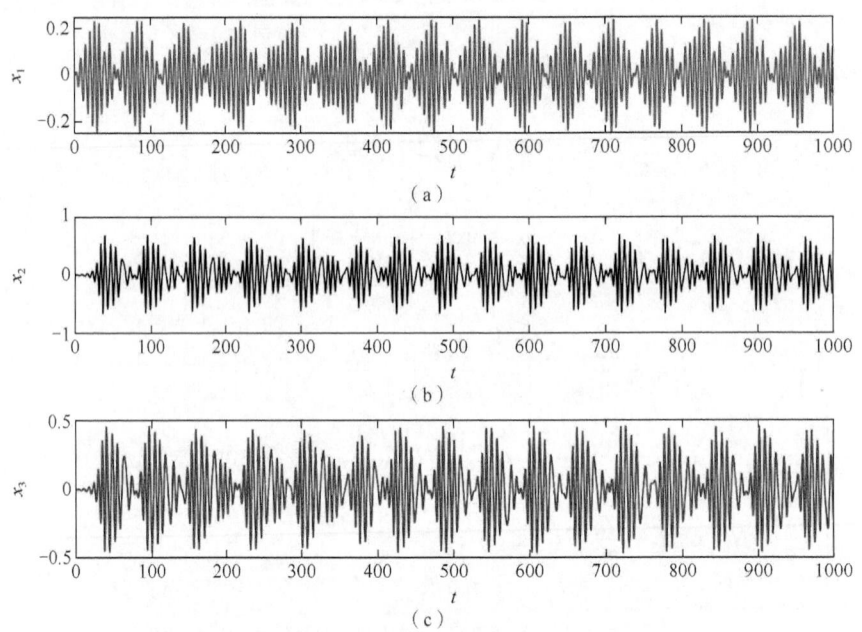

图 4-4 系统的时域响应

（a）初级结构的位移响应；（b）非线性能量阱质量 m_2 的位移响应；
（c）非线性能量阱质量 m_3 的位移响应

将串联型两自由度立方刚度非线性能量阱（表示为 TDOF CNES）与单自由度立方刚度非线性能量阱（表示为 SDOF CNES）进行比较。在给定单自由度立方刚度非线性能量阱质量比 $\varepsilon=0.1$、阻尼 $c=0.01$ 和激励力幅值 $F=0.02$ 的前提下，采用 3.4 节中的参数优化方法对其进行优化设计，得到立方刚度为 $k_c = 0.64$。分别考察系统平均总能量 E_{tot}［式（3-63）］和初级结构平均能量 E_{LO}［式（3-64）］两个评价指标。为了比较公平，令串联型两自由度立方刚度非线性能量阱与单自由度立方刚度非线性能量阱具有相同的总质量。仿真参数为 $\varepsilon_2 = 0.09$，$\varepsilon_3 = 0.01$，$k_{c2} = 0.9$，$k_{c3} = 0.01$，$c_2 = 0.01$，$c_3 = 0.01$。虽然串联型两自由度立方刚度非线性能量阱的参数未经充分优化，但相比于单自由度立方刚度非线性能量阱，其在给定的频率范围内系统平均总能量 E_{tot}［图 4-5（a）］和初级结构平均能量 E_{LO}［图 4-5（b）］均保持在较低的水平，对初级结构具有更好的响应抑制性能。注意到，当取得较好的响应抑制效果时，无论是系统平均总能量 E_{tot} 还是初级结构平均能量 E_{LO} 在所关心的频率范围内曲线包围的面积都很小，可作为非线性能量阱参数优化设计准则。

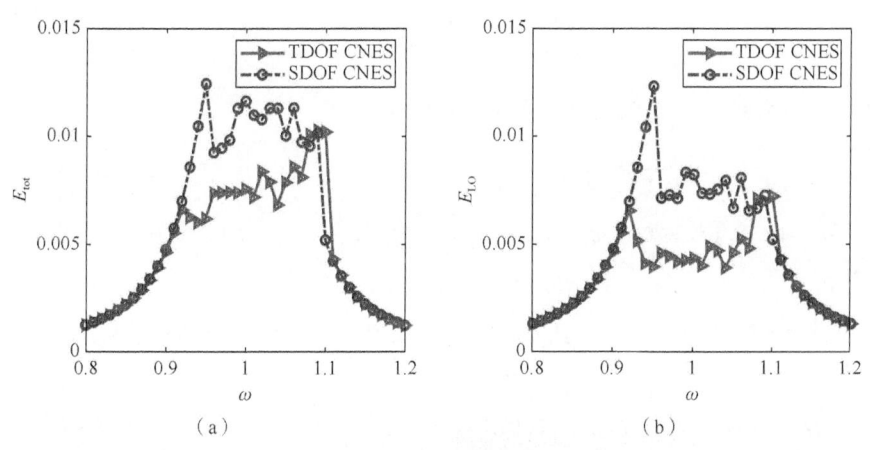

图 4-5 响应的频率-能量图

（a）系统的平均总能量；（b）初级结构的平均能量

4.4 串联型多自由度立方刚度非线性能量阱系统动力学分析

图 4-6 为带有串联型多自由度立方刚度非线性能量阱的初级结构。初级结构由质量 m_1、弹簧刚度 k_1、阻尼 c_1 的单自由度振子组成。在初级结构上作用一个频率为 ω、幅值为 F 的简谐激励。串联型多自由度立方刚度非线性能量阱由 $N-1$ 个

单自由度立方刚度非线性能量阱串联组成，每个振子的质量 $m \ll M$，每个非线性振子之间的阻尼为 c_i，非线性弹簧刚度为 k_{ci}。

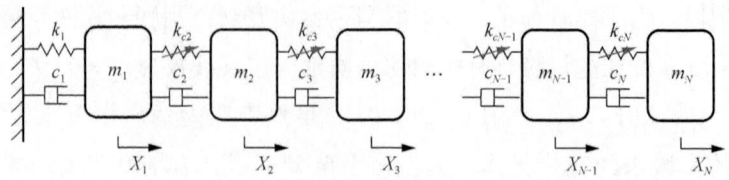

图 4-6　带有串联型多自由度立方刚度非线性能量阱的初级结构
（箭头表示弹簧具有非线性刚度）

为了使结果具有普遍意义，对上述振动系统以初级结构的参数进行无量纲处理。引入无量纲时间：

$$t = \sqrt{\frac{k_1}{m_1}} T \tag{4-32}$$

于是，可得无量纲的系统运动微分方程为

$$\begin{cases} \ddot{x}_1 + \eta_1 \dot{x}_1 + x_1 + \eta_2(\dot{x}_1 - \dot{x}_2) + \varepsilon_2 \kappa_2 (x_1 - x_2)^3 = F\cos(\Omega t) \\ \varepsilon_2 \ddot{x}_2 + \varepsilon_2 \eta_2(\dot{x}_2 - \dot{x}_1) + \varepsilon_2 \kappa_2 (x_2 - x_1)^3 - \varepsilon_3 \eta_3(\dot{x}_3 - \dot{x}_2) - \varepsilon_3 \kappa_3 (x_3 - x_2)^3 = 0 \\ \cdots\cdots \\ \varepsilon_i \ddot{x}_i + \varepsilon_i \eta_i(\dot{x}_i - \dot{x}_{i-1}) + \varepsilon_i \kappa_i (x_i - x_{i-1})^3 - \varepsilon_{i+1} \eta_{i+1}(\dot{x}_{i+1} - \dot{x}_i) - \varepsilon_{i+1} \kappa_{i+1} (x_{i+1} - x_i)^3 = 0 \\ \cdots\cdots \\ \varepsilon_N \ddot{x}_N + \varepsilon_N \eta_N(\dot{x}_N - \dot{x}_{N-1}) + \varepsilon_N \kappa_N (x_N - x_{N-1})^3 = 0 \end{cases} \tag{4-33}$$

式中，$\Omega = \omega\sqrt{\dfrac{m_1}{k_1}}$；$\varepsilon_i = \dfrac{m_i}{m_1}$；$\kappa_i = \dfrac{k_{ci}}{\varepsilon_i k_1}$；$\eta_i = \dfrac{c_i}{\varepsilon_i}\sqrt{\dfrac{1}{m_1 k_1}}$；$x_i = \dfrac{k_1 X_i}{m_1 g}, i = 1, 2, \cdots, N$。

采用复变量-平均法对系统动力学方程求解，引入复变量：

$$\Phi_X e^{j\Omega t} = \dot{X} + j\Omega X \tag{4-34}$$

式中，$\Phi_X = [\varphi_1 \quad \varphi_2 \quad \cdots \quad \varphi_N]^T$；$X = [x_1 \quad x_2 \quad \cdots \quad x_N]^T$。

将式（4-34）代入式（4-33），消去快变过程 $\mathrm{e}^{\mathrm{j}\Omega t}$，整理可得

$$\begin{cases} \dot{\varphi}_1 + \dfrac{\mathrm{j}\Omega}{2}\varphi_1 + \dfrac{\eta_1}{2}\varphi_1 - \dfrac{\mathrm{j}}{2\Omega}\varphi_1 + \dfrac{\varepsilon_2\eta_2}{2}(\varphi_1 - \varphi_2) - \dfrac{3\mathrm{j}\varepsilon_2\kappa_2}{8\Omega^3}|\varphi_1 - \varphi_2|^2(\varphi_1 - \varphi_2) = \dfrac{F}{2} \\ \varepsilon_2\dot{\varphi}_2 + \dfrac{\mathrm{j}\Omega\varepsilon_2}{2}\varphi_2 - \dfrac{\varepsilon_2\eta_2}{2}(\varphi_1 - \varphi_2) + \dfrac{3\mathrm{j}\varepsilon_2\kappa_2}{8\Omega^3}|\varphi_1 - \varphi_2|^2(\varphi_1 - \varphi_2) \\ \quad + \dfrac{\varepsilon_3\eta_3}{2}(\varphi_2 - \varphi_3) - \dfrac{3\mathrm{j}\varepsilon_3\kappa_3}{8\Omega^3}|\varphi_2 - \varphi_3|^2(\varphi_2 - \varphi_3) = 0 \\ \quad \cdots\cdots \\ \varepsilon_i\dot{\varphi}_i + \dfrac{\mathrm{j}\Omega\varepsilon_i}{2}\varphi_i - \dfrac{\varepsilon_i\eta_i}{2}(\varphi_{i-1} - \varphi_i) + \dfrac{3\mathrm{j}\varepsilon_i\kappa_i}{8\Omega^3}|\varphi_{i-1} - \varphi_i|^2(\varphi_{i-1} - \varphi_i) \\ \quad + \dfrac{\varepsilon_{i+1}\eta_{i+1}}{2}(\varphi_i - \varphi_{i+1}) - \dfrac{3\mathrm{j}\varepsilon_{i+1}\kappa_{i+1}}{8\Omega^3}|\varphi_i - \varphi_{i+1}|^2(\varphi_i - \varphi_{i+1}) = 0 \\ \quad \cdots\cdots \\ \varepsilon_N\dot{\varphi}_N + \dfrac{\mathrm{j}\Omega\varepsilon_N}{2}\varphi_N - \dfrac{\varepsilon_N\eta_N}{2}(\varphi_{N-1} - \varphi_N) + \dfrac{3\mathrm{j}\varepsilon_N\kappa_N}{8\Omega^3}|\varphi_{N-1} - \varphi_N|^2(\varphi_{N-1} - \varphi_N) = 0 \end{cases}$$

（4-35）

引入变量：

$$w_1 = \varphi_1, \quad w_i = \varphi_{i-1} - \varphi_i, \quad i = 2, 3, \cdots, N \tag{4-36}$$

系统动力学方程为

$$\dot{W} + \dfrac{\mathrm{j}\Omega}{2}W + \dfrac{1}{2}C_0 W - \dfrac{\mathrm{j}}{2\Omega}K_m W - \dfrac{3\mathrm{j}}{8\Omega^3}\Pi(W) = \dfrac{1}{2}\Gamma(t) \tag{4-37}$$

式中，

$$W = \begin{bmatrix} w_1 \\ w_2 \\ w_3 \\ \vdots \\ w_N \end{bmatrix}; \quad \Gamma(t) = \begin{bmatrix} F \\ F \\ 0 \\ \vdots \\ 0 \end{bmatrix}; \quad K_m = \begin{bmatrix} 1 & 0 & 0 & \cdots & 0 \\ 1 & 0 & 0 & \cdots & 0 \\ 0 & 0 & 0 & \cdots & 0 \\ \vdots & \vdots & \vdots & & \vdots \\ 0 & 0 & 0 & \cdots & 0 \end{bmatrix}$$

$$C_0 = \begin{bmatrix} \eta_1 & \varepsilon_2\eta_2 & 0 & \cdots & \cdots & 0 \\ \eta_1 & (\varepsilon_2+1)\eta_2 & -\dfrac{\varepsilon_3}{\varepsilon_2}\eta_3 & \ddots & & \vdots \\ 0 & \eta_2 & \dfrac{\varepsilon_3+\varepsilon_2}{\varepsilon_2}\eta_3 & -\dfrac{\varepsilon_4}{\varepsilon_3}\eta_4 & \ddots & \vdots \\ \vdots & \ddots & \eta_3 & \dfrac{\varepsilon_4+\varepsilon_3}{\varepsilon_3}\eta_4 & \ddots & 0 \\ \vdots & & & \ddots & \ddots & -\dfrac{\varepsilon_N}{\varepsilon_{N-1}}\eta_N \\ 0 & \cdots & \cdots & 0 & \eta_{N-1} & \dfrac{\varepsilon_N+\varepsilon_{N-1}}{\varepsilon_{N-1}}\eta_N \end{bmatrix}$$

$$\Pi(W) = \begin{bmatrix} \varepsilon_2\kappa_2|w_2|^2 w_2 \\ \varepsilon_2\kappa_2|w_2|^2 w_2 + \dfrac{\varepsilon_2\kappa_2|w_2|^2 w_2 - \varepsilon_3\kappa_3|w_3|^2 w_3}{\varepsilon_2} \\ -\dfrac{\varepsilon_2\kappa_2|w_2|^2 w_2 - \varepsilon_3\kappa_3|w_3|^2 w_3}{\varepsilon_2} + \dfrac{\varepsilon_3\kappa_3|w_3|^2 w_3 - \varepsilon_4\kappa_4|w_4|^2 w_4}{\varepsilon_3} \\ \vdots \\ -\dfrac{\varepsilon_{i-1}\kappa_{i-1}|w_{i-1}|^2 w_{i-1} - \varepsilon_i\kappa_i|w_i|^2 w_i}{\varepsilon_{i-1}} + \dfrac{\varepsilon_i\kappa_i|w_i|^2 w_i - \varepsilon_{i+1}\kappa_{i+1}|w_{i+1}|^2 w_{i+1}}{\varepsilon_i} \\ \vdots \\ -\dfrac{\varepsilon_{N-1}\kappa_{N-1}|w_{N-1}|^2 w_{N-1} - \varepsilon_N\kappa_N|w_N|^2 w_N}{\varepsilon_{N-1}} + \kappa_N|w_N|^2 w_N \end{bmatrix}$$

为了便于分析，假设：

$$\begin{cases} \varepsilon = \varepsilon_2 = \varepsilon_3 = \cdots = \varepsilon_N \\ \kappa = \kappa_2 = \kappa_3 = \cdots = \kappa_N \\ \eta = \eta_1 = \eta_2 = \cdots = \eta_N \end{cases} \tag{4-38}$$

于是，式（4-37）可以简化为

$$\dot{W} + \dfrac{\mathrm{j}\Omega}{2}W + \dfrac{\eta}{2}(C_m + \varepsilon C_\varepsilon)W - \dfrac{\mathrm{j}}{2\Omega}K_m W - \dfrac{3\mathrm{j}\kappa}{8\Omega^3}\left(\Pi_m(W) + \varepsilon\Pi_\varepsilon(W)\right) = \dfrac{1}{2}\Gamma(t) \tag{4-39}$$

式中，

$$C_m = \begin{bmatrix} 1 & 0 & 0 & \cdots & \cdots & 0 \\ 1 & 1 & -1 & \ddots & & \vdots \\ 0 & 1 & 2 & -1 & \ddots & \vdots \\ \vdots & \ddots & 1 & 2 & \ddots & 0 \\ \vdots & & \ddots & \ddots & \ddots & -1 \\ 0 & \cdots & \cdots & 0 & 1 & 2 \end{bmatrix}; \quad C_\varepsilon = \begin{bmatrix} 0 & 1 & 0 & \cdots & \cdots & 0 \\ 0 & 1 & 0 & \ddots & & \vdots \\ 0 & 0 & 0 & 0 & \ddots & \vdots \\ \vdots & \ddots & 0 & 0 & \ddots & 0 \\ \vdots & & \ddots & \ddots & \ddots & 0 \\ 0 & \cdots & \cdots & 0 & 0 & 0 \end{bmatrix}$$

$$\Pi_m(W) = \begin{bmatrix} 0 \\ |w_2|^2 w_2 - |w_3|^2 w_3 \\ -|w_2|^2 w_2 + 2|w_3|^2 w_3 - |w_4|^2 w_4 \\ \vdots \\ -|w_{i-1}|^2 w_{i-1} + 2|w_i|^2 w_i - |w_{i+1}|^2 w_{i+1} \\ \vdots \\ -|w_{N-1}|^2 w_{N-1} + 2|w_N|^2 w_N \end{bmatrix}; \quad \Pi_\varepsilon(W) = \begin{bmatrix} |w_2|^2 w_2 \\ |w_2|^2 w_2 \\ 0 \\ \vdots \\ 0 \\ \vdots \\ 0 \end{bmatrix}$$

下面采用多尺度法推导式（4-39）的慢变方程，定义不同时间尺度如下：

$$\tau_0 = t, \ \tau_1 = \varepsilon t, \ \tau_2 = \varepsilon^2 t, \cdots \quad (4\text{-}40)$$

对时间 t 的微分算子可以表示为

$$\frac{\mathrm{d}}{\mathrm{d}t} = \frac{\partial}{\partial \tau_0} + \varepsilon \frac{\partial}{\partial \tau_1} + \varepsilon^2 \frac{\partial}{\partial \tau_2} + \cdots \quad (4\text{-}41)$$

将式（4-40）、式（4-41）代入式（4-39），令 $\varepsilon^0, \varepsilon^1, \varepsilon^2, \cdots$ 的系数等于零，得到各阶近似的线性偏微分方程组。对于 ε^0 阶有

$$\frac{\partial W}{\partial \tau_0} + \frac{\eta}{2} C_m W - \frac{\mathrm{j}}{2\Omega} K_m W - \frac{3\mathrm{j}\kappa}{8\Omega^3} \Pi_m(W) = \frac{1}{2}\Gamma(t) \quad (4\text{-}42)$$

式（4-42）的平衡点方程为

$$\begin{cases} H_1 = \dfrac{F}{2} - \dfrac{\mathrm{j}\Omega}{2}w_1 + \left(-\dfrac{\eta}{2} + \dfrac{\mathrm{j}}{2\Omega}\right)w_1 - \dfrac{\eta}{2}w_2 + \dfrac{3\mathrm{j}\kappa}{8\Omega^3}|w_2|^2 w_2 = 0 \\ H_2 = \dfrac{\mathrm{j}\Omega}{2}w_1 + \dfrac{\eta}{2}(-w_2 + w_3) - \dfrac{\mathrm{j}\Omega}{2}w_2 + \dfrac{3\mathrm{j}\kappa}{8\Omega^3}\left(-|w_2|^2 w_2 + |w_3|^2 w_3\right) = 0 \\ H_3 = \dfrac{\eta}{2}(w_2 - 2w_3 + w_4) + \dfrac{3\mathrm{j}\Omega}{2}w_3 + \dfrac{3\mathrm{j}\kappa}{8\Omega^3}\left(|w_2|^2 w_2 - 2|w_3|^2 w_3 + |w_4|^2 w_4\right) = 0 \\ \quad\cdots\cdots \\ H_i = \dfrac{\eta}{2}(w_{i-1} - 2w_i + w_{i+1}) + \dfrac{\mathrm{j}\Omega}{2}w_i + \dfrac{3\mathrm{j}\kappa}{8\Omega^3}\left(|w_{i-1}|^2 w_{i-1} - 2|w_i|^2 w_i + |w_{i+1}|^2 w_{i+1}\right) = 0 \\ \quad\cdots\cdots \\ H_N = \dfrac{\eta}{2}(w_{N-1} - 2w_N) + \dfrac{\mathrm{j}\Omega}{2}w_N + \dfrac{3\mathrm{j}\kappa}{8\Omega^3}\left(|w_{N-1}|^2 w_{N-1} - 2|w_N|^2 w_N\right) = 0 \end{cases}$$

(4-43)

为研究系统在共振附近的响应，令 $\Omega=1$，将 w_i 在复平面展开：

$$w_i = N_i \mathrm{e}^{\mathrm{j}\alpha_i}, \quad i = 1, 2, \cdots, N \tag{4-44}$$

式中，N_i 为慢变幅值；$\alpha_i\,(i=1,2)$ 为慢变相位。

将式（4-44）代入式（4-43），并令实部和虚部等于 0，即可得到计算平衡点的表达式。平衡点预测了系统的周期运动，每个质量以由 N_i 和 α_i 确定的幅值振荡。可以推测，通过合理设置串联型多自由度立方刚度非线性能量阱的参数，可以实现更好的结构响应抑制性能[153]。然而，串联型多自由度立方刚度非线性能量阱的参数优化设计面临挑战，将是下一步研究的重点。

4.5 本 章 小 结

本章介绍了多自由度立方刚度非线性能量阱。采用复变量-平均法推导了系统的慢变动力学模型，分别在瞬态激励和简谐激励下，分析了串联型立方刚度非线性能量阱及其对初级结构响应的抑制性能。

（1）在瞬态激励下，发现两自由度立方刚度非线性能量阱比单自由度立方刚度非线性能量阱具有更高的能量耗散性能,且对输入能量具有更强的鲁棒性。

(2)在简谐激励下,通过理论分析得到系统产生周期响应和非周期响应的条件,通过数值仿真揭示出两自由度立方刚度非线性能量阱比单自由度立方刚度非线性能量阱具有更高的响应抑制性能,能够有效抑制初级结构的响应。

(3)推导了带有串联型多自由度立方刚度非线性能量阱系统的慢变动力学模型,为其理论分析奠定基础。

第 5 章　旋转非线性能量阱

5.1　概　　述

质量的大幅摆动会产生非线性回复力。将质量通过刚性臂与初级结构连接，通过旋转产生的非线性回复力与初级结构非线性耦合，设计出的非线性能量阱称为旋转非线性能量阱（rotational nonlinear energy sink, RNES）。研究发现，旋转非线性能量阱与初级结构之间的非线性耦合比立方刚度耦合对初始能量的敏感性更低，且能更快耗散系统中的能量。此外，通过用弹性臂代替刚性连接臂能够实现更优的控制效果，这是因为弹性臂能够实现非线性能量阱质量在旋转过程中沿径向摆动，两种耦合运动使得能量传递和耗散显著改善。

本章将对旋转非线性能量阱的动力学机理进行介绍。首先，通过拉格朗日法建立系统的动力学方程。结合复变量-平均法和多尺度法对耦合系统进行求解，得到系统在瞬态激励下的动力学特性，发现非线性共振捕获现象，揭示其在能量传递和耗散中的作用规律。随后，同时考虑水平方向和垂直方向的动力学特性，得到多自由度系统的动力学方程及解析模型。理论分析和数值仿真结果均表明，旋转非线性能量阱在抑制初级结构动力学响应方面极具潜力。

5.2　旋转非线性能量阱系统建模

图 5-1 为带有旋转非线性能量阱的初级结构。M 为初级结构的质量，k 为初级结构与基础之间的线性弹簧刚度，c 为初级结构与基础之间的黏性阻尼系数，m 为旋转非线性能量阱的质量，且 $m \ll M$，R 为旋转非线性能量阱质量 m 的旋转半径，刚性臂的质量可以忽略不计，c_n 为旋转非线性能量阱的阻尼系数。

第 5 章 旋转非线性能量阱

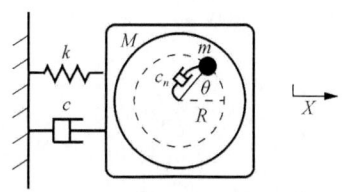

图 5-1 带有旋转非线性能量阱的初级结构

当瞬态激励作用到初级结构之后,旋转非线性能量阱质量开始围绕垂直于运动方向的轴以顺时针或逆时针方向旋转。规定逆时针方向为正向,非线性能量阱的转角为 θ,初级结构沿着水平方向 X 运动。采用拉格朗日方法得到系统的动力学方程,整个系统的动能为

$$T_s = \frac{1}{2}M\dot{X}^2 + \frac{1}{2}m\left(\dot{X} - R\dot{\theta}\sin\theta\right)^2 + \frac{1}{2}m\left(R\dot{\theta}\cos\theta\right)^2 \qquad (5\text{-}1)$$

忽略重力的影响,整个系统的势能为

$$V_s = \frac{1}{2}kX^2 \qquad (5\text{-}2)$$

耗散函数为

$$D_s = \frac{1}{2}\left(c\dot{X}^2 + c_n\dot{\theta}^2\right) \qquad (5\text{-}3)$$

定义拉格朗日量 $L_s = T_s - V_s$,分别计算:

$$\frac{\partial L_s}{\partial \dot{X}} = (m+M)\dot{X} - mR\dot{\theta}\sin\theta \qquad (5\text{-}4)$$

$$\frac{\partial L_s}{\partial X} = kX \qquad (5\text{-}5)$$

$$\frac{\mathrm{d}}{\mathrm{d}T}\frac{\partial L_s}{\partial \dot{X}} = (m+M)\ddot{X} - mR\frac{\mathrm{d}}{\mathrm{d}T}\left(\dot{\theta}\sin\theta\right) \qquad (5\text{-}6)$$

$$\frac{\partial L_s}{\partial \dot{\theta}} = mR^2\dot{\theta} - mR\dot{X}\sin\theta \qquad (5\text{-}7)$$

$$\frac{\partial L_s}{\partial \theta} = -mR\dot{X}\dot{\theta}\cos\theta \qquad (5\text{-}8)$$

$$\frac{\mathrm{d}}{\mathrm{d}T}\frac{\partial L_s}{\partial \dot{\theta}} = mR^2\ddot{\theta} - mR\ddot{X}\sin\theta - mR\dot{X}\dot{\theta}\cos\theta \qquad (5\text{-}9)$$

将式（5-4）～式（5-9）代入拉格朗日方程：

$$\frac{\mathrm{d}}{\mathrm{d}T}\left(\frac{\partial L_s}{\partial \dot{X}_s}\right) - \frac{\partial L_s}{\partial X_s} + \frac{\partial D_s}{\partial \dot{X}_s} = 0 \tag{5-10}$$

式中，$X_s = \begin{bmatrix} X & \theta \end{bmatrix}^T$ 为广义坐标向量。

整理化简，可以得到系统振动微分方程：

$$\begin{cases} (M+m)\ddot{X} + c\dot{X} + kX = mR\dfrac{\mathrm{d}}{\mathrm{d}T}(\dot{\theta}\sin\theta) \\ mR^2\ddot{\theta} + c_n\dot{\theta} = mR\ddot{X}\sin\theta \end{cases} \tag{5-11}$$

为了使结果具有普遍意义，对上述振动系统的参数进行无量纲处理。引入无量纲时间：

$$t = \sqrt{\frac{k}{M+m}}\,T \tag{5-12}$$

将式（5-12）代入式（5-11），整理可得无量纲的系统运动微分方程为

$$\begin{cases} \ddot{x} + \varepsilon\eta_1\dot{x} + x = \varepsilon\dfrac{\mathrm{d}}{\mathrm{d}t}(\dot{\theta}\sin\theta) \\ \ddot{\theta} + \eta_2\dot{\theta} = \ddot{x}\sin\theta \end{cases} \tag{5-13}$$

式中，$\varepsilon = \dfrac{m}{M+m}$；$x = \dfrac{X}{R}$；$\eta_1 = \dfrac{c}{\omega_0 m}$，$\eta_2 = \dfrac{c_n}{\omega_0 mR^2}$，$\omega_0^2 = \dfrac{k}{M+m}$。

5.3　旋转非线性能量阱系统动力学分析

下面分析旋转非线性能量阱的设计参数对系统响应的影响规律。假设非线性能量阱的质量比很小，即 $0 < \varepsilon \ll 1$，将式（5-13）改写为

$$\begin{cases} \ddot{x} + \varepsilon\eta_1\dot{x} + x = -\varepsilon\dfrac{\mathrm{d}^2}{\mathrm{d}^2 t}\cos\theta \\ \ddot{\theta} + \eta_2\dot{\theta} = x\sin\theta + O(\varepsilon) \end{cases} \tag{5-14}$$

在实际应用过程中，通常关注从初级结构到旋转非线性能量阱的靶能量传递。

因此,在 1:1 共振的基本假设下,即假设旋转非线性能量阱的振动频率几乎等于初级结构的振动频率,对系统的动力学进行分析。不失一般性地,假设旋转非线性能量阱以逆时针方向旋转,引入复变量如下:

$$\begin{cases} \varphi_1(t)\mathrm{e}^{\mathrm{j}t} = \dot{x}(t)+\mathrm{j}x(t) \\ \varphi_2(t)=\theta(t)-t \end{cases} \quad (5\text{-}15)$$

式中,$\mathrm{j}=\sqrt{-1}$ 为虚数单位。

假设 $|\mathrm{d}\varphi_1/\mathrm{d}t|\ll 1$,将式(5-15)代入式(5-14),对快变过程平均,可得

$$\begin{cases} \dot{\varphi}_1+\dfrac{\varepsilon\eta_1}{2}\varphi_1=\dfrac{\varepsilon}{2}\Big((1+\dot{\varphi}_2)^2-\mathrm{j}\ddot{\varphi}_2\Big)\mathrm{e}^{\mathrm{j}\varphi_2} \\ \ddot{\varphi}_2+\eta_2(1+\dot{\varphi}_2)=-\dfrac{1}{4}\Big(\varphi_1\mathrm{e}^{-\mathrm{j}\varphi_2}+\varphi_1^*\mathrm{e}^{\mathrm{j}\varphi_2}\Big)+O(\varepsilon) \end{cases} \quad (5\text{-}16)$$

式中,上标"*"表示共轭运算。

采用多尺度法,对 1:1 共振流形附近进行慢变过程和快变过程划分,定义不同时间尺度如下:

$$\tau_k=\varepsilon^k t,\quad k=0,1,\cdots \quad (5\text{-}17)$$

对时间 t 的微分算子可以表示为

$$\begin{cases} \dfrac{\mathrm{d}}{\mathrm{d}t}=\dfrac{\partial}{\partial\tau_0}+\varepsilon\dfrac{\partial}{\partial\tau_1}+\cdots \\ \dfrac{\mathrm{d}^2}{\mathrm{d}t^2}=\dfrac{\partial^2}{\partial\tau_0^2}+2\varepsilon\dfrac{\partial^2}{\partial\tau_0\partial\tau_1}+\varepsilon^2\left(\dfrac{\partial^2}{\partial\tau_1^2}+2\dfrac{\partial^2}{\partial\tau_0\partial\tau_1}\right)+\cdots \end{cases} \quad (5\text{-}18)$$

假设式(5-16)的解具有以下形式:

$$\begin{cases} \varphi_1=\varphi_{10}(\tau_0,\tau_1,\cdots)+\varepsilon\varphi_{11}(\tau_0,\tau_1,\cdots)+\cdots \\ \varphi_2=\varphi_{20}(\tau_0,\tau_1,\cdots)+\varepsilon\varphi_{21}(\tau_0,\tau_1,\cdots)+\cdots \end{cases} \quad (5\text{-}19)$$

令 $\varepsilon^0,\varepsilon^1,\varepsilon^2,\cdots$ 的系数等于零,得到近似的线性偏微分方程组。考察 ε^0 阶有

$$\begin{cases} \dfrac{\partial\varphi_{10}}{\partial\tau_0}=0\Rightarrow\varphi_{10}=\varphi_{10}(\tau_1) \\ \dfrac{\partial^2\varphi_{20}}{\partial\tau_0^2}+\eta_2\left(1+\dfrac{\partial\varphi_{20}}{\partial\tau_0}\right)+\dfrac{1}{4}\Big(\varphi_{10}\mathrm{e}^{-\mathrm{j}\varphi_{20}}+\varphi_{10}^*\mathrm{e}^{\mathrm{j}\varphi_{20}}\Big)=0 \end{cases} \quad (5\text{-}20)$$

将 φ_{10} 在复平面展开:

$$\varphi_{10} = N(\tau_1)e^{j\alpha_1(\tau_1)} \quad (5\text{-}21)$$

将式（5-21）代入式（5-20）可以得到:

$$\frac{\partial^2 \varphi_{20}}{\partial \tau_0^2} + \eta_2\left(1 + \frac{\partial \varphi_{20}}{\partial \tau_0}\right) + \frac{N}{2}\cos(\alpha_1 - \varphi_{20}) = 0 \quad (5\text{-}22)$$

根据多尺度方法的基本假设，不同时间尺度之间是独立的。式（5-22）中的时间变量为 τ_0，此时可将 τ_1、N 和 α_1 视为常数。式（5-22）中稳定的定点对应 1∶1 共振，于是令

$$\frac{\partial^2 \varphi_{20}}{\partial \tau_0^2} = \frac{\partial \varphi_{20}}{\partial \tau_0} = 0 \quad (5\text{-}23)$$

在 1∶1 共振假设下，式（5-22）的定点满足

$$2\eta_2 = -N\cos(\alpha_1 - \alpha_2), \quad \alpha_2 = \lim_{\tau_0 \to \infty}\varphi_{20}(\tau_0, \tau_1, \cdots) \quad (5\text{-}24)$$

式（5-24）为旋转非线性能量阱逆时针旋转时的慢不变流形。类似的，旋转非线性能量阱顺时针旋转时的慢不变流形为

$$2\eta_2 = -N\cos(\alpha_1 + \alpha_2), \quad \alpha_2 = \lim_{\tau_0 \to \infty}\varphi_{20}(\tau_0, \tau_1, \cdots) \quad (5\text{-}25)$$

式（5-24）和式（5-25）可以整合成如下表达式:

$$2\eta_2 = -N\cos\Delta, \quad \Delta = \begin{cases} \alpha_1 - \alpha_2, \dot{\theta}(\tau) \geq 0 \\ \alpha_1 + \alpha_2, \dot{\theta}(\tau) < 0 \end{cases}, \alpha_2 = \lim_{\tau_0 \to \infty}\varphi_{20}(\tau_0, \tau_1, \cdots) \quad (5\text{-}26)$$

显然，若式（5-26）有实数解，则需要满足 $2\eta_2 \leq N$。式（5-26）最多具有两个实数解，产生慢不变流形的两个分支，如图 5-2 所示。根据稳定性分析理论可知，当 $2\eta_2 = N$ 时，系统将出现鞍结分岔，且稳定分支应满足 $\pi > \Delta$。

接下来，通过考虑 ε^1 处的流形，研究慢不变流形稳定分支的动力学特性。根据慢不变流形的定义，当运动在其附近时，φ_{20} 的所有导数均可忽略。消去带有 τ_0 的久期项，可以得到逆时针旋转的慢变调制方程为

$$\frac{\partial \varphi_{10}}{\partial \tau_1} + \eta_1\frac{\varphi_{10}}{2} = \frac{1}{2}e^{j\alpha_2} \quad (5\text{-}27)$$

第 5 章 旋转非线性能量阱

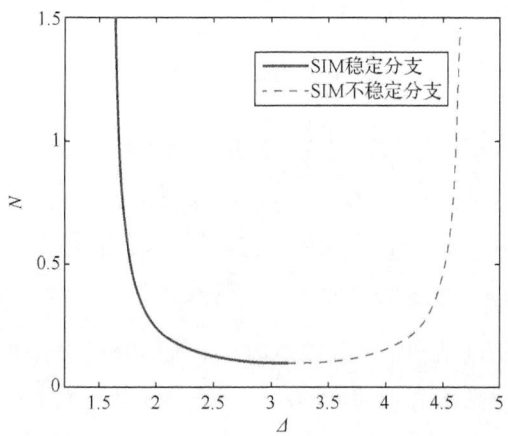

图 5-2 旋转非线性能量阱的慢不变流形

对式（5-21）进行极坐标变换，将得到由两个实数方程组成的等效系统：

$$\frac{\partial N}{\partial \tau_1} + \eta_1 \frac{N}{2} = \frac{1}{2}\cos(\alpha_1 - \alpha_2) \qquad (5-28)$$

$$N\frac{\partial \alpha_1}{\partial \tau_1} = -\frac{1}{2}\sin(\alpha_1 - \alpha_2) \qquad (5-29)$$

式（5-28）和式（5-29）分别决定慢不变流形稳定分支的幅值和相位。结合式（5-24）中旋转非线性能量阱逆时针旋转的慢不变流形表达式，将式（5-28）改写为

$$\frac{\partial N}{\partial \tau_1} + \eta_1 \frac{N}{2} = -\frac{\eta_2}{N} \qquad (5-30)$$

当旋转非线性能量阱顺时针旋转时，也可以得到类似式（5-30）的表达式。式（5-30）的显示解为

$$N = \sqrt{N_0^2 e^{-\eta_1 \tau_1} - \frac{2\eta_2}{\eta_1}\left(e^{-\eta_1 \tau_1} - 1\right)} \qquad (5-31)$$

式中，N_0 代表初始值。

考虑无阻尼初级结构，即 $\eta_1=0$，可以得到：

$$N = \sqrt{N_0^2 - 2\eta_2\tau_1} \tag{5-32}$$

为了验证上述分析结果的正确性，采用四阶龙格-库塔法对图 5-1 所示系统进行仿真分析，并将数值结果与慢不变流形的理论预测结果进行比较。用于仿真的参数为 $\varepsilon = 0.05$，$\eta_1 = 0$，$\eta_2 = 0.05$。仿真的初始条件为 $x(0) = 0$，$\dot{x}(0) = 1$，$\theta(0) = \pi/2$，$\dot{\theta}(0) = 1$。仿真结果如图 5-3 所示。可以看出，当旋转非线性能量阱通过非线性耦合从初级结构中吸收能量时，系统的响应表现为慢不变流形。同时，观察到初级结构的位移响应和速度响应很快衰减，说明旋转非线性能量阱能够有效地从初级结构中吸收并耗散能量，迅速降低系统全局响应。

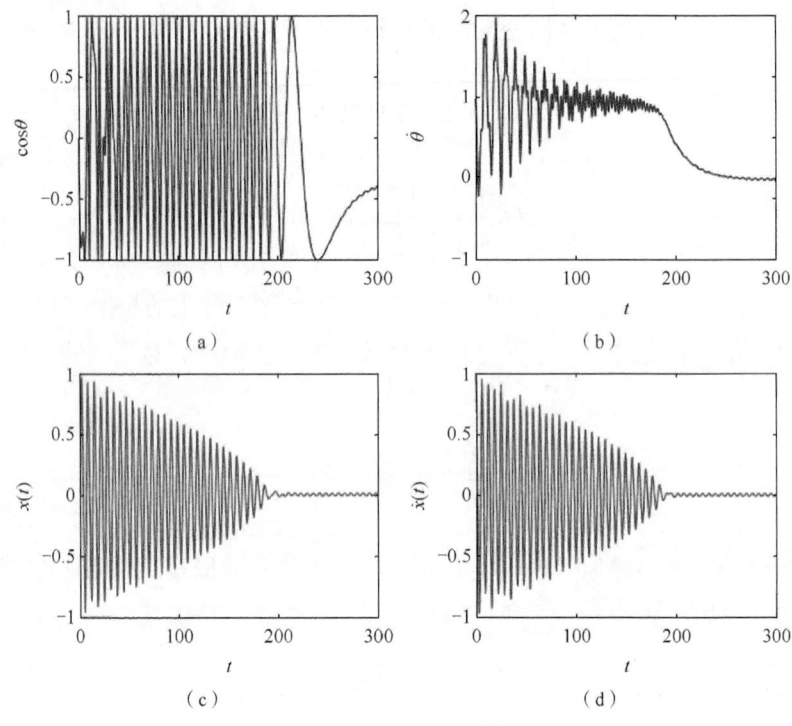

图 5-3 带有旋转非线性能量阱系统的时域响应

为了进一步证实 1∶1 共振捕获现象，分别对图 5-3 所示的初级结构响应和旋转非线性能量阱时域响应进行小波分析。从图 5-4 可以看出，当 $t<180$ 时，非线

性能量阱的旋转响应与初级结构以 1∶1 共振的形式进行动力学耦合,该现象进一步验证了图 5-2 中慢不变流形上显示的结果。

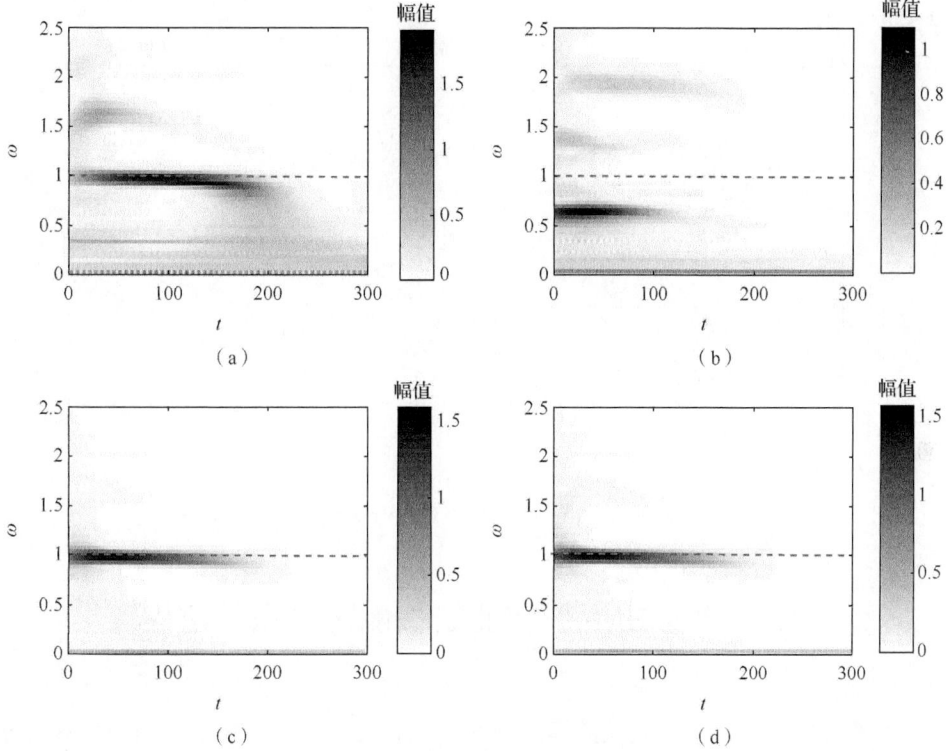

图 5-4　带有旋转非线性能量阱系统响应的小波变换
(a) $\cos\theta$；(b) $\dot{\theta}$；(c) $x(t)$；(d) $\dot{x}(t)$

为了分析慢不变流形上的 1∶1 共振捕获现象,从时域响应中获得幅值 N 和相位差 Δ,并将其投影到相平面上,如图 5-5(a)所示。在运动的初始时刻,可以观察到幅值 N 在慢不变流形(SIM)的稳定分支上振荡,随着时间的推移,幅值 N 振荡逐渐衰减并被吸引到慢不变流形的稳定分支,意味着 1∶1 共振捕获的发生。在 1∶1 共振捕获期间,能量从初级结构传递到旋转非线性能量阱,并通过阻尼局部耗散。最后,投影轨迹会向下滑动至慢不变流形稳定分支的临界点,在该临界点处 1∶1 共振捕获发生逃逸。该逃逸大约发生在 $N=0.2$ 附近,这与理论分析预测的值相当。图 5-5(b)比较了仿真分析得到的幅值 N 与理论分析得到的幅值 N 随时间的变化规律。从图中可以看出,仿真分析得到的幅值 N 与理论分析得

到的幅值 N 均表现为衰减趋势，且二者的偏差在合理的范围之内，这表明在 1∶1 共振捕获条件下，系统响应被吸引到慢不变流形的稳定分支上，验证了理论分析结果的正确性。

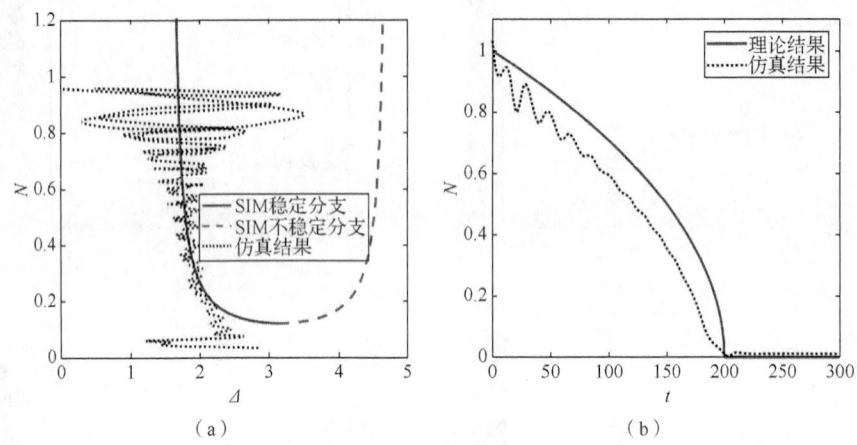

图 5-5　旋转非线性能量阱的慢不变流形理论与仿真结果对比

5.4　多自由度旋转非线性能量阱系统建模

如图 5-6 所示，假设系统的运动在平面内，忽略重力的影响。当外部载荷施加到初级结构之后，旋转非线性能量阱的质量 m 开始围绕垂直于运动方向的轴以顺时针或逆时针方向旋转，初级结构沿着水平方向 X 和垂直方向 Y 运动。初级结构的质量为 M，初级结构水平方向的弹簧刚度为 k_x，初级结构垂直方向的弹簧刚度为 k_y，旋转非线性能量阱的质量为 m，且 $m \ll M$，R 为质量 m 的旋转半径。

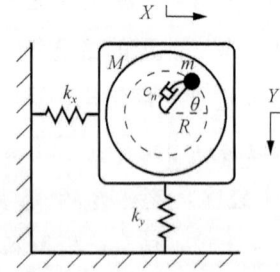

图 5-6　带有多自由度旋转非线性能量阱的初级结构

第5章 旋转非线性能量阱

系统的拉格朗日量为

$$L_s = \frac{1}{2}(M+m)(\dot{X}^2 + \dot{Y}^2) + \frac{1}{2}mR\left(2(-\dot{X}^2\dot{\theta}\sin\theta + \dot{Y}^2\dot{\theta}\cos\theta) + R\dot{\theta}^2\right) - \frac{1}{2}k_x X^2 - \frac{1}{2}k_y Y^2 \tag{5-33}$$

忽略初级结构与基础之间的阻尼，能量全部由旋转非线性能量阱耗散，阻尼系数为 c_n。耗散函数为

$$D_s = \frac{c_n}{2}\dot{\theta}^2 \tag{5-34}$$

将式（5-33）和式（5-34）代入拉格朗日方程：

$$\frac{\mathrm{d}}{\mathrm{d}T}\left(\frac{\partial L_s}{\partial \dot{X}_s}\right) - \frac{\partial L_s}{\partial X_s} + \frac{\partial D_s}{\partial \dot{X}_s} = 0 \tag{5-35}$$

式中，$X_s = \begin{bmatrix} X & Y & \theta \end{bmatrix}^T$ 为广义坐标向量。

化简整理，可以得到系统的动力学方程为

$$\begin{cases} (M+m)\ddot{X} - mR(\ddot{\theta}\sin\theta + \dot{\theta}^2\cos\theta) + k_x X = 0 \\ (M+m)\ddot{Y} + mR(\ddot{\theta}\cos\theta - \dot{\theta}^2\sin\theta) + k_y Y = 0 \\ mR^2\ddot{\theta} - mR\ddot{X}\sin\theta + mR\ddot{Y}\cos\theta + c_n\dot{\theta} = 0 \end{cases} \tag{5-36}$$

为了使结果具有普遍意义，对上述振动系统以初级结构的参数进行无量纲处理。引入无量纲时间为

$$t = \sqrt{\frac{k_x}{M+m}}T \tag{5-37}$$

假设 $k_x = k_y$，将式（5-37）代入式（5-36），整理可得无量纲的系统运动微分方程为

$$\begin{cases} \ddot{x} - \varepsilon(\ddot{\theta}\sin\theta + \dot{\theta}^2\cos\theta) + x = 0 \\ \ddot{y} + \varepsilon(\ddot{\theta}\cos\theta - \dot{\theta}^2\sin\theta) + y = 0 \\ \ddot{\theta} - \ddot{x}\sin\theta + \ddot{y}\cos\theta + \eta\dot{\theta} = 0 \end{cases} \tag{5-38}$$

式中，$\varepsilon = \dfrac{m}{M+m}$；$\eta = \dfrac{c_n}{\omega_0 mR^2}$，$\omega_0^2 = \dfrac{k_x}{M+m}$；$x = \dfrac{X}{R}$；$y = \dfrac{Y}{R}$。

5.5 多自由度旋转非线性能量阱系统动力学分析

采用复变量-平均法对 1∶1∶1 共振流形附近进行慢变过程和快变过程划分。不失一般性地,假设旋转非线性能量阱以逆时针方向旋转,引入复变量如下:

$$\begin{cases} \varphi_1(t)\mathrm{e}^{\mathrm{j}t} = \dot{x}(t) + \mathrm{j}x(t) \\ \varphi_2(t)\mathrm{e}^{\mathrm{j}t} = \dot{y}(t) + \mathrm{j}y(t) \\ \varphi_3(t) = \theta(t) - t \end{cases} \tag{5-39}$$

式中,$\varphi_1(t)$ 和 $\varphi_2(t)$ 为慢变复幅值;$\varphi_3(t)$ 为快变复幅值。

假设 $|\mathrm{d}\varphi_1/\mathrm{d}t| \ll 1$ 且 $|\mathrm{d}\varphi_2/\mathrm{d}t| \ll 1$,将式(5-39)代入式(5-38),然后对快变时间尺度进行平均,得到系统的慢变流形,即描述初级结构和旋转非线性能量阱在 1∶1∶1 共振下的动力学方程为

$$\begin{cases} \dot{\varphi}_1 = \dfrac{\varepsilon}{2}\left((1+\dot{\varphi}_3)^2 - \mathrm{j}\ddot{\varphi}_3\right)\mathrm{e}^{\mathrm{j}\varphi_3} \\ \dot{\varphi}_2 = -\dfrac{\mathrm{j}\varepsilon}{2}\left((1+\dot{\varphi}_3)^2 - \mathrm{j}\ddot{\varphi}_3\right)\mathrm{e}^{\mathrm{j}\varphi_3} \\ \ddot{\varphi}_3 + \eta(1+\dot{\varphi}_3) = -\dfrac{1}{4}\left(\varphi_1\mathrm{e}^{-\mathrm{j}\varphi_3} + \varphi_1^*\mathrm{e}^{\mathrm{j}\varphi_3} + \mathrm{j}\left(\varphi_2\mathrm{e}^{-\mathrm{j}\varphi_3} - \varphi_2^*\mathrm{e}^{\mathrm{j}\varphi_3}\right)\right) + O(\varepsilon) \end{cases} \tag{5-40}$$

式中,上标"*"表示共轭运算;$O(\varepsilon)$ 表示高阶小量。

采用多尺度法对式(5-40)分析,定义不同时间尺度如下:

$$\tau_k = \varepsilon^k t, \quad k = 0, 1, \cdots \tag{5-41}$$

对时间 t 的微分算子可以表示为

$$\begin{cases} \dfrac{\mathrm{d}}{\mathrm{d}t} = \dfrac{\partial}{\partial \tau_0} + \varepsilon \dfrac{\partial}{\partial \tau_1} + \cdots \\ \dfrac{\mathrm{d}^2}{\mathrm{d}t^2} = \dfrac{\partial^2}{\partial \tau_0^2} + 2\varepsilon \dfrac{\partial^2}{\partial \tau_0 \partial \tau_1} + \varepsilon^2\left(\dfrac{\partial^2}{\partial \tau_1^2} + 2\dfrac{\partial^2}{\partial \tau_0 \partial \tau_1}\right) + \cdots \end{cases} \tag{5-42}$$

假设式(5-16)的解具有以下形式:

$$\begin{cases} \varphi_1 = \varphi_{10}(\tau_0, \tau_1, \cdots) + \varepsilon\varphi_{11}(\tau_0, \tau_1, \cdots) + \cdots \\ \varphi_2 = \varphi_{20}(\tau_0, \tau_1, \cdots) + \varepsilon\varphi_{21}(\tau_0, \tau_1, \cdots) + \cdots \\ \varphi_3 = \varphi_{30}(\tau_0, \tau_1, \cdots) + \varepsilon\varphi_{31}(\tau_0, \tau_1, \cdots) + \cdots \end{cases} \tag{5-43}$$

令 $\varepsilon^0, \varepsilon^1, \varepsilon^2, \cdots$ 的系数等于零,得到近似的线性偏微分方程组。仅考虑 τ_0 和 τ_1 两个时间尺度,考察 ε^0 阶有

$$\begin{cases} \dfrac{\partial \varphi_{10}}{\partial \tau_0}=0 \Rightarrow \varphi_{10}=\varphi_{10}(\tau_1) \\ \dfrac{\partial \varphi_{20}}{\partial \tau_0}=0 \Rightarrow \varphi_{20}=\varphi_{20}(\tau_1) \end{cases} \qquad (5\text{-}44)$$

以及

$$\dfrac{\partial^2 \varphi_{30}}{\partial \tau_0^2}+\eta\left(1+\dfrac{\partial \varphi_{30}}{\partial \tau_0}\right)+\dfrac{1}{4}\left(\varphi_{10}\mathrm{e}^{-\mathrm{j}\varphi_{30}}+\varphi_{10}^*\mathrm{e}^{\mathrm{j}\varphi_{30}}+\mathrm{j}\left(\varphi_{20}\mathrm{e}^{-\mathrm{j}\varphi_{30}}-\varphi_{20}^*\mathrm{e}^{\mathrm{j}\varphi_{30}}\right)\right)=0 \quad (5\text{-}45)$$

变量 φ_{30} 描述了旋转相位的快变过程,而变量 φ_{10} 和 φ_{20} 则分别描述了初级结构水平方向位移和垂直方向位移随 τ_1 变化的慢变过程。对于 ε^1 阶有

$$\begin{cases} \dfrac{\partial \varphi_{10}}{\partial \tau_1}=-\dfrac{\mathrm{j}}{2}\left(\dfrac{\partial^2 \varphi_{30}}{\partial \tau_0^2}+\mathrm{j}\left(1+\dfrac{\partial \varphi_{30}}{\partial \tau_0}\right)^2\right)\mathrm{e}^{\mathrm{j}\varphi_{30}} \\ \dfrac{\partial \varphi_{20}}{\partial \tau_1}=-\dfrac{1}{2}\left(\dfrac{\partial^2 \varphi_{30}}{\partial \tau_0^2}+\mathrm{j}\left(1+\dfrac{\partial \varphi_{30}}{\partial \tau_0}\right)^2\right)\mathrm{e}^{\mathrm{j}\varphi_{30}} \end{cases} \qquad (5\text{-}46)$$

很明显,式(5-45)和式(5-46)均包含快变过程和慢变过程,稳定的定点对应 1∶1∶1 共振。为了得到定点的慢变流形,令变量 φ_{30} 关于快变时间尺度 τ_0 的偏导数为零:

$$\dfrac{\partial \varphi_{30}}{\partial \tau_0}=0 \Rightarrow \varphi_{30}=\alpha(\tau_1) \qquad (5\text{-}47)$$

将式(5-47)分别代入式(5-45)和式(5-46),化简可得

$$\begin{cases} \dfrac{\partial \varphi_{10}}{\partial \tau_1}=\dfrac{1}{2}\mathrm{e}^{\mathrm{j}\alpha(\tau_1)},\ \dfrac{\partial \varphi_{20}}{\partial \tau_1}=-\dfrac{\mathrm{j}}{2}\mathrm{e}^{\mathrm{j}\alpha(\tau_1)} \\ 4\eta+\left(\varphi_{10}(\tau_1)\mathrm{e}^{-\mathrm{j}\alpha(\tau_1)}+\varphi_{10}^*(\tau_1)\mathrm{e}^{\mathrm{j}\alpha(\tau_1)}+\mathrm{j}\left(\varphi_{20}(\tau_1)\mathrm{e}^{-\mathrm{j}\alpha(\tau_1)}-\varphi_{20}^*(\tau_1)\mathrm{e}^{\mathrm{j}\alpha(\tau_1)}\right)\right)=0 \end{cases} \qquad (5\text{-}48)$$

注意,φ_{10} 和 φ_{20} 分别代表初级结构水平方向和垂直方向的慢变过程。式(5-48)定义了式(5-40)的慢不变流形,建立了水平方向运动、垂直方向运动和旋转非线性能量阱相位之间的关系。为了便于分析,引入复变量[39,40]:

$$Z=\varphi_{10}+\mathrm{j}\varphi_{20}=|Z|\mathrm{e}^{\mathrm{j}\beta} \qquad (5\text{-}49)$$

式中,β 为 φ_{10} 和 φ_{20} 的相位差。

将式（5-49）代入式（5-48），整理可得

$$\begin{cases} \dfrac{\partial Z(\tau_1)}{\partial \tau_1} = e^{j\alpha(\tau_1)} \\ Z^*(\tau_1)e^{j\alpha(\tau_1)} + Z(\tau_1)e^{-j\alpha(\tau_1)} = -4\eta \end{cases} \quad (5\text{-}50)$$

进一步化简可得

$$\frac{d\left(|Z(\tau_1)|^2\right)}{d\tau_1} = -4\eta \quad (5\text{-}51)$$

容易得式（5-51）的解为

$$Z(\tau_1) = \sqrt{|Z(0)|^2 - 4\eta\tau_1} \cdot e^{j\beta} \quad (5\text{-}52)$$

式中，

$$\beta = \mp \left(\frac{\sqrt{|Z(0)|^2 - 4\eta\tau_1 - 4\eta^2}}{2\eta} - \arctan\left(\frac{1}{2}\sqrt{\frac{|Z(0)|^2 - 4\eta\tau_1 - 4\eta^2}{\eta}}\right) \right) + \arg(Z(0)) \quad (5\text{-}53)$$

将式（5-52）代入式（5-50）可得

$$\alpha(\tau_1) = \arccos\left(\frac{2\eta}{\sqrt{|Z(0)|^2 - 4\eta\tau_1}}\right) + \beta \quad (5\text{-}54)$$

于是，式（5-48）的解可以表示为

$$\begin{cases} \varphi_{10}(\tau_1) = \dfrac{1}{2}\int_0^{\tau_1} e^{j\alpha(\tau)} d\tau + \varphi_{10}^0 \\ \varphi_{20}(\tau_1) = -\dfrac{j}{2}\int_0^{\tau_1} e^{j\alpha(\tau)} d\tau + \varphi_{20}^0 \end{cases} \quad (5\text{-}55)$$

式中，φ_{10}^0 和 φ_{20}^0 由初始条件确定。

下面分析慢不变流形的稳定性。令 $\gamma(\tau_0) = \varphi_3(\tau_0, \tau_1) - \beta(\tau_1)$ 并代入式（5-45），可得

$$\frac{\partial^2 \gamma(\tau_0)}{\partial \tau_0^2} + \eta \frac{\partial \gamma(\tau_0)}{\partial \tau_0} + \frac{|Z(\tau_1)|}{2}\cos(\gamma(\tau_0)) = -\eta \quad (5\text{-}56)$$

式（5-56）的定点为

$$\gamma_m = \arccos\left(\frac{2\eta}{|Z(\tau_1)|}\right) + m\pi, \quad \eta \leq \frac{|Z(\tau_1)|}{2}, m \in Z \quad (5\text{-}57)$$

定点 γ_m 定义了慢不变流形处于 1∶1∶1 共振状态的分支。通过稳定性分析可以很容易地知道，m 为奇数对应于慢不变流形的稳定分支，m 为偶数对应于慢不变流形的不稳定分支。

为了验证上述分析结果的正确性，采用四阶龙格-库塔法对图 5-6 所示系统进行仿真分析，并将数值结果与慢不变流形的理论预测结果进行比较。仿真参数为 $\varepsilon=0.01$，$\eta=0.02$，$x(0)=0.5$。仿真的初始条件为 $\dot{x}(0)=y(0)=\dot{y}(0)=\theta(0)=0$，$\dot{\theta}(0)=1.0$。仿真结果如图 5-7 所示。从图中可以看出，当 $t<300$ 时，系统的响应发生在 1∶1∶1 共振流形附近，解析结果能够很好地预测系统响应的演化。随后，当 $t>300$ 时系统的响应脱离 1∶1∶1 共振，上述解析方法无法对响应的演化过程进行预测。

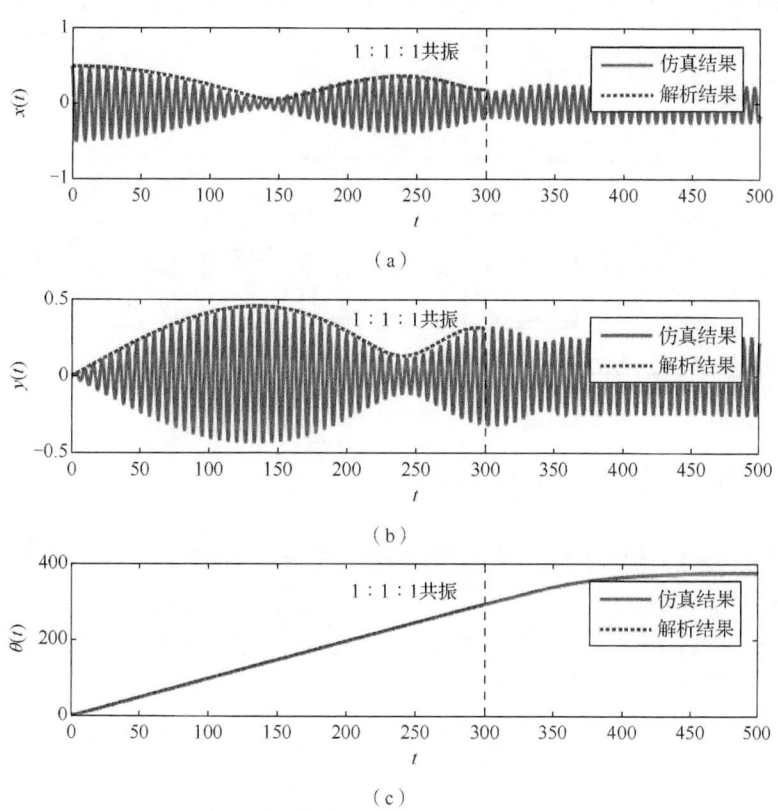

图 5-7　系统的响应

（a）初级结构水平方向位移；（b）初级结构垂直方向位移；（c）非线性能量阱转角

5.6 链式多自由度旋转非线性能量阱系统动力学分析

进一步地，考虑如图 5-8 所示的链式系统。假设系统的运动在平面内，忽略重力的影响。当外部载荷施加到初级结构之后，旋转非线性能量阱开始围绕垂直于运动方向的轴以顺时针或逆时针方向旋转，每个子结构中初级结构沿着水平方向 X_i 和垂直方向 Y_i 运动。每个子结构中初级结构的质量均为 M，相邻两个初级结构之间连接的弹簧刚度均为 k_x，初级结构与垂直方向连接的弹簧刚度均为 k_y，旋转非线性能量阱的质量均为 m，且 $m \ll M$，R 为质量 m 的旋转半径。

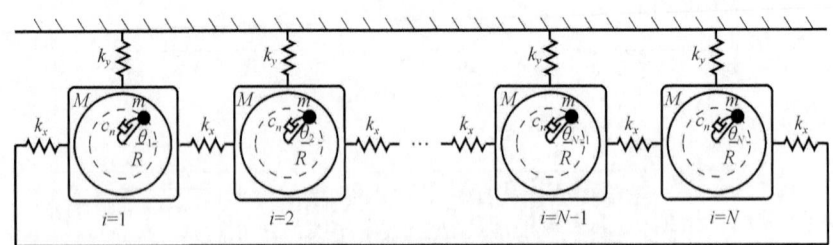

图 5-8 带有多个旋转非线性能量阱的初级结构

图 5-8 所示系统的拉格朗日量为

$$L_s = \frac{1}{2}(M+m)\sum_{i=1}^{N}\left(\dot{X}_i^2 + \dot{Y}_i^2\right) + \frac{1}{2}mR\sum_{i=1}^{N}\left(2\left(-\dot{X}_i^2\dot{\theta}_i\sin\theta_i + \dot{Y}_i^2\dot{\theta}_i\cos\theta_i\right) + R\dot{\theta}_i^2\right)$$
$$-\frac{1}{2}k_x\sum_{i=2}^{N}(X_i + X_{i-1})^2 - \frac{1}{2}k_x(X_1 + X_N)^2 - \frac{1}{2}k_y\sum_{i=1}^{N}Y_i^2 \tag{5-58}$$

忽略初级结构之间及其与基础之间的阻尼，系统中能量全部由旋转非线性能量阱耗散，并假设所有阻尼均为 c_n。耗散函数为

$$D_s = \frac{c_n}{2}\sum_{i=1}^{N}\dot{\theta}_i^2 \tag{5-59}$$

将式（5-58）和式（5-59）代入拉格朗日方程：

$$\frac{\mathrm{d}}{\mathrm{d}T}\left(\frac{\partial L_s}{\partial \dot{X}_s}\right) - \frac{\partial L_s}{\partial X_x} + \frac{\partial D_s}{\partial \dot{X}_s} = 0 \quad (5\text{-}60)$$

式中，$X_s = [X_1 \ Y_1 \ \theta_1 \ \cdots \ X_i \ Y_i \ \theta_i \ \cdots \ X_N \ Y_N \ \theta_N]^\mathrm{T}$ 为广义坐标向量。

化简整理，可以得到系统的动力学方程为

$$\begin{cases} (M+m)\ddot{X}_i - mR(\ddot{\theta}_i \sin\theta_i + \dot{\theta}_i^2 \cos\theta_i) - k_x(X_{i-1} - 2X_i + X_{i+1}) = 0 \\ (M+m)\ddot{Y}_i - mR(\ddot{\theta}_i \cos\theta_i - \dot{\theta}_i^2 \sin\theta_i) + k_y Y_i = 0 \\ mR^2\ddot{\theta}_i - mR\ddot{X}_i \sin\theta_i + mR\ddot{Y}_i \cos\theta_i + c_n\dot{\theta}_i = 0 \end{cases}, \quad i = 2, 3, \cdots, N$$

$$(5\text{-}61)$$

为了使结果具有普遍意义，对上述振动系统以初级结构的参数进行无量纲处理。引入无量纲时间：

$$t = \sqrt{\frac{k_x}{M+m}} T \quad (5\text{-}62)$$

将式（5-62）代入式（5-61），整理可得系统无量纲化动力学方程为

$$\begin{cases} \ddot{x}_i - \varepsilon(\ddot{\theta}_i \sin\theta_i + \dot{\theta}_i^2 \cos\theta_i) - (x_{i-1} - 2x_i + x_{i+1}) = 0 \\ \ddot{y}_i - \varepsilon(\ddot{\theta}_i \cos\theta_i - \dot{\theta}_i^2 \sin\theta_i) + \mu_k y_i = 0 \\ \ddot{\theta}_i - \ddot{x}_i \sin\theta_i + \ddot{y}_i \cos\theta_i + \varepsilon\eta\dot{\theta}_i = 0 \end{cases}, \quad i = 2, 3, \cdots, N \quad (5\text{-}63)$$

式中，$\varepsilon = \dfrac{m}{M+m}$；$\eta = \dfrac{\varepsilon c_n}{\omega_0 mR^2}$，$\omega_0^2 = \dfrac{k_x}{M+m}$；$\mu_k = \dfrac{k_y}{k_x}$；$x_i = \dfrac{X_i}{R}$；$y_i = \dfrac{Y_i}{R}$。

采用多尺度法对式（5-63）进行分析，定义不同时间尺度如下：

$$\tau_k = \varepsilon^k t, \quad k = 0, 1, \cdots \quad (5\text{-}64)$$

对时间的微分算子可以表示为

$$\begin{cases} \dfrac{\mathrm{d}}{\mathrm{d}t} = \dfrac{\partial}{\partial \tau_0} + \varepsilon \dfrac{\partial}{\partial \tau_1} + \cdots \\ \dfrac{\mathrm{d}^2}{\mathrm{d}t^2} = \dfrac{\partial^2}{\partial \tau_0^2} + 2\varepsilon \dfrac{\partial^2}{\partial \tau_0 \partial \tau_1} + \varepsilon^2 \left(\dfrac{\partial^2}{\partial \tau_1^2} + 2\dfrac{\partial^2}{\partial \tau_0 \partial \tau_1} \right) + \cdots \end{cases} \quad (5\text{-}65)$$

假设式（5-63）的解为以下形式：

$$\begin{cases} x_i = \varepsilon x_{i,0}(\tau_0, \tau_1, \cdots) + \varepsilon^2 x_{i,1}(\tau_0, \tau_1, \cdots) + \cdots \\ y_i = \varepsilon y_{i,0}(\tau_0, \tau_1, \cdots) + \varepsilon^2 y_{i,1}(\tau_0, \tau_1, \cdots) + \cdots \\ \theta_i = \theta_{i,0}(\tau_0, \tau_1, \cdots) + \varepsilon \theta_{i,1}(\tau_0, \tau_1, \cdots) + \cdots \end{cases} \quad (5\text{-}66)$$

将式（5-64）～式（5-66）代入式（5-63），令 $\varepsilon^0, \varepsilon^1, \varepsilon^2, \cdots$ 的系数等于零，得到各阶近似的线性偏微分方程组。考察 ε^0 阶有

$$\dfrac{\partial^2 \theta_{i,0}}{\partial^2 \tau_0^2} = 0, \quad i = 2, 3, \cdots, N \quad (5\text{-}67)$$

因此，式（5-67）解为

$$\theta_{i,0}(\tau_0, \tau_1, \cdots) = \theta_{i,0}(\tau_1, \tau_2, \cdots) \quad (5\text{-}68)$$

对于 ε^1 阶有

$$\begin{cases} \dfrac{\partial^2 x_{i,0}}{\partial^2 \tau_0^2} - \left(x_{(i-1),0} - 2x_{i,0} + x_{(i+1),0} \right) = 0 \\ \dfrac{\partial^2 y_{i,0}}{\partial^2 \tau_0^2} + \mu_k y_{i,0} = 0 \\ \dfrac{\partial^2 \theta_{i,1}}{\partial^2 \tau_0^2} - \dfrac{\partial^2 x_{i,0}}{\partial^2 \tau_0^2} \sin \theta_{i,0} + \dfrac{\partial^2 y_{i,0}}{\partial^2 \tau_0^2} \cos \theta_{i,0} = 0 \end{cases} \quad (5\text{-}69)$$

假设水平方向和垂直方向之间发生 1∶1 共振，式（5-69）的解为

$$x_{i,0}(\tau_0, \tau_1, \cdots) = \varphi_x(\tau_1, \tau_2, \cdots)\mathrm{e}^{\mathrm{j}(iq - \sqrt{\mu_k}\tau_0)} + \varphi_x^*(\tau_1, \tau_2, \cdots)\mathrm{e}^{-\mathrm{j}(iq - \sqrt{\mu_k}\tau_0)} + \psi(\tau_1, \tau_2, \cdots)$$

$$y_{i,0}(\tau_0, \tau_1, \cdots) = \varphi_y(\tau_1, \tau_2, \cdots)\mathrm{e}^{\mathrm{j}(iq - \sqrt{\mu_k}\tau_0)} + \varphi_y^*(\tau_1, \tau_2, \cdots)\mathrm{e}^{-\mathrm{j}(iq - \sqrt{\mu_k}\tau_0)}$$

$$(5\text{-}70)$$

式中，$\psi(\tau_1, \tau_2, \cdots)$ 为水平方向响应的偏移量，q 为垂直方向的波数。

对于 ε^2 阶有

$$\begin{cases}
\dfrac{\partial^2 x_{i,1}}{\partial^2 \tau_0^2} - \left(x_{(i-1),1} - 2x_{i,1} + x_{(i+1),1}\right) + 2\dfrac{\partial^2 x_{i,0}}{\partial \tau_0 \partial \tau_1} + \left(\dfrac{\partial \theta_{i,0}}{\partial \tau_0}\right)^2 \theta_{i,1} \sin \theta_{i,0} - \dfrac{\partial^2 \theta_{i,0}}{\partial^2 \tau_0^2} \theta_{i,1} \cos \theta_{i,0} \\
-\left(\dfrac{\partial^2 \theta_{i,1}}{\partial^2 \tau_0^2} + 2\dfrac{\partial^2 \theta_{i,0}}{\partial \tau_0 \partial \tau_1}\right)\sin \theta_{i,0} - 2\left(\left(\dfrac{\partial \theta_{i,0}}{\partial \tau_0}\right)\left(\dfrac{\partial \theta_{i,1}}{\partial \tau_0}\right) + \left(\dfrac{\partial \theta_{i,0}}{\partial \tau_0}\right)\left(\dfrac{\partial \theta_{i,0}}{\partial \tau_1}\right)\right)\cos \theta_{i,0} = 0 \\
\dfrac{\partial^2 y_{i,1}}{\partial^2 \tau_0^2} + \mu_k y_{i,0} + 2\dfrac{\partial^2 y_{i,0}}{\partial \tau_0 \partial \tau_1} - \left(\dfrac{\partial \theta_{i,0}}{\partial \tau_0}\right)^2 \theta_{i,1} \cos \theta_{i,0} - \dfrac{\partial^2 \theta_{i,0}}{\partial^2 \tau_0^2} \theta_{i,1} \sin \theta_{i,0} \\
+\left(\dfrac{\partial^2 \theta_{i,1}}{\partial^2 \tau_0^2} + 2\dfrac{\partial^2 \theta_{i,0}}{\partial \tau_0 \partial \tau_1}\right)\cos \theta_{i,0} - 2\left(\left(\dfrac{\partial \theta_{i,0}}{\partial \tau_0}\right)\left(\dfrac{\partial \theta_{i,1}}{\partial \tau_0}\right) + \left(\dfrac{\partial \theta_{i,0}}{\partial \tau_0}\right)\left(\dfrac{\partial \theta_{i,0}}{\partial \tau_1}\right)\right)\sin \theta_{i,0} = 0 \\
\dfrac{\partial^2 \theta_{i,2}}{\partial^2 \tau_0^2} + 2\dfrac{\partial^2 \theta_{i,1}}{\partial \tau_0 \partial \tau_1} + \dfrac{\partial^2 \theta_{i,0}}{\partial^2 \tau_1^2} + 2\dfrac{\partial^2 \theta_{i,0}}{\partial \tau_0 \partial \tau_2} - \dfrac{\partial^2 x_{i,0}}{\partial^2 \tau_0^2} \theta_{i,1} \cos \theta_{i,0} \\
-\dfrac{\partial^2 x_{i,1}}{\partial^2 \tau_0^2} \sin \theta_{i,0} - 2\dfrac{\partial^2 x_{i,0}}{\partial \tau_0 \partial \tau_1} \sin \theta_{i,0} - \dfrac{\partial^2 y_{i,0}}{\partial^2 \tau_0^2} \theta_{i,1} \sin \theta_{i,0} + \dfrac{\partial^2 y_{i,0}}{\partial^2 \tau_0^2} \cos \theta_{i,0} \\
+2\dfrac{\partial^2 y_{i,0}}{\partial \tau_0 \partial \tau_1} \cos \theta_{i,0} + \eta\left(\dfrac{\partial \theta_{i,1}}{\partial \tau_0} + \dfrac{\partial \theta_{i,0}}{\partial \tau_1}\right) = 0
\end{cases}$$

(5-71)

将式（5-68）和式（5-70）代入式（5-71），消去久期项可得

$$\begin{cases}
\dfrac{\partial \varphi_x}{\partial \tau_1} = -\dfrac{\mathrm{j}\omega}{4}\left(\varphi_x\left(1 - 2\cos 2\theta_{i,0}\right) - \varphi_y^* \sin 2\theta_{i,0}\right) \\
\dfrac{\partial \varphi_y}{\partial \tau_1} = -\dfrac{\mathrm{j}\omega}{4}\left(\varphi_x^* \sin 2\theta_{i,0} - \varphi_y\left(1 + 2\cos 2\theta_{i,0}\right)\right) \\
\dfrac{\partial^2 \theta_{i,0}}{\partial \tau_1^2} + \eta\dfrac{\partial \theta_{i,0}}{\partial \tau_1} = -\omega^2\left(\left(\left|\varphi_x\right|^2 + \left|\varphi_y\right|^2\right)\sin 2\theta_{i,0} - \left(\varphi_x \varphi_y + \varphi_x^* \varphi_y^*\right)\cos 2\theta_{i,0}\right)
\end{cases}$$

(5-72)

由式（5-72）可得

$$\dfrac{\partial\left(\left|\varphi_x\right|^2 + \left|\varphi_y\right|^2\right)}{\partial \tau_1} = \varphi_x \dfrac{\partial \varphi_x^*}{\partial \tau_1} + \varphi_x^* \dfrac{\partial \varphi_x}{\partial \tau_1} + \varphi_y \dfrac{\partial \varphi_y^*}{\partial \tau_1} + \varphi_y^* \dfrac{\partial \varphi_y}{\partial \tau_1} = 0 \quad (5\text{-}73)$$

因此，可以得到：

$$N_0^2 = \left|\varphi_x\right|^2 + \left|\varphi_y\right|^2 \quad (5\text{-}74)$$

将 φ_x 和 φ_y 在复平面展开：

$$\begin{cases} \varphi_x(\tau_1, \tau_2, \cdots) = N_0 \cos\gamma(\tau_1, \tau_2, \cdots) e^{j\alpha_1(\tau_1, \tau_2, \cdots)} \\ \varphi_y(\tau_1, \tau_2, \cdots) = N_0 \sin\gamma(\tau_1, \tau_2, \cdots) e^{j\alpha_2(\tau_1, \tau_2, \cdots)} \end{cases} \quad (5\text{-}75)$$

式中，$N_0\cos\gamma$ 和 $N_0\sin\gamma$ 为慢变幅值；α_i $(i=1,2)$ 为慢变相位。

令 $\Delta = \alpha_1 - \alpha_2$，将式（5-75）代入式（5-72），整理可得

$$\begin{cases} \dfrac{\partial \gamma}{\partial \tau_1} = \dfrac{\omega}{4}\sin 2\theta_{i,0}\sin\Delta \\ \dfrac{\partial \Delta}{\partial \tau_1} = \dfrac{\omega}{2}\left(\sin 2\theta_{i,0} - \cot 2\gamma \sin 2\theta_{i,0}\sin\Delta\right) \\ \dfrac{\partial^2 \theta_{i,0}}{\partial \tau_1^2} + \eta\dfrac{\partial \theta_{i,0}}{\partial \tau_1} = N_0^2\omega^2\left(\cos\Delta\sin 2\gamma\cos 2\theta_{i,0} - \cos 2\gamma\sin 2\theta_{i,0}\right) \end{cases} \quad (5\text{-}76)$$

对于式（5-76），当 $\eta = 0$ 时为保守系统，当 $\eta > 0$ 时为耗散系统。注意到，式（5-70）中水平方向响应的偏移量 $\psi(\tau_1, \tau_2, \cdots)$ 未知，为了得到完整的解，考虑多尺度展开的 ε^3 阶有

$$\dfrac{\partial^2 x_{i,2}}{\partial \tau_0^2} - \left(x_{(i-1),2} - 2x_{i,2} + x_{(i+1),2}\right) + \dfrac{\partial^2 x_{i,0}}{\partial \tau_0^2} + 2\dfrac{\partial^2 x_{i,1}}{\partial \tau_0 \partial \tau_1} + 2\dfrac{\partial^2 x_{i,0}}{\partial \tau_0 \partial \tau_1} \\ - \dfrac{\partial^2 \theta_{i,1}}{\partial \tau_0^2}\theta_{i,1}\cos\theta_{i,0} - \left(\dfrac{\partial^2 \theta_{i,2}}{\partial \tau_0^2} + 2\dfrac{\partial^2 \theta_{i,1}}{\partial \tau_0 \partial \tau_1} + \dfrac{\partial^2 \theta_{i,0}}{\partial \tau_1^2}\right)\sin\theta_{i,0} + \left(\dfrac{\partial \theta_{i,1}}{\partial \tau_0} + \dfrac{\partial \theta_{i,0}}{\partial \tau_1}\right)^2\cos\theta_{i,0} \\ (5\text{-}77)$$

将式（5-68）和式（5-70）代入式（5-77），消去久期项可得

$$\dfrac{\partial^2 \psi}{\partial \tau_1^2} - \dfrac{\partial^2 \theta_{i,0}}{\partial \tau_1^2}\sin\theta_{i,0} - \left(\dfrac{\partial \theta_{i,0}}{\partial \tau_1}\right)^2\cos\theta_{i,0} = 0 \quad (5\text{-}78)$$

式（5-78）可进一步化简：

$$\dfrac{\partial^2}{\partial \tau_1^2}\left(\psi + \cos\theta_{i,0}\right) = 0 \quad (5\text{-}79)$$

于是，可得

$$\psi(\tau_1, \tau_2, \cdots) = \vartheta(\tau_2, \tau_3, \cdots) - \cos\theta_{i,0}(\tau_1, \tau_2, \cdots) \quad (5\text{-}80)$$

式中，ϑ 与 τ_0 和 τ_1 无关。

链式多自由度旋转非线性能量阱系统十分复杂。在上述分析中，即便做了大量简化处理，依然难以得到明朗的结果。关于系统的动力学特性分析超出了本书的讨论范围，可参阅相关文献[154]，在此不再赘述。

5.7　本章小结

本章介绍了旋转非线性能量阱。通过对系统的动力学分析，得到系统的慢变流形，揭示了系统中的能量传递现象，为旋转非线性能量阱的优化设计提供依据。

（1）采用复变量-平均法，在 1∶1 共振的基本假设下对系统的动力学进行分析，得到系统的慢不变流形。通过多尺度法求解及仿真分析，揭示了 1∶1 共振捕获现象，阐明了能量从初级结构传递到旋转非线性能量阱，并由阻尼耗散的原因。

（2）同时考虑系统水平方向和垂直方向的运动，建立了带有旋转非线性能量阱的多自由度系统动力学分析模型。采用复变量-平均法得到了系统的慢不变流形，揭示了系统中的 1∶1∶1 共振捕获现象。最后，将分析结果推广到链式多自由度旋转非线性能量阱的情形，并对系统进行简要分析。

第6章 碰撞非线性能量阱

6.1 概　　述

在工程领域，连杆、齿轮系等运动部件之间有间隙，当某些零件的振动幅度大于间隙时，会发生碰撞。由于非弹性碰撞在产生非线性回复力的同时常常伴随着动量传递和能量耗散，非常适用于振动控制。利用碰撞动力学原理设计出的非线性能量阱被称为碰撞非线性能量阱（vibro-impact nonlinear energy sink, VI NES）。不同于前面章节中介绍的非线性能量阱，碰撞非线性能量阱的非线性回复力是不连续的。由于碰撞能够迅速改变系统运动状态，将导致系统产生完全不同的动力学响应。

本章将对碰撞非线性能量阱的动力学特性进行分析，给出用于控制周期振动和瞬态振动的参数最优设计准则。建立带有碰撞非线性能量阱的系统动力学分析模型，揭示慢不变流形的靶能量传递特性随碰撞间隙的变化规律，得到周期振动和瞬态振动下碰撞非线性能量阱的最佳间隙。然后，将分析结果扩展到多自由度碰撞非线性能量阱的情况，验证碰撞非线性能量阱的可加性和独立性原理。

6.2　碰撞非线性能量阱系统建模

图 6-1 为带有单自由度碰撞非线性能量阱的初级结构。m 为初级结构的质量，k 为初级结构与基础之间的线性弹簧刚度，c 为初级结构与基础之间的黏性阻尼，m_n 为碰撞非线性能量阱的质量，且 $m_n \ll m$，b 为非线性能量阱与初级结构之间的间隙。幅值为 G、频率为 ω 的激励作用在初级结构上。

第 6 章 碰撞非线性能量阱

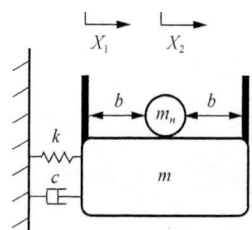

图 6-1 带有单自由度碰撞非线性能量阱的初级结构

在非碰撞间隔，系统的运动方程为

$$\begin{cases} m\ddot{X}_1 + c\dot{X}_1 + kX_1 = kX_g + c\dot{X}_g \\ m_n\ddot{X}_2 = 0, \quad \forall |X_1 - X_2| < b \end{cases} \tag{6-1}$$

式中，X_1 为初级结构的位移；X_2 为碰撞非线性能量阱的位移；$X_g = G\sin(\omega T)$。

为了使结果具有普遍意义，对式（6-1）以初级结构的参数进行无量纲处理。引入无量纲时间：

$$t = \sqrt{\frac{k}{m}}T \tag{6-2}$$

将式（6-2）代入式（6-1），整理可得系统无量纲化方程为

$$\begin{cases} \ddot{x}_1 + \varepsilon\eta\dot{x}_1 + x_1 = \varepsilon F\sin\Omega t + \varepsilon^2\eta F\Omega\cos\Omega t \\ \ddot{x}_2 = 0, \quad \forall |x_1 - x_2| < \Delta \end{cases} \tag{6-3}$$

式中，$\varepsilon = \dfrac{m_n}{m}$；$\eta = \dfrac{c}{\varepsilon\sqrt{mk}}$；$\Omega = \omega\sqrt{\dfrac{m}{k}}$；$\Delta = \dfrac{kb}{mg}$；$x_1 = \dfrac{kX_1}{mg}$；$x_2 = \dfrac{kX_2}{mg}$；$F = \dfrac{kG}{\varepsilon mg}$。

当 $|x_1 - x_2| = \Delta$ 时，初级结构与非线性能量阱发生碰撞。为了简化分析，假设相邻两次碰撞满足 Hertz 接触模型，则有

$$\begin{cases} x_1^+ = x_1^-, x_2^+ = x_2^- \\ r_c = -\dfrac{\dot{x}_2^+ - \dot{x}_1^+}{\dot{x}_2^- - \dot{x}_1^-} \end{cases} \tag{6-4}$$

式中，r_c 为恢复系数；上标"+"和"−"分别代表碰撞后状态和碰撞前状态。

此外，根据动量守恒定律：

$$\dot{x}_1^+ + \varepsilon\dot{x}_2^+ = \dot{x}_1^- + \varepsilon\dot{x}_2^- \tag{6-5}$$

最终，得到碰撞前后系统速度变化的表达式：

$$\begin{bmatrix} \dot{x}_1^+ \\ \dot{x}_2^+ \end{bmatrix} = \frac{1}{1+\varepsilon} \begin{bmatrix} \varepsilon - r_c & 1+r_c \\ \varepsilon(1+r_c) & 1-\varepsilon r_c \end{bmatrix} \begin{bmatrix} \dot{x}_1^- \\ \dot{x}_2^- \end{bmatrix} \tag{6-6}$$

下面，将分析碰撞非线性能量阱的设计参数对系统响应的影响。

6.3　碰撞非线性能量阱系统动力学分析

引入两个无量纲变量 w_1 和 w_2，分别代表系统的质心位移和碰撞非线性能量阱与初级结构之间的相对位移：

$$w_1 = x_1 + \varepsilon x_2, \quad w_2 = x_1 - x_2 \tag{6-7}$$

将式（6-7）代入式（6-3），考虑到 $\varepsilon \ll 1$，包含 ε^2 的项很小，因此忽略高阶小项，整理化简可得

$$\begin{cases} \ddot{w}_1 + \varepsilon\eta \dfrac{\dot{w}_1 + \varepsilon\dot{w}_2}{1+\varepsilon} + \dfrac{w_1 + \varepsilon w_2}{1+\varepsilon} = \varepsilon F \sin\Omega t + \varepsilon^2 \eta F \cos\Omega t \\ \ddot{w}_2 + \varepsilon\eta \dfrac{\dot{w}_1 + \varepsilon\dot{w}_2}{1+\varepsilon} + \dfrac{w_1 + \varepsilon w_2}{1+\varepsilon} = \varepsilon F \sin\Omega t + \varepsilon^2 \eta F \cos\Omega t \end{cases} \tag{6-8}$$

另外，当 $|w_2| = \Delta$ 时，式（6-4）可改写为

$$w_1^+ = w_1^-, \quad w_2^+ = w_2^-, \quad \dot{w}_1^+ = \dot{w}_1^-, \quad \dot{w}_2^+ = -r_c \dot{w}_2^-, \tag{6-9}$$

采用多尺度法推导式（6-8）的慢变方程，定义不同时间尺度如下：

$$\tau_0 = t, \ \tau_1 = \varepsilon t, \ \tau_2 = \varepsilon^2 t, \cdots \tag{6-10}$$

关于时间 t 的微分算子可以表示为

$$\begin{cases} \dfrac{\mathrm{d}}{\mathrm{d}t} = \dfrac{\partial}{\partial \tau_0} + \varepsilon \dfrac{\partial}{\partial \tau_1} + \varepsilon^2 \dfrac{\partial}{\partial \tau_2} + \cdots \\ \dfrac{\mathrm{d}^2}{\mathrm{d}t^2} = \dfrac{\partial^2}{\partial \tau_0^2} + 2\varepsilon \dfrac{\partial^2}{\partial \tau_0 \partial \tau_1} + \varepsilon^2 \left(\dfrac{\partial^2}{\partial \tau_1^2} + 2\dfrac{\partial^2}{\partial \tau_0 \partial \tau_1} \right) + \cdots \end{cases} \tag{6-11}$$

对变量 w_1 和 w_2 多尺度展开：

$$\begin{cases} w_1 = w_{10}(\tau_0, \tau_1) + \varepsilon w_{11}(\tau_0, \tau_1) + \cdots \\ w_2 = w_{20}(\tau_0, \tau_1) + \varepsilon w_{21}(\tau_0, \tau_1) + \cdots \end{cases} \tag{6-12}$$

为了研究该系统在1∶1共振附近（即初级结构和碰撞非线性能量阱都以相同的频率振荡）的动力学特性，引入了一个失谐参数σ，它表示激励力频率Ω与初级结构固有频率的接近程度：

$$\Omega = 1 + \varepsilon\sigma \tag{6-13}$$

将式（6-10）~式（6-13）分别代入式（6-8）和式（6-9）之中。令$\varepsilon^0, \varepsilon^1, \varepsilon^2, \cdots$的系数等于零，得到各阶近似的偏微分方程组。考察$\varepsilon^0$阶有

$$\begin{cases} \dfrac{\partial^2 w_{10}}{\partial \tau_0^2} + w_{10} = 0 \\ \dfrac{\partial^2 w_{20}}{\partial \tau_0^2} + w_{10} = 0 \end{cases}, \quad \forall |w_{20}| < \Delta \tag{6-14}$$

初级结构与非线性能量阱发生碰撞时，可得

$$\begin{cases} w_{10}^+ = w_{10}^-, \ w_{20}^+ = w_{20}^- \\ \dfrac{\partial w_{10}^+}{\partial \tau_0} = \dfrac{\partial w_{10}^-}{\partial \tau_0}, \ \dfrac{\partial w_{20}^+}{\partial \tau_0} = -r_c \dfrac{\partial w_{20}^-}{\partial \tau_0} \end{cases} \tag{6-15}$$

对于ε^1阶有

$$\begin{cases} \dfrac{\partial^2 w_{11}}{\partial \tau_0^2} + w_{11} = -2\dfrac{\partial^2 w_{10}}{\partial \tau_0 \partial \tau_1} - \eta\dfrac{\partial w_{10}}{\partial \tau_0} + w_{10} - w_{20} + F\sin(\tau_0 + \sigma\tau_1) \\ \dfrac{\partial^2 w_{21}}{\partial \tau_0^2} + w_{11} = -2\dfrac{\partial^2 w_{20}}{\partial \tau_0 \partial \tau_1} - \eta\dfrac{\partial w_{10}}{\partial \tau_0} + w_{10} - w_{20} + F\sin(\tau_0 + \sigma\tau_1) \end{cases} \tag{6-16}$$

假设式（6-14）解的形式为

$$w_{10} = C(\tau_1)\sin(\tau_0 + \theta_1(\tau_1)) \tag{6-17}$$

式中，$C(\tau_1)$为初级结构响应的幅度；$\theta_1(\tau_1)$为初级结构响应的相位。

式（6-14）和式（6-15）表示具有对称碰撞边界的强迫运动。在1∶1共振假设下，对式（6-15）中w_{20}按以下形式求解[155]：

$$w_{20} = C(\tau_1)\sin(\tau_0 + \theta_1(\tau_1)) + \dfrac{2}{\pi}B(\tau_1)\Pi(\tau_0 + \theta_2(\tau_1)) \tag{6-18}$$

式中，$\Pi(\tau_0 + \theta_2(\tau_1))$为锯齿函数，其函数表达式如下：

$$\Pi(z) = \arcsin(\sin z), \quad M(z) = \dfrac{\mathrm{d}\Pi(z)}{\mathrm{d}z} = \mathrm{sgn}(\cos z) \tag{6-19}$$

式(6-19)中锯齿函数$\Pi(z)$和函数$M(z)$如图6-2所示。

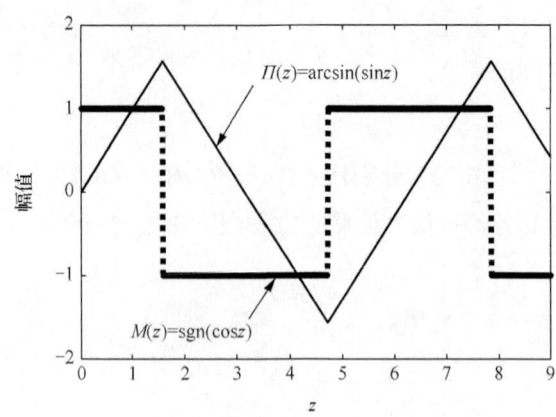

图6-2 锯齿函数$\Pi(z)$和函数$M(z)$图形

从式(6-18)可以看出,碰撞发生在$\tau_0 = \pi/2 - \theta_2 + j\pi$, $j = 0,1,2,\cdots$。将式(6-18)代入式(6-15),整理可得

$$\begin{cases} C\cos(\theta_2 - \theta_1) = \Delta - B \\ C(1+r_c)\sin(\theta_2 - \theta_1) = \dfrac{2}{\pi}(1-r_c)B \end{cases} \quad (6\text{-}20)$$

消去θ_1和θ_2,化简可得慢不变流形的表达式为

$$C^2 = \left(1 + \frac{4(1-r_c)^2}{\pi^2(1+r_c)^2}\right)B^2 - 2\Delta B + \Delta^2 \quad (6\text{-}21)$$

对式(6-21)求导,可得

$$B_{\min} = \frac{\Delta\pi^2(1+r_c)^2}{\pi^2(1+r_c)^2 + 4(1-r_c)^2},\ C_{\min}^2 = \frac{4\Delta^2(1-r_c)^2}{\pi^2(1+r_c)^2 + 4(1-r_c)^2} \quad (6\text{-}22)$$

式(6-22)表示在非线性能量阱每个周期两次对称碰撞的情况下,初级结构的最小振动幅值。式(6-21)对应的慢不变流形(SIM)如图6-3所示。可以看出,该慢不变流形由两个分支组成。由于速度的不连续性,对慢不变流形的稳定性分析十分困难,需要分析扰动系统的庞加莱截面。结合式(6-14)和式(6-15)可知,左侧分支是不稳定的,右侧分支只有一部分是稳定的。注意,此处的稳定与否是根据相对位移w_2是否满足式(6-18)的假设而划分的。

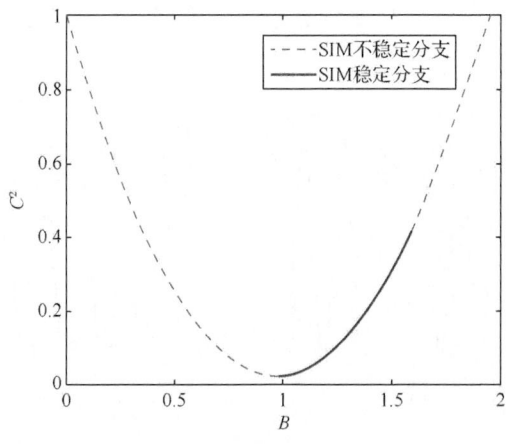

图 6-3 慢不变流形

采用四阶龙格-库塔法对带有碰撞非线性能量阱的系统进行数值模拟。假设碰撞过程满足 Hertz 接触模型，碰撞前后的速度变化通过式（6-6）求解。仿真参数为质量比 $\varepsilon=0.0076$，阻尼系数 $\eta=0.01368$，非线性能量阱与初级结构之间无阻尼，碰撞间隙 $\Delta=1$，恢复系数 $r_c=0.6$，失谐参数 $\sigma=2.378$，激励力频率 $\Omega=1.018$。仿真的初始条件为 $\begin{bmatrix} x_1(0) & x_2(0) & \dot{x}_1(0) & \dot{x}_2(0) \end{bmatrix}^T = \begin{bmatrix} 0 & 0 & 0 & 2 \end{bmatrix}^T$。

当激励力幅值 $F=8$ 时，系统的响应如图 6-4 所示。结合图 6-4（a）、（b）可知，非线性能量阱与初级结构每个周期发生超过两次碰撞，且碰撞前后系统的质心位移不会发生突变。从图 6-4（c）中可以看出，当 $t>300$ 时系统表现为稳态响应。对于瞬态响应，会在后续进行分析，暂且不予考虑。对于稳态响应，可以观察到相对位移 w_2 的小波变换中不仅观察到激励力频率 Ω，激励力频率的二倍频率和更高倍频率也十分明显。这是由于每个周期发生超过两次的碰撞，系统中间出现由初级结构向碰撞非线性能量阱的靶能量传递。从图 6-4（d）中可以看出，此时定点位于慢不变流形右侧不稳定分支。

当激励力幅值 $F=6$ 时，系统的响应如图 6-5 所示。结合图 6-5（a）、（b）可知，非线性能量阱与初级结构每个周期发生两次非对称碰撞。相比于激励力幅值 $F=8$ 时质心 w_1 的时域响应，激励力幅值 $F=6$ 时质心的时域响应幅值减小。从图 6-5（c）中可以看出，相对位移 w_2 的小波变换中不仅可观察到激励力频率，激励力频率的二倍频也很明显。这是由于每个周期发生两次非对称碰撞，系统中间出现由初级结构向碰撞非线性能量阱的靶能量传递。从图 6-5（d）中可以看出，此时定点位于慢不变流形的右侧不稳定分支,但相比于激励力幅值 $F=8$ 时定点的位置略有下降。

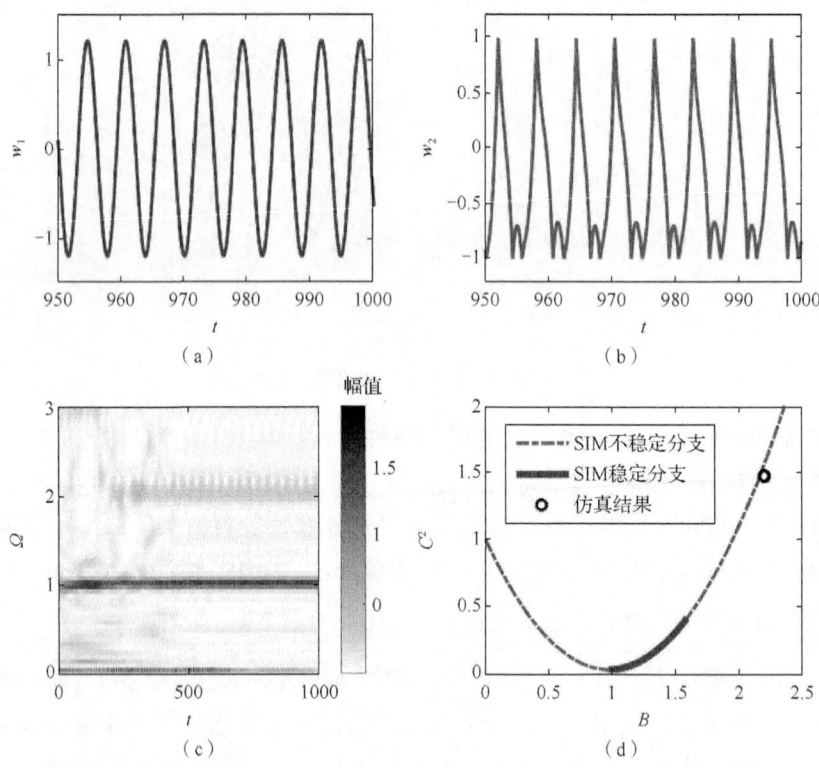

图 6-4　激励力幅值 $F=8$ 时系统的响应

(a) w_1 的时域响应；(b) w_2 的时域响应；(c) w_2 的小波变换；(d) 慢不变流形

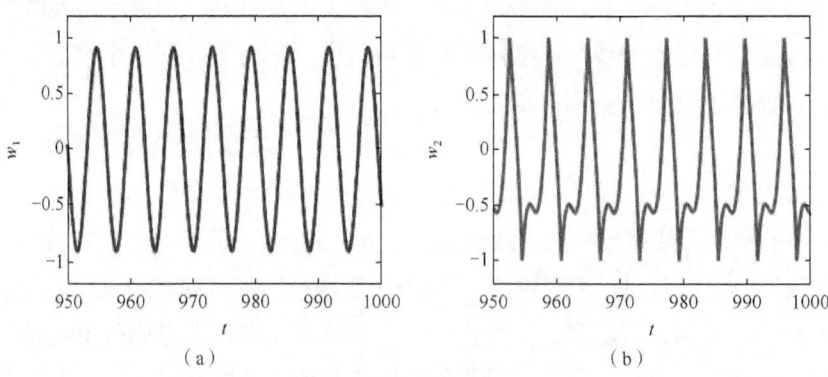

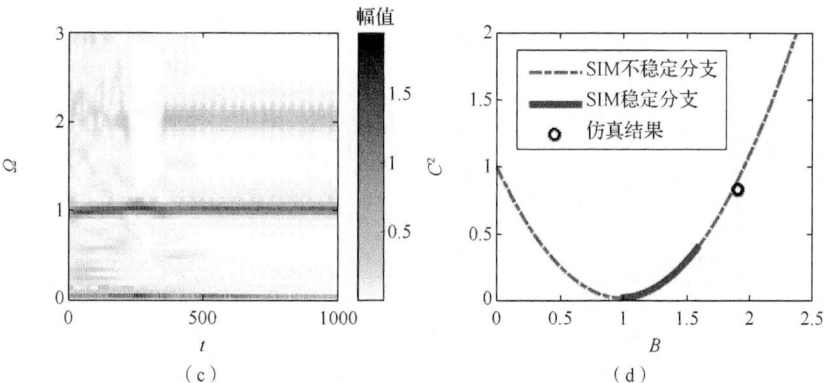

图 6-5 激励力幅值 $F=6$ 时系统的响应

(a) w_1 的时域响应；(b) w_2 的时域响应；(c) w_2 的小波变换；(d) 慢不变流形

当激励力幅值 $F=3$ 时，系统的响应如图 6-6 所示。结合图 6-6（a）、（b）可知，非线性能量阱与初级结构每个周期发生两次对称碰撞。相比于激励力幅值 $F=6$ 时质心 w_1 的时域响应，激励力幅值 $F=3$ 时质心的时域响应幅值进一步减小。从图 6-6（c）中可以看出，对于稳态响应，观察到相对位移 w_2 的小波变换中仅有激励力频率 Ω 的成分。此时，非线性能量阱与初级结构之间的能量传递关系满足 1∶1 共振捕获，系统中出现由初级结构向碰撞非线性能量阱的靶能量传递。从图 6-4（d）中可以看出，此时定点位于慢不变流形的稳定分支，但相比于激励力幅值 $F=6$ 时定点的位置进一步下降。

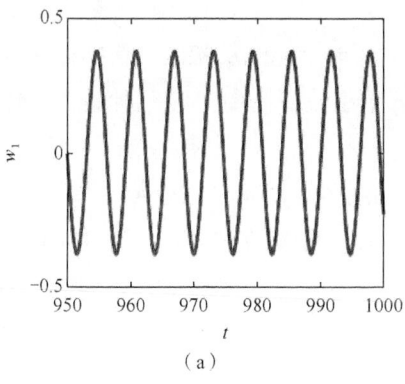

(a)

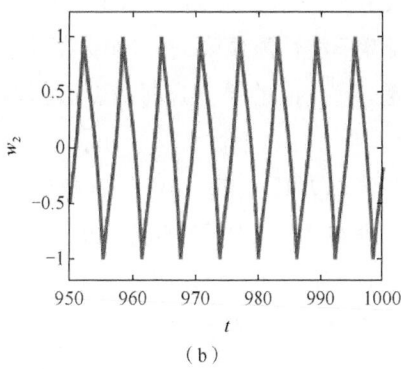

(b)

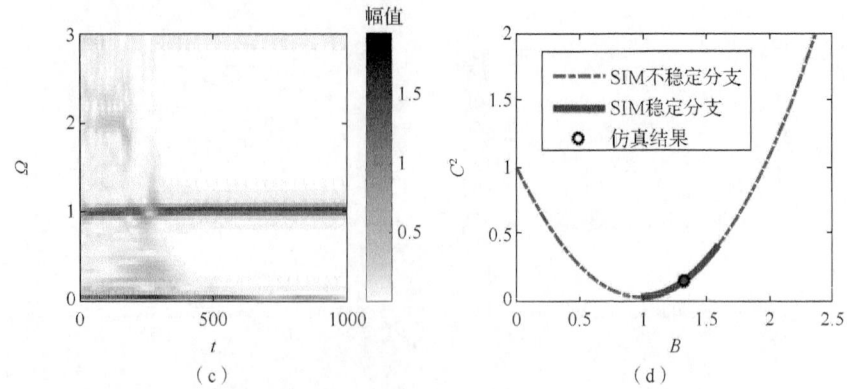

图 6-6 激励力幅值 $F=3$ 时系统的响应

(a) w_1 的时域响应；(b) w_2 的时域响应；(c) w_2 的小波变换；(d) 慢不变流形

当激励力幅值 $F=1$ 时，系统的响应如图 6-7 所示。结合图 6-7（a）、（b）可知，系统稳态运动状态表现为间歇性混沌，即非线性能量阱与初级结构之间的碰撞导致强调制响应的发生。相比于激励力幅值 $F=3$ 时质心 w_1 的时域响应，激励力幅值 $F=1$ 时质心的时域响应幅值不能保持稳定。从图 6-5（c）中可以看出，对于稳态响应，观察到相对位移 w_2 的小波变换中激励力频率 Ω 间歇性出现。从图 6-5（d）中可以看出，定点在左侧不稳定分支位和慢不变流形的右侧稳定分支之间运动，系统中间歇性地出现由初级结构向碰撞非线性能量阱靶能量传递。当定点位于慢不变流形的右侧稳定分支时，碰撞非线性能量阱发生 1∶1 共振捕获，能量从初级结构向非线性能量阱传递，质心 w_1 的幅值降低，观察到相对位移 w_2 的小波变换中有激励力频率 Ω 的成分。当定点位于慢不变流形的左侧不稳定分支时，碰撞非线性能量阱的 1∶1 共振捕获逃逸，能量无法从初级结构向非线性能量阱传递，质心 w_1 的幅值升高，在相对位移 w_2 的小波变换中观察不到激励力频率 Ω 的成分。

当激励力幅值 $F=0.3$ 时，系统的响应如图 6-8 所示。结合图 6-8（a）、（b）可知，非线性能量阱与初级结构之间发生的碰撞与激励力频率之间没有直接的对应关系，质心 w_1 的时域响应幅值很小。对于稳态响应，从图 6-8（c）相对位移 w_2 的小波变换中未观察到与激励力频率 Ω 相关的频率成分，这是因为系统中能量太低而无法激发靶能量传递。从图 6-4（d）中可以看出，此时系统没有位于慢不变流形上的定点。

第 6 章 碰撞非线性能量阱

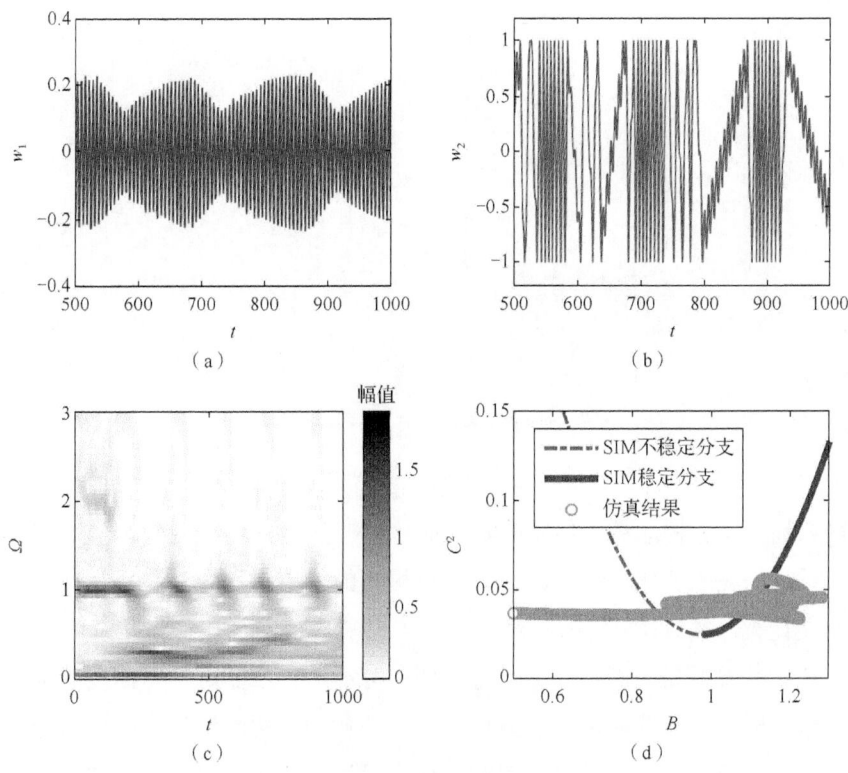

图 6-7 激励力幅值 $F=1$ 时系统的响应

（a）w_1 的时域响应；（b）w_2 的时域响应；（c）w_2 的小波变换；（d）慢不变流形

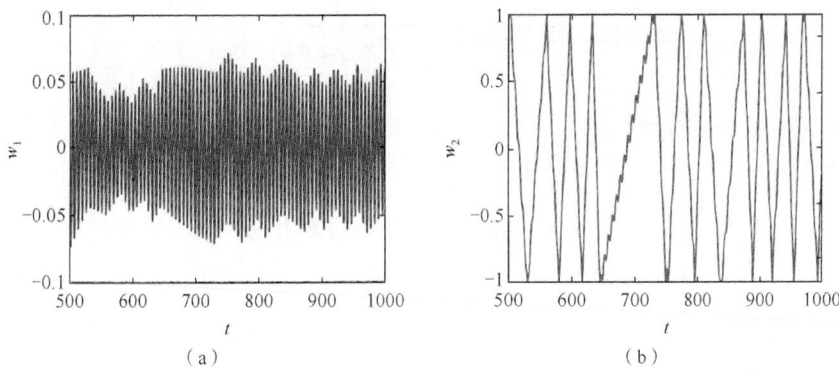

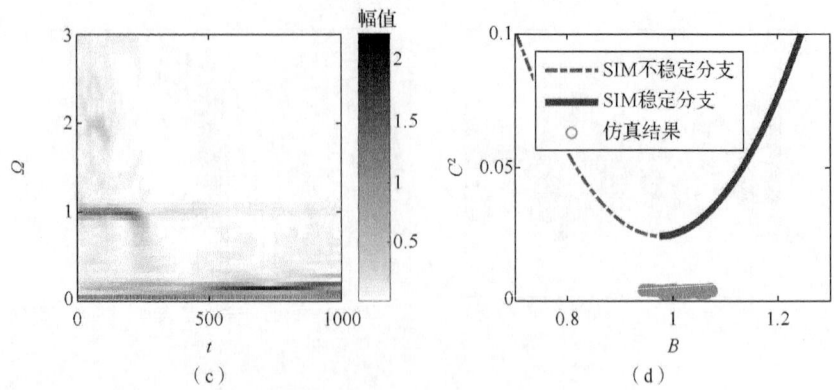

图 6-8 激励力幅值 $F=0.3$ 时系统的响应

(a) w_1 的时域响应；(b) w_2 的时域响应；(c) w_2 的小波变换；(d) 慢不变流形

注意到，在分析系统的慢不变流形时，响应属于何种类型受幅值影响较大。在了解系统响应的变化机制后，研究每种机制的效率对指导碰撞非线性能量阱的设计意义重大。文献[65]指出：对于系统瞬态响应控制，靶能量传递的效率不仅应该在开始时就很高，而且其持续时间要尽可能地长；而对于周期性激励系统响应的控制，碰撞非线性能量阱的最佳设计是使初级结构的位移幅度位于慢不变流形稳定分支的低点。为此，选择间隙 Δ 作为设计参数，获得其最佳值，以便针对不同类型的激励产生有效的靶能量传递。通过对系统的分岔分析，Qiu 等[139]指出间隙的临界值为

$$\Delta_{cr} = \frac{F\left(4\Gamma^2 + \pi^2\right)^{3/2}}{2\left(4\Gamma^3\eta + \Gamma\pi^2\eta + 4\pi\right)} \quad (6\text{-}23)$$

式中，$\Gamma = (1-r_c)/(1+r_c)$。

下面通过仿真验证上述结果的正确性。仿真参数为质量比 $\varepsilon = 0.0076$，阻尼系数 $\eta = 0.01368$，非线性能量阱与初级结构之间无阻尼，恢复系数 $r_c = 0.6$，激励力幅值 $F = 1.2$，激励力频率 $\Omega = 1.018$，失谐参数 $\sigma = 2.378$。仿真的初始条件为 $\begin{bmatrix} x_1(0) & x_2(0) & \dot{x}_1(0) & \dot{x}_2(0) \end{bmatrix}^T = \begin{bmatrix} 0 & 0 & 0 & 2 \end{bmatrix}^T$。图 6-9 给出了固定周期激励下，初级结构的稳态响应幅值与间隙 Δ 之间的关系。可以看出，当间隙等于 Δ_{cr} 时，无论是初级结构的平均幅值还是初级结构的最大幅值均达到最小值。

第 6 章 碰撞非线性能量阱

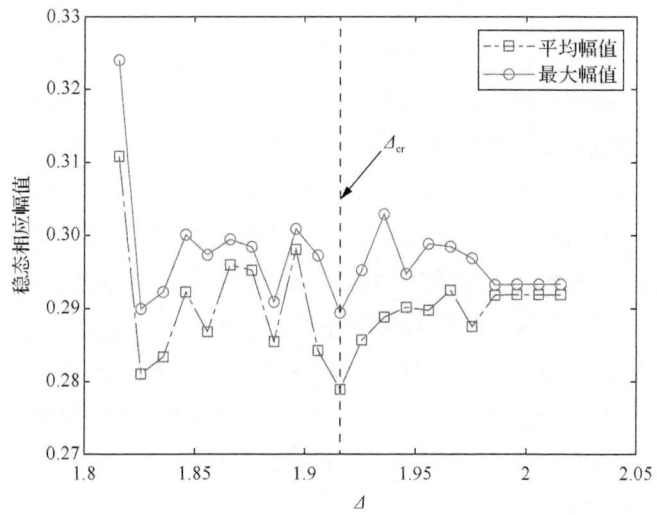

图 6-9　初级结构的稳态响应幅值与间隙 Δ 的关系

图 6-10 为单个碰撞非线性能量阱的频率响应曲线,展示了不同激励力频率和间隙下,碰撞非线性能量阱对初级结构响应的控制效果。可以看出,对于给定频率范围内,碰撞非线性能量阱在共振频率附近发挥作用。通过观察可知,当碰撞间隙等于临界值时($\Delta_{cr}=1.92$)时,初级结构在共振频率附近的幅值最小,验证了 Qiu 等[139]得到结果的正确性。通过合理选择碰撞间隙,可使碰撞非线性能量阱实现最高的靶能量传递效率,达到最佳的初级结构响应抑制性能。因此,式(6-23)可作为碰撞非线性能量阱的设计准则。

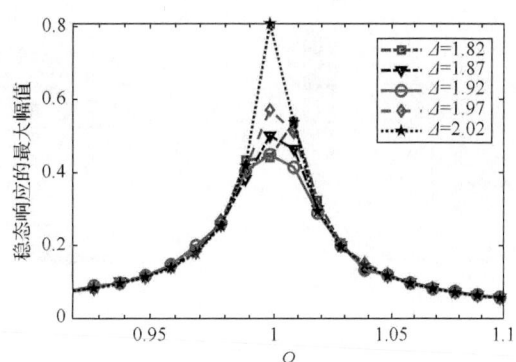

图 6-10　单个碰撞非线性能量阱的频率响应曲线

为了分析系统初始条件产生的瞬态响应,令激励力幅值 $F=0$,仿真结果如

图 6-11 所示。由图 6-11（a）可知，质心 w_1 的时域响应幅值逐渐衰减，这是系统中阻尼和碰撞对能量的耗散所导致的。受到图 6-3 到图 6-8 的启发，根据质心 w_1 的幅值与系统响应的对应关系，将瞬态响应划分为 5 个区域。由图 6-11（b）可知，随着质心 w_1 幅值的降低，非线性能量阱与初级结构之间在每个运动周期内发生碰撞的次数逐渐减少。由图 6-11（c）可知，在区域Ⅰ和Ⅱ中不仅可以观察到与初级结构固有频率相关的频率成分，还观察到与初级结构固有频率倍频相关的频率成分；而在区域Ⅲ和Ⅳ中仅可以观察到与初级结构固有频率相关的频率成分；在区域Ⅴ中，观察不到与初级结构固有频率相关的频率成分。结合图 6-11（a）、（d）中可以看出，随着质心 w_1 幅值的降低，系统的定点从慢不变流形上右侧不稳定分支（对应区域Ⅰ和Ⅱ）逐渐向下移动到右侧的稳定分支（对应区域Ⅲ），随后定点穿过左侧不稳定分支（对应区域Ⅳ），随着系统中能量的降低，定点逐渐从慢不变流形上逃逸（对应区域Ⅴ）。

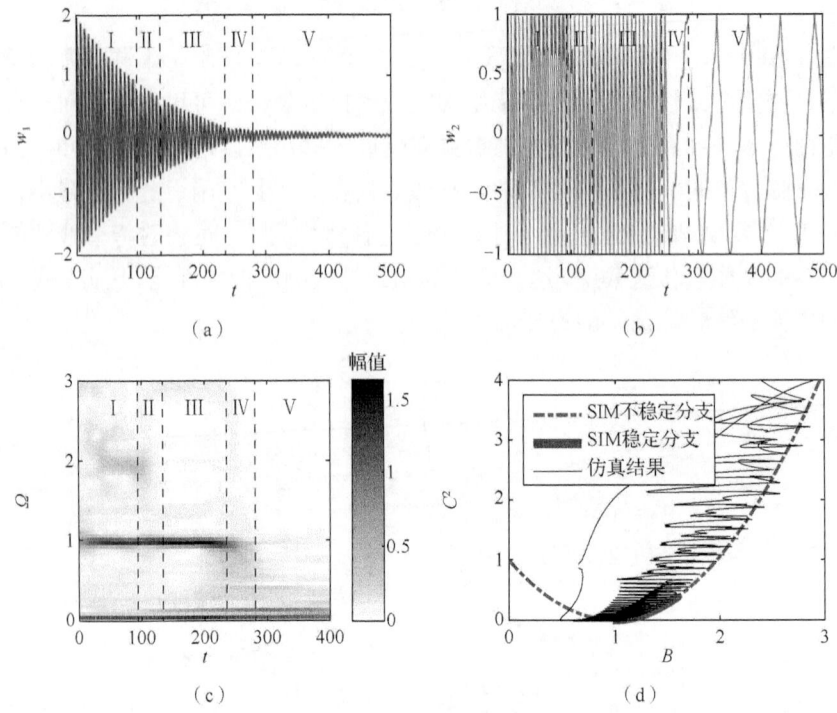

图 6-11 系统自由振动响应

（a）w_1 的时域响应；（b）w_2 的时域响应；（c）w_2 的小波变换；（d）慢不变流形

6.4 多自由度碰撞非线性能量阱系统建模

图 6-12 为带有两自由度碰撞非线性能量阱的初级结构。m 为初级结构的质量，k 为初级结构与基础之间的线性弹簧刚度，c 为初级结构与基础之间的黏性阻尼，m_{n1} 为下层碰撞非线性能量阱的质量，b_1 为下层碰撞非线性能量阱与初级结构之间的间隙，m_{n2} 为上层碰撞非线性能量阱的质量，b_2 为上层碰撞非线性能量阱与初级结构之间的间隙。

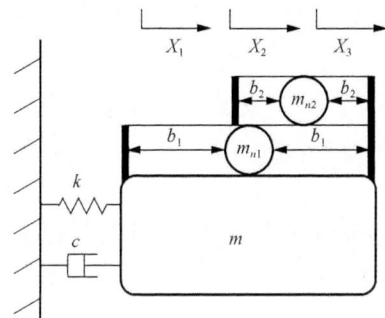

图 6-12 带有两自由度碰撞非线性能量阱的初级结构

该系统受到一个作用在初级结构上的受激励力，在非碰撞间隔系统的运动方程如下：

$$\begin{cases} m\ddot{X}_1 + c\dot{X}_1 + kX_1 = kG\cos\omega T - cG\sin\omega T \\ m_{n1}\ddot{X}_2 = 0, \quad \forall |X_1 - X_2| < b_1 \\ m_{n2}\ddot{X}_3 = 0, \quad \forall |X_1 - X_3| < b_2 \end{cases} \quad (6\text{-}24)$$

式中，X_1 为初级结构的位移；X_2 为质量 m_{n1} 的位移；X_3 为质量 m_{n2} 的位移。

为了使结果具有普遍意义，对上述振动系统以初级结构的参数进行无量纲处理。引入无量纲时间：

$$t = \sqrt{\frac{k}{m}}T \quad (6\text{-}25)$$

将式（6-25）代入式（6-24），整理可得无量纲的系统运动微分方程为

$$\begin{cases} \ddot{x}_1 + \varepsilon\eta\dot{x}_1 + x_1 = \varepsilon F\sin\Omega t + \varepsilon^2\eta F\Omega\cos\Omega t \\ \ddot{x}_2 = 0, \quad \forall |x_1 - x_2| < \Delta_1 \\ \ddot{x}_3 = 0, \quad \forall |x_1 - x_2| < \Delta_2 \end{cases} \quad (6\text{-}26)$$

式中，$\varepsilon = \dfrac{m_{n1}+m_{n2}}{m}$；$\eta = \dfrac{c}{m\omega_0}$，$\omega_0 = \sqrt{\dfrac{k}{m}}$；$F = \dfrac{G}{\varepsilon}$；$\Omega = \dfrac{\omega}{\omega_0}$；$\Delta_i = \dfrac{kb_i}{mg}, i = 1,2$。

当 $|x_1 - x_i| = \Delta_i$ 时，初级结构与非线性能量阱发生碰撞。为了简化分析，假设相邻两次碰撞满足 Hertz 接触模型，则有

$$\begin{cases} x_1^+ = x_1^-, x_i^+ = x_i^-, x_j^+ = x_j^- \\ \dot{x}_1^+ + \varepsilon \sum_{i=2}^{3} \alpha_{i-1}\dot{x}_i^+ = \dot{x}_1^- + \varepsilon \sum_{i=2}^{3} \alpha_{i-1}\dot{x}_i^-, \quad i \neq j \\ \dot{x}_1^+ - \dot{x}_i^+ = -r_c\left(\dot{x}_1^- - \dot{x}_i^-\right) \\ \dot{x}_j^+ = \dot{x}_j^- \end{cases} \quad (6\text{-}27)$$

式中，$\alpha_i = \dfrac{m_{ni}}{m}$；上标"+"和"−"分别代表碰撞后状态和碰撞前状态。

6.5 多自由度碰撞非线性能量阱系统动力学分析

引入无量纲变量 w_1、w_2 和 w_3，它们分别代表系统的质心位移和碰撞非线性能量阱与初级结构之间的相对位移：

$$w_1 = x_1 + \varepsilon \sum_{i=2}^{3} \alpha_{i-1}\dot{x}_i^+, \quad w_2 = x_1 - x_2, \quad w_3 = x_1 - x_3 \quad (6\text{-}28)$$

将式（6-28）代入式（6-26），同样地，考虑到 $\varepsilon \ll 1$，包含 ε^2 的项很小，因此忽略高阶小项，整理化简可得

$$\begin{cases} \ddot{w}_1 + \varepsilon\eta \dfrac{\dot{w}_1 + \varepsilon(\dot{w}_2 + \dot{w}_3)}{1+\varepsilon} + \dfrac{w_1 + \varepsilon(w_2 + w_3)}{1+\varepsilon} = \varepsilon F \sin \Omega t \\ \ddot{w}_2 + \varepsilon\eta \dfrac{\dot{w}_1 + \varepsilon(\dot{w}_2 + \dot{w}_3)}{1+\varepsilon} + \dfrac{w_1 + \varepsilon(w_2 + w_3)}{1+\varepsilon} = \varepsilon F \sin \Omega t \\ \ddot{w}_3 + \varepsilon\eta \dfrac{\dot{w}_1 + \varepsilon(\dot{w}_2 + \dot{w}_3)}{1+\varepsilon} + \dfrac{w_1 + \varepsilon(w_2 + w_3)}{1+\varepsilon} = \varepsilon F \sin \Omega t \end{cases} \quad (6\text{-}29)$$

碰撞条件（6-27）可改写为

$$\begin{cases} w_1^+ = w_1^-, w_2^+ = w_2^-, w_3^+ = w_3^-, \dot{w}_1^+ = \dot{w}_1^- \\ \dot{w}_2^+ = -r_c \dot{w}_2^-, \dot{w}_3^+ = \dot{w}_3^- - \dfrac{\varepsilon \alpha_1 (1+r_c)}{1+\varepsilon \alpha_1} \dot{w}_2^-, \quad \text{当} |w_2| = \varDelta_1 \\ \dot{w}_3^+ = -r_c \dot{w}_3^-, \dot{w}_2^+ = \dot{w}_2^- - \dfrac{\varepsilon \alpha_2 (1+r_c)}{1+\varepsilon \alpha_2} \dot{w}_3^-, \quad \text{当} |w_3| = \varDelta_2 \end{cases} \quad (6\text{-}30)$$

采用多尺度法推导式（6-29）和式（6-30）的慢变方程，定义不同时间尺度如下：

$$\tau_k = \varepsilon^k t, \quad k = 0, 1, \cdots \quad (6\text{-}31)$$

微分算子可以表示为

$$\frac{\mathrm{d}}{\mathrm{d}t} = \frac{\partial}{\partial \tau_0} + \varepsilon \frac{\partial}{\partial \tau_1} + \cdots \quad (6\text{-}32)$$

对变量 w_1、w_2 和 w_3 进行多尺度展开：

$$\begin{cases} w_1(t,\varepsilon) = w_{10}(\tau_0, \tau_1) + \varepsilon w_{11}(\tau_0, \tau_1) + \cdots \\ w_2(t,\varepsilon) = w_{20}(\tau_0, \tau_1) + \varepsilon w_{21}(\tau_0, \tau_1) + \cdots \\ w_3(t,\varepsilon) = w_{30}(\tau_0, \tau_1) + \varepsilon w_{31}(\tau_0, \tau_1) + \cdots \end{cases} \quad (6\text{-}33)$$

将式（6-31）～式（6-33）代入式（6-29），令 $\varepsilon^0, \varepsilon^1, \varepsilon^2, \cdots$ 的系数等于零，得到近似的线性偏微分方程组。对于 ε^0 阶有

$$\begin{cases} \dfrac{\partial^2 w_{10}}{\partial \tau_0^2} + w_{10} = 0 \\ \dfrac{\partial^2 w_{20}}{\partial \tau_0^2} + w_{10} = 0, \quad \forall |w_{20}| < \varDelta \\ \dfrac{\partial^2 w_{30}}{\partial \tau_0^2} + w_{10} = 0 \end{cases} \quad (6\text{-}34)$$

碰撞时（$|w_{i0}| = \varDelta_i$，$i = 1, 2$），有如下关系：

$$\begin{cases} w_{10}^+ = w_{10}^-, w_{20}^+ = w_{20}^-, w_{30}^+ = w_{30}^- \\ \dfrac{\partial w_{10}^+}{\partial \tau_0} = \dfrac{\partial w_{10}^-}{\partial \tau_0}, \dfrac{\partial w_{i0}^+}{\partial \tau_0} = -r_c \dfrac{\partial w_{i0}^-}{\partial \tau_0} \end{cases} \quad (6\text{-}35)$$

对于 ε^1 阶有

$$\begin{cases} \dfrac{\partial^2 w_{11}}{\partial \tau_0^2} + w_{11} = -2\dfrac{\partial^2 w_{10}}{\partial \tau_0 \partial \tau_1} - \eta\dfrac{\partial w_{10}}{\partial \tau_0} + w_{10} - \sum_{i=2}^{3}\alpha_{i-1}w_{i0} + F\sin(\tau_0 + \sigma\tau_1) \\ \dfrac{\partial^2 w_{21}}{\partial \tau_0^2} + w_{11} = -2\dfrac{\partial^2 w_{20}}{\partial \tau_0 \partial \tau_1} - \eta\dfrac{\partial w_{10}}{\partial \tau_0} + w_{10} - \sum_{i=2}^{3}\alpha_{i-1}w_{i0} + F\sin(\tau_0 + \sigma\tau_1) \\ \dfrac{\partial^2 w_{31}}{\partial \tau_0^2} + w_{11} = -2\dfrac{\partial^2 w_{30}}{\partial \tau_0 \partial \tau_1} - \eta\dfrac{\partial w_{10}}{\partial \tau_0} + w_{10} - \sum_{i=2}^{3}\alpha_{i-1}w_{i0} + F\sin(\tau_0 + \sigma\tau_1) \end{cases} \quad (6\text{-}36)$$

假设 w_{10} 解的形式为

$$w_{10} = C(\tau_1)\sin(\tau_0 + \theta_1(\tau_1)) \quad (6\text{-}37)$$

在1:1共振的假设下,对式(6-35)中 w_{20} 和 w_{30} 按以下形式求解:

$$\begin{cases} w_{20} = C(\tau_1)\sin(\tau_0 + \theta_1(\tau_1)) + \dfrac{2}{\pi}B_1(\tau_1)\Pi(\tau_0 + \theta_2(\tau_1)) \\ w_{30} = C(\tau_1)\sin(\tau_0 + \theta_1(\tau_1)) + \dfrac{2}{\pi}B_2(\tau_1)\Pi(\tau_0 + \theta_3(\tau_1)) \end{cases} \quad (6\text{-}38)$$

式中,$C(\tau_1)$ 为碰撞非线性能量阱的幅度;$\theta_1(\tau_1)$ 为碰撞非线性能量阱相位。

化简可得慢不变流形的表达式为

$$C^2 = \left(1 + \dfrac{4(1-r_c)^2}{\pi^2(1+r_c)^2}\right)B_i^2 - 2\Delta_i B_i + \Delta_i^2, \quad i = 1,2 \quad (6\text{-}39)$$

因此,可依据 $B_1^2 < B_2^2 < \cdots < B_i^2$ 准则设计多自由度碰撞非线性能量阱,每个碰撞非线性能量阱的触发能量会单调增加,从而保证多自由度碰撞非线性能量阱在不同能量量级下都能稳定工作。

通过仿真对上述分析结果进行检验。采用四阶龙格-库塔法对带有多自由度碰撞非线性能量阱的系统数值求解。仿真参数为质量比 $\varepsilon_1 = \varepsilon_2 = 0.0038$,初级结构阻尼系数为 $\eta = 0.01368$,非线性能量阱与初级结构之间无阻尼,碰撞间隙分别为 $\Delta_1 = 1$、$\Delta_2 = 0.8$,恢复系数 $r_c = 0.6$,失谐参数 $\sigma = 2.378$,激励力频率 $\Omega = 1.018$。仿真的初始条件为 $\begin{bmatrix} x_1(0) & x_2(0) & x_3(0) & \dot{x}_1(0) & \dot{x}_2(0) & \dot{x}_3(0) \end{bmatrix}^T = \begin{bmatrix} 0 & 0 & 0 & 2 & 0 & 0 \end{bmatrix}^T$。仿真结果如图6-13和图6-14所示。

第 6 章 碰撞非线性能量阱

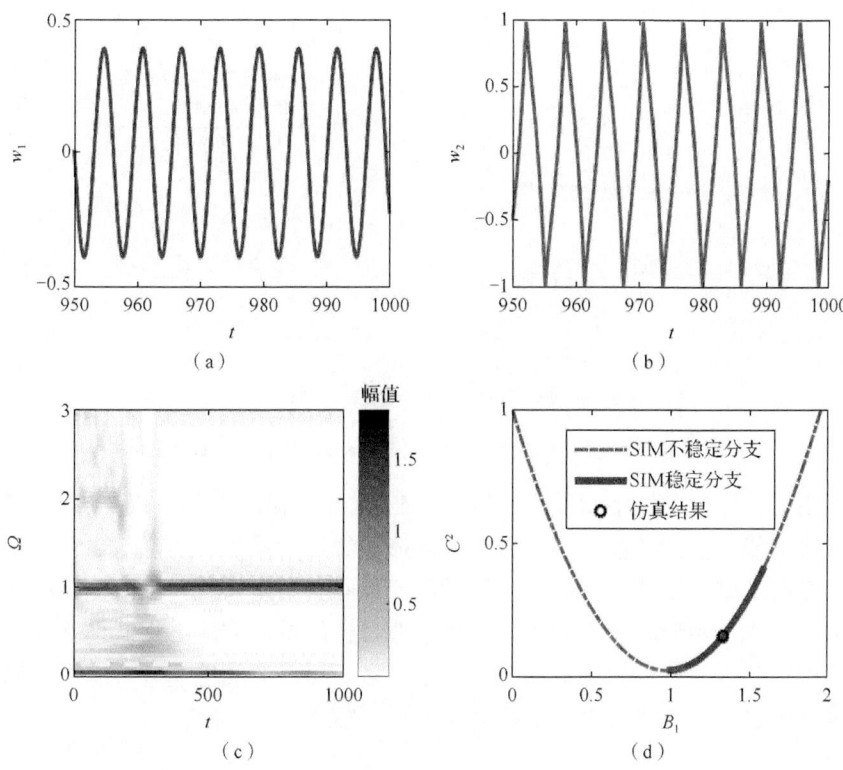

图 6-13 激励力幅值 $F=3$ 时 w_1 和 w_2 的响应

(a) w_1 的时域响应;(b) w_2 的时域响应;(c) w_2 的小波变换;(d) 慢不变流形

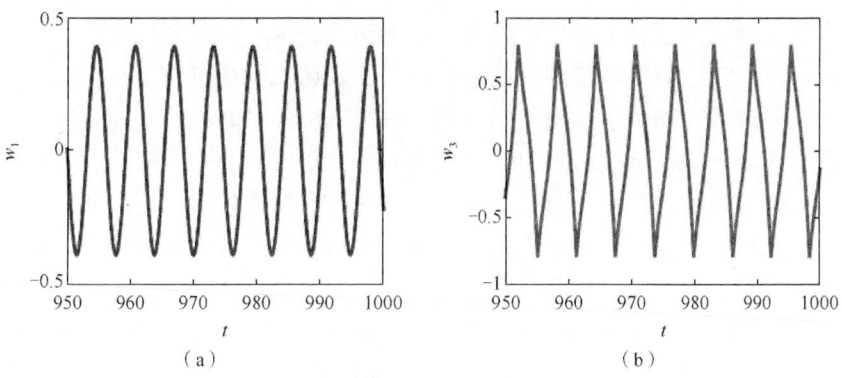

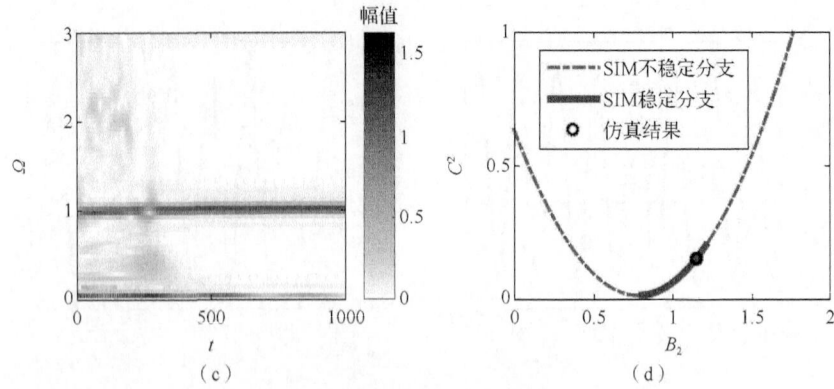

图 6-14 激励力幅值 $F=3$ 时 w_1 和 w_3 的响应

(a) w_1 的时域响应;(b) w_3 的时域响应;(c) w_3 的小波变换;(d) 慢不变流形

如果多个碰撞非线性能量阱的运动不在 1∶1 共振附近,可加性原理则可能失效,并且可能产生混沌响应。多自由度碰撞非线性能量阱在实现从初级结构向非线性能量阱的靶能量传递的同时,能量可能返回到初级系统,从而使减振性能下降。为了限制这种情况,不应将每个碰撞非线性能量阱的能量阈值设置得过大,以使其能以初级结构的频率振动。对于带有多个碰撞非线性能量阱的系统混沌特性研究,可以采用李雅普诺夫指数分析方法[106],在此不再赘述。

6.6 本章小结

本章分别介绍了碰撞非线性能量阱在周期激励和瞬态激励下,初级结构的振动响应控制问题。以一个单自由度系统作为初级结构,采用多尺度方法对耦合系统求解。在一阶近似下,得到了慢不变流形的表达式。通过对慢不变流形不同分支的稳定性分析,揭示了碰撞非线性能量阱对响应的控制机制,发现每个周期两次对称碰撞与强调制响应之间的过渡点是周期性激励下的最佳控制点。

针对瞬态激励的控制,以每个周期两次对称碰撞与每周期两次非对称碰撞之间的临界点作为依据,得到最佳间隙,并证明该点具有很高的靶能量传递效率。该结论可以推广到多个碰撞非线性能量阱并联的情况,从理论上验证了多个碰撞非线性能量阱的可加性和独立性原理。该原理使得单个碰撞非线性能量阱的设计对于多个碰撞非线性能量阱的设计具有重要的参考价值,从而保证多个碰撞非线性能量阱在不同类型的激励下都能稳定工作。

第7章 单侧碰撞非线性能量阱

7.1 概 述

本章对单侧碰撞非线性能量阱（single-sided vibro-impact nonlinear energy sink, SSVI NES）能量耗散机理进行了深入研究。通过对碰撞发生时速度变换矩阵的特征分解，本章提出碰撞模态这一概念。通过将速度分解为无能量耗散碰撞模态和能量耗散碰撞模态，分析了能量在系统中的分布对单次碰撞能量耗散的影响。揭示出单侧碰撞非线性能量阱引起能量耗散的根本原因：振动碰撞系统能够实现能量在振动模态和碰撞模态之间的相互转化，最后通过能量耗散碰撞模态将能量耗散。考虑到目前缺乏非线性能量阱的性能评价指标，本章提出碰撞振动衰减量，并将其用于系统的分析之中。通过相关性分析揭示出无能量耗散碰撞模态与碰撞振动衰减因子之间的联系，解释了碰撞振动系统内剩余能量与无能量耗散碰撞模态内部能量之间的等价关系。在此基础上，本章将分析不同初始条件下，单侧碰撞非线性能量阱参数对能量耗散性能的影响，得出单侧碰撞非线性能量阱的最优设计曲线。

7.2 单侧碰撞非线性能量阱系统建模

单侧碰撞非线性能量阱是一种能够快速降低结构振动响应的装置。在系统中设置一个限制运动的碰撞表面，当单侧碰撞非线性能量阱运动到特定位置时，通过碰撞产生不连续非线性回复力与初级结构耦合。这种不连续回复力有很强的非线性，能够迅速改变单侧碰撞非线性能量阱及与之连接结构的速度，从而改变整个系统的运动规律。相比于双侧碰撞非线性能量阱，这种非对称的结构形式保证了系统发生碰撞前，单侧碰撞非线性能量阱和初级结构之间积累足够的相对速度，从而产生更为剧烈的碰撞，耗散更多的能量，迅速降低结构的振动响应。

7.2.1 单侧碰撞非线性能量阱系统运动方程

图 7-1 为带有单侧碰撞非线性能量阱的初级结构。初级结构的质量为 m_2，由刚度为 k_2 的线性弹簧与地面连接。单侧碰撞非线性能量阱的质量为 m_1，由刚度为 k_1 的弹簧与初级结构相连接，阻尼分别为 c_1 和 c_2。当 m_1 和 m_2 之间的相对位移之差小于间隙 B 时，系统的运动微分方程为

$$\begin{bmatrix} m_1 & 0 \\ 0 & m_2 \end{bmatrix} \begin{bmatrix} \ddot{X}_1 \\ \ddot{X}_2 \end{bmatrix} + \begin{bmatrix} c_1 & -c_1 \\ -c_1 & c_1+c_2 \end{bmatrix} \begin{bmatrix} \dot{X}_1 \\ \dot{X}_2 \end{bmatrix} + \begin{bmatrix} k_1 & -k_1 \\ -k_1 & k_1+k_2 \end{bmatrix} \begin{bmatrix} X_1 \\ X_2 \end{bmatrix} = \begin{bmatrix} 0 \\ 0 \end{bmatrix} \quad (7\text{-}1)$$

式中，X_1 为单侧碰撞非线性能量阱的位移；X_2 初级结构的位移。

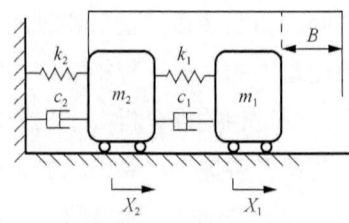

图 7-1 带有单侧碰撞非线性能量阱的初级结构

在实际应用时，一般初级结构的质量和弹簧刚度已经确定，且不能更改。为了解决初级结构的振动问题，通常考虑在给定的结构上面附加一个单侧碰撞非线性能量阱，以吸收并耗散能量，降低结构振动响应。因此，为了使结果具有普遍意义，对上述系统以初级结构的参数进行无量纲处理。引入无量纲时间：

$$t = \sqrt{\frac{k_2}{m_2}} T \quad (7\text{-}2)$$

将式（7-2）代入式（7-1），整理可得无量纲的系统运动微分方程为

$$\begin{bmatrix} \mu_m & 0 \\ 0 & 1 \end{bmatrix} \begin{bmatrix} \ddot{x}_1 \\ \ddot{x}_2 \end{bmatrix} + \eta \begin{bmatrix} \mu_c & -\mu_c \\ -\mu_c & 1+\mu_c \end{bmatrix} \begin{bmatrix} \dot{x}_1 \\ \dot{x}_2 \end{bmatrix} + \begin{bmatrix} \mu_k & -\mu_k \\ -\mu_k & 1+\mu_k \end{bmatrix} \begin{bmatrix} x_1 \\ x_2 \end{bmatrix} = \begin{bmatrix} 0 \\ 0 \end{bmatrix}, \quad x_1 - x_2 < b \quad (7\text{-}3)$$

式中，$\mu_m = \dfrac{m_1}{m_2}$；$\mu_k = \dfrac{k_1}{k_2}$；$\mu_c = \dfrac{c_1}{c_2}$；$b = \dfrac{k_2 B}{m_2 g}$；$\eta = \dfrac{c_2}{\sqrt{k_2 m_2}}$；$x_1 = \dfrac{k_2 X_1}{m_2 g}$；$x_2 = \dfrac{k_2 X_2}{m_2 g}$。

值得注意的是，前面章节中的非线性能量阱质量都很小。本章所研究的非线性能量阱不受小质量假设限制，为了加以区分，此时质量比采用 μ_m 表示。

7.2.2 单侧碰撞非线性能量阱系统碰撞动力学分析

当单侧碰撞非线性能量阱与初级结构之间的无量纲相对位移等于无量纲间隙 b 时，非线性能量阱与初级结构发生碰撞。假设碰撞发生的瞬间，单侧碰撞非线性能量阱与初级结构的速度由于碰撞迅速改变，单侧碰撞非线性能量阱与初级结构之间发生动量的交换，同时伴有能量耗散。碰撞结束后整个系统又变成一个两自由度系统，单侧碰撞非线性能量阱与初级结构分别以新的初值运动，直至下一次碰撞发生。为了简化分析，假设相邻两次碰撞满足 Hertz 接触模型，定义恢复系数：

$$r_c = -\dfrac{\dot{x}_2^+ - \dot{x}_1^+}{\dot{x}_2^- - \dot{x}_1^-} \tag{7-4}$$

式中，上标"+"和"-"分别表示碰撞后状态和碰撞前状态。

根据动量守恒定律：

$$\mu_m \dot{x}_1^+ + \dot{x}_2^+ = \mu_m \dot{x}_1^- + \dot{x}_2^- \tag{7-5}$$

结合式（7-4）和式（7-5），可得单侧碰撞非线性能量阱与初级结构碰撞前后的瞬时速度变化表达式：

$$\begin{bmatrix} \dot{x}_1^+ \\ \dot{x}_2^+ \end{bmatrix} = \dfrac{1}{1+\mu_m} \begin{bmatrix} \mu_m - r_c & 1 + r_c \\ \mu_m(1+r_c) & 1 - \mu_m r_c \end{bmatrix} \begin{bmatrix} \dot{x}_1^- \\ \dot{x}_2^- \end{bmatrix} \tag{7-6}$$

从式（7-6）可以看出，碰撞只改变初级结构和单侧碰撞非线性能量阱的速度，并不改变系统的位移。对描述碰撞前后速度变化的矩阵进行特征值分解可得

$$\dfrac{1}{1+\mu_m} \begin{bmatrix} \mu_m - r_c & 1 + r_c \\ \mu_m(1+r_c) & 1 - \mu_m r_c \end{bmatrix} = \begin{bmatrix} 1 & 1 \\ 1 & -\mu_m \end{bmatrix} \begin{bmatrix} 1 & 0 \\ 0 & -r_c \end{bmatrix} \begin{bmatrix} 1 & 1 \\ 1 & -\mu_m \end{bmatrix}^{-1} \tag{7-7}$$

从式（7-7）可知，两个质量的碰撞可以分解成两个基本过程的线性组合。对应于特征值为 1 和特征值为 $-r_c$ 的特征向量分别被称为无能量耗散碰撞模态（energy free impact mode, EFIM）和能量耗散碰撞模态（energy dissipation impact mode, EDIM）。基于这种分解，非线性能量阱和初级结构的速度可以分解为上述两种碰撞模态的线性组合：

$$\begin{bmatrix} \dot{x}_1 \\ \dot{x}_2 \end{bmatrix} = C_{vi1} \begin{bmatrix} 1 \\ 1 \end{bmatrix} + C_{vi2} \begin{bmatrix} 1 \\ -\mu_m \end{bmatrix} \tag{7-8}$$

式中，

$$\begin{cases} C_{vi1} = \dfrac{1}{1+\mu_m}\begin{bmatrix} \mu_m & 1 \end{bmatrix} \cdot \begin{bmatrix} \dot{x}_1 \\ \dot{x}_2 \end{bmatrix} \\ C_{vi2} = \dfrac{1}{1+\mu_m}\begin{bmatrix} 1 & -1 \end{bmatrix} \cdot \begin{bmatrix} \dot{x}_1 \\ \dot{x}_2 \end{bmatrix} \end{cases} \tag{7-9}$$

C_{vi1} 为无能量耗散碰撞模态系数；C_{vi2} 为能量耗散碰撞模态系数。

研究发现，无能量耗散碰撞模态的物理意义是表示单侧碰撞非线性能量阱与初级结构在碰撞时刻具有相同的速度大小，且单侧碰撞非线性能量阱与初级结构具有相同方向运动。下面讨论无能量耗散碰撞模态对单次碰撞的影响。碰撞前后单侧碰撞非线性能量阱动能的变化 ΔE_{m_1} 为

$$\begin{aligned} \Delta E_{m_1} &= \frac{1}{2}\mu_m\left(\left(\dot{x}_1^+\right)^2 - \left(\dot{x}_1^-\right)^2\right) \\ &= \frac{1}{2}\mu_m\left(\left(\frac{1+r_c}{1+\mu_m}\right)^2 \left(\dot{x}_1^- - \dot{x}_2^-\right)^2 - 2\frac{1+r_c}{1+\mu_m}\dot{x}_1^-\left(\dot{x}_1^- - \dot{x}_2^-\right)\right) \end{aligned} \tag{7-10}$$

碰撞前后初级结构的动能变化 ΔE_{m_2} 为

$$\begin{aligned} \Delta E_{m_2} &= \frac{1}{2}\left(\left(\dot{x}_2^+\right)^2 - \left(\dot{x}_2^-\right)^2\right) \\ &= \frac{1}{2}\left(\left(\frac{\mu_m(1+r_c)}{1+\mu_m}\right)^2 \left(\dot{x}_1^- - \dot{x}_2^-\right)^2 + \frac{\mu_m(1+r_c)}{1+\mu_m}\dot{x}_2^-\left(\dot{x}_1^- - \dot{x}_2^-\right)\right) \end{aligned} \tag{7-11}$$

第 7 章 单侧碰撞非线性能量阱

碰撞前后系统总的动能变化 ΔE_{vi} 为

$$\Delta E_{vi} = \frac{1}{2}\mu_m\left(\left(\dot{x}_1^-\right)^2 - \left(\dot{x}_1^+\right)^2\right) + \frac{1}{2}\left(\left(\dot{x}_2^-\right)^2 - \left(\dot{x}_2^+\right)^2\right)$$

$$= \frac{1}{2}\mu_m\frac{\left(1-r_c^2\right)}{1+\mu_m}\left(\dot{x}_1^- - \dot{x}_2^-\right)^2 \qquad (7\text{-}12)$$

从式（7-12）可以看出，碰撞过程中的能量耗散和单侧碰撞非线性能量阱与初级结构之间的相对速度的平方成正比。若碰撞发生前一时刻的速度满足无能量耗散碰撞模态，由于相对速度为 0，不会因为碰撞而产生能量耗散。也就是说，碰撞并不会改变能量在无能量耗散碰撞模态和能量耗散碰撞模态之间的分布。因此，无能量耗散碰撞模态系数 C_{vi1} 是一个在碰撞前后不发生改变的物理量。只要碰撞前速度分解中包含无能量耗散碰撞模态，属于该分量的能量将留在系统中不能通过碰撞过程耗散。

由于系统的势能不会在碰撞过程中发生变化，所以在评估碰撞过程中耗散的能量时只考虑动能的变化。假设碰撞发生前一时刻，系统的总动能为 E_0：

$$E_0 = \frac{1}{2}\mu_m\left(\dot{x}_1^-\right)^2 + \frac{1}{2}\left(\dot{x}_2^-\right)^2 \qquad (7\text{-}13)$$

下面研究能量在非线性能量阱和初级结构上的分布情况对能量耗散的影响。不失一般性地，假设 $\dot{x}_1^-\dot{x}_2^- < 0$ 且 $\dot{x}_2^- < 0$，则可以得到：

$$\dot{x}_1^- = \frac{\sqrt{2\mu_m E_0 - \mu_m\left(\dot{x}_2^-\right)^2}}{\mu_m} \qquad (7\text{-}14)$$

将式（7-14）代入式（7-12）可得

$$\Delta E_{vi} = \frac{\mu_m\left(1-r_c^2\right)}{2(1+\mu_m)}\left(\frac{\sqrt{2\mu_m E_0 - \mu_m\left(\dot{x}_2^-\right)^2}}{\mu_m} - \dot{x}_2^-\right)^2 \qquad (7\text{-}15)$$

从式（7-15）可知，碰撞引起的能量耗散是 $\dot{x}_2^-$ 的函数，求导可得

$$\frac{\partial \Delta E_{vi}}{\partial \dot{x}_2^-} = -\frac{\left(1-r_c^2\right)}{1+\mu_m}\left(\sqrt{2\mu_m E_0 - \mu_m\left(\dot{x}_2^-\right)^2} + \mu_m\dot{x}_2^-\right)\left(1 + \frac{\dot{x}_2^-}{\sqrt{2\mu_m E_0 - \mu_m\left(\dot{x}_2^-\right)^2}}\right) = 0$$

$$(7\text{-}16)$$

化简整理可得

$$\sqrt{2\mu_m E_0 - \mu_m \left(\dot{x}_2^-\right)^2} - \dot{x}_2^- = 0 \tag{7-17}$$

结合式（7-13）可以得到最优速度组合 $\dot{x}_1^*$ 和 $\dot{x}_2^*$ 为

$$\begin{cases} \dot{x}_1^* = \sqrt{\dfrac{2E_0}{\mu_m(1+\mu_m)}} \\ \dot{x}_2^* = -\mu_m \dot{x}_1^* = -\sqrt{\dfrac{2E_0 \mu_m}{1+\mu_m}} \end{cases} \tag{7-18}$$

为了验证最优速度组合对应 ΔE_{vi} 的最大值还是最小值，对 ΔE_{vi} 以 $\dot{x}_2^-$ 求二阶偏导数可以得到：

$$\frac{\partial^2 \Delta E_{vi}}{\partial \left(\dot{x}_2^-\right)^2} = \frac{\left(1-r_c^2\right)}{1+\mu_m}\left(\frac{\mu_m^2 \left(\dot{x}_2^-\right)^3}{\sqrt[3]{2\mu_m E_0 - \mu_m \left(\dot{x}_2^-\right)^2}} + \frac{3\mu_m \dot{x}_2^-}{\sqrt{2\mu_m E_0 - \mu_m \left(\dot{x}_2^-\right)^2}} - 1 + \mu_m\right) \tag{7-19}$$

通常情况下，恢复系数 $0 < r_c < 1$，将式（7-18）代入式（7-19），可得

$$\left.\frac{\partial^2 \Delta E_{vi}}{\partial \left(\dot{x}_2^-\right)^2}\right|_{\dot{x}_2^- = \dot{x}_2^*} = -\left(1-r_c^2\right)\left(1+\mu_m\right) < 0 \tag{7-20}$$

从式（7-20）可以看出，在满足式（7-18）条件下，式（7-15）取得最大值。同时，也揭示了能量耗散碰撞模态的意义：当速度组合满足能量耗散碰撞模态时，单次碰撞所能导致的能量耗散达到最大。将式（7-18）代入式（7-15）可得单次碰撞下的最大动能量耗散为

$$\max\left(\Delta E_{vi}\right) = \Delta E_{vi}^* = \frac{\mu_m \left(1-r_c^2\right)}{2\left(1+\mu_m\right)}\left(\dot{x}_1^* - \dot{x}_2^*\right)^2 = \left(1-r_c^2\right)E_0 \tag{7-21}$$

也就是说，单次碰撞所耗散的最大能量只与恢复系数和初始系统能量有关，与质量比无关。注意到，恢复系数越大，单次碰撞耗散的动能越大。当恢复系数 $r_c = 1$ 时，单次碰撞就能够实现能量的完全耗散。图 7-2 为恢复系数 $r_c = 0.8$，碰撞前系统内总能量 $E_0 = 1$ 时，碰撞前后系统动能的耗散与质量比 μ_m、初级结构的速度 $\dot{x}_2^-$ 之间的关系。

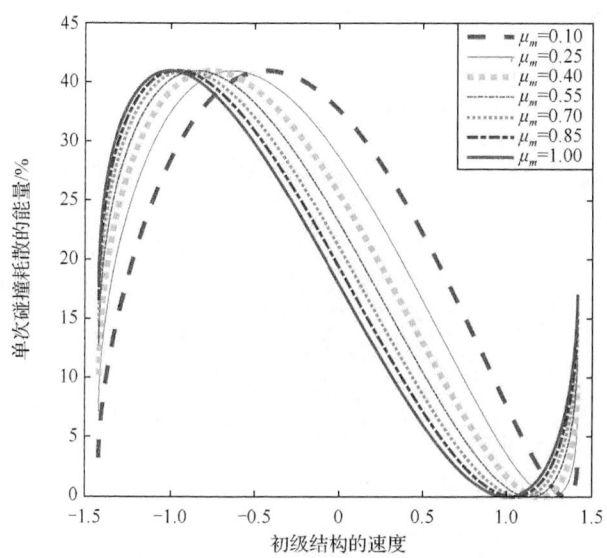

图 7-2　不同质量比下碰撞前后系统动能的耗散

图 7-2 中横坐标为初级结构的速度，其中负数代表初级结构的速度与单侧碰撞非线性能量阱的速度方向相反，正数代表初级结构的速度与单侧碰撞非线性能量阱的速度方向相同。纵坐标表示单次碰撞耗散的能量。可以看出，当碰撞耗散的能量达到最大值时，初级结构的速度与单侧碰撞非线性能量阱的速度方向相反，这与之前的假设一致。此时，速度分布符合能量耗散碰撞模态，碰撞耗散的能量占总能量的百分比只与恢复系数 r_c 有关。当 $r_c = 0.8$ 时，碰撞所耗散的能量占总能量的 36%。当初级结构的速度与单侧碰撞非线性能量阱的速度方向相同时，碰撞耗散的能量占总能量百分比较小。当初级结构与单侧碰撞非线性能量阱的速度相同时，碰撞耗散的能量为 0，对应图 7-2 中最低点。此时，速度满足无能量耗散碰撞模态。

为了揭示碰撞模态和振动模态之间的关系，首先假设阻尼比可以忽略不计，根据振动力学的基本知识可求得该两自由度系统的固有频率 $\omega_{1,2}$：

$$\omega_{1,2}^2 = \frac{1}{2}(\mu_\Omega^2 + \mu_k + 1 \mp \sqrt{(\mu_\Omega^2 + \mu_k + 1)^2 - 4\mu_\Omega^2}) \qquad (7\text{-}22)$$

式中，$\mu_\Omega^2 = \mu_k / \mu_m$。因此，方程的一般解的形式为

$$\begin{bmatrix} x_1 \\ x_2 \end{bmatrix} = \begin{bmatrix} A_1 \cos(\omega_1 t - \varphi_1) + A_2 \cos(\omega_2 t - \varphi_2) \\ B_1 \cos(\omega_1 t - \varphi_1) + B_2 \cos(\omega_2 t - \varphi_2) \end{bmatrix} \tag{7-23}$$

式中，$A_i, B_i, \varphi_i \ (i=1,2)$ 由系统的初始条件确定。对于该两自由度系统，只有 4 个初始条件，而式（7-23）中却有 6 个未知数，定义幅值比为

$$\begin{cases} \mu_1 = \dfrac{B_1}{A_1} = 1 - \dfrac{\omega_1^2}{\mu_\Omega^2} \\ \mu_2 = \dfrac{B_2}{A_2} = 1 - \dfrac{\omega_2^2}{\mu_\Omega^2} \end{cases} \tag{7-24}$$

于是，用振型矩阵表示式（7-23）可得

$$\begin{bmatrix} x_1 \\ x_2 \end{bmatrix} = \begin{bmatrix} 1 & 1 \\ \mu_1 & \mu_2 \end{bmatrix} \begin{bmatrix} A_1 \cos(\omega_1 t - \varphi_1) \\ A_2 \cos(\omega_2 t - \varphi_2) \end{bmatrix} \tag{7-25}$$

考虑一阶模态为初级结构与单侧碰撞非线性能量阱同向运动，若要使一阶振动模态和碰撞模态无能量耗散碰撞模态相同，则有

$$1 = 1 - \frac{\omega_1^2}{\mu_\Omega^2} = 1 - \frac{\mu_\Omega^2 + \mu_k + 1 - \sqrt{(\mu_\Omega^2 + \mu_k + 1)^2 - 4\mu_\Omega^2}}{2\mu_\Omega^2} \tag{7-26}$$

若式（7-26）成立则将导致 $\omega_1^2 / \mu_\Omega^2 = 0$。因此，对于一个带有单侧碰撞非线性能量阱的系统，一阶振动模态和碰撞模态无能量耗散碰撞模态不可能相同。下面考虑二阶振动模态和能量耗散碰撞模态之间的关系，对比系统以二阶振动模态和能量耗散碰撞模态可得

$$-\mu_m = 1 - \frac{\omega_2^2}{\mu_\Omega^2} = 1 - \frac{\mu_\Omega^2 + \mu_k + 1 + \sqrt{(\mu_\Omega^2 + \mu_k + 1)^2 - 4\mu_\Omega^2}}{2\mu_\Omega^2} \tag{7-27}$$

通常希望单侧碰撞非线性能量阱的质量小于初级结构的质量，即 $\mu_m < 1$。而式（7-27）将会导致 $\mu_m = 3$，这并不符合实际应用情形。因此，可以认为，在 $\mu_m < 1$ 范围内，无论如何改变单侧碰撞非线性能量阱的设计参数，碰撞模态与振动模态都不可能相同。这也意味着在非碰撞间隔，振动将会导致能量在碰撞模态上的重新分布，使系统中的能量持续不断地在无能量耗散碰撞模态和能量耗散碰撞模态

之间重新分布；在碰撞发生的瞬间，部分能量在能量耗散碰撞模态中耗散，并且碰撞导致的速度突变也会导致能量在不同振动模态上的重新分布，实现能量从低频振动向高频振动的传递。

7.2.3 单侧碰撞非线性能量阱性能评价指标

带有碰撞非线性能量阱的单自由度系统能量耗散主要通过两个方面实现：碰撞耗散的能量和阻尼耗散的能量。假设线性阻尼模型，系统经过时间 t 之后，阻尼耗散的能量为

$$E_c = \int_0^t \left(c_1 \left(\dot{x}_1(\tau) - \dot{x}_2(\tau) \right)^2 + c_2 \dot{x}_2^2(\tau) \right) \mathrm{d}\tau \qquad (7\text{-}28)$$

虽然使用单侧碰撞非线性能量阱的目的是抑制初级结构的振动，但是评价系统振动衰减却不能只考虑初级结构而忽略单侧碰撞非线性能量阱内存储的能量。其原因在于，单侧碰撞非线性能量阱中存储的能量可以通过初级结构与单侧碰撞非线性能量阱之间的线性或非线性回复力传递回初级结构，因此，考虑整个系统的能量耗散是有意义的。耗散能量和系统中剩余的能量均可作为评价单侧碰撞非线性能量阱性能的准则。这里选择整个系统中剩余的能量（定义为系统中的初始能量减去系统中耗散的能量）来评估非线性能量阱的性能。阻尼的能量耗散由式（7-28）计算，碰撞的能量耗散由式（7-12）给出的单次碰撞所耗散的能量进行计算。然后将系统中剩余的能量除以系统中的初始能量进行无量纲处理。考虑到指数衰减是自然界中普遍存在的能量衰减形式，为了得到更加接近线性化的形式，将得到的结果取对数。因此，定义碰撞振动衰减量为

$$\mathrm{VVR} = \ln\left(1 - \frac{E_c + \sum \Delta E_{vi}}{E_0} \right) \qquad (7\text{-}29)$$

式中，$\sum \Delta E_{vi}$ 表示在一段时间碰撞耗散的总动能。VVR 函数的意义为系统中剩余的能量和系统总能量的比值，对于固定时间，VVR 越小表示系统中剩余的能量越少，即非线性能量阱具有更好的能量耗散性能。

7.3 单侧碰撞非线性能量阱系统动力学响应分析

对于带有调谐质量阻尼器的振动系统，一旦质量、弹簧刚度和阻尼确定，系统的运动方程可通过解析方法求解。但对于带有单侧碰撞非线性能量阱的系统，非线性因素导致线性系统的叠加原理不再适用，获得解的解析表达式是一项艰巨而富有挑战性的工作。因此，本节将采用四阶龙格-库塔法对带有单侧碰撞非线性能量阱的系统进行仿真分析，以验证 7.2.2 节中所描述的理论。假设碰撞过程满足 Hertz 接触模型，碰撞前后的速度可通过式（7-6）求解。

7.3.1 冲击载荷下单侧碰撞非线性能量阱系统的响应分析

首先，通过一个实例说明碰撞和振动之间的耦合关系。系统仿真参数为质量比 $\mu_m = 0.4$，刚度比 $\mu_k = 0.4$，阻尼比 $\eta = 0.001$，单侧碰撞非线性能量阱和初级结构之间阻尼之比 $\mu_c = 10$，碰撞间隙 $b = 0$，恢复系数 $r_c = 0.8$，初始能量 $E_0 = 1$，且假设全部以动能的形式存在，单侧碰撞非线性能量阱和初级结构的初始位移为 0，初始速度 $\dot{x}_1 = \dot{x}_2$。

结合图 7-3（a）、(b) 可以看出，虽然初级结构的位移是连续的，但是初级结构的速度因碰撞突然改变。从图 7-3（c）中可以看出，单侧碰撞非线性能量阱与初级结构之间的相对位移小于 0，这是碰撞间隙设置为 0 的缘故。结合图 7-3（c）、（d）可以发现：当相对位移为 0 时，初级结构和单侧碰撞非线性能量阱速度突然变化，说明此时发生碰撞，同时说明系统的位移和速度并不是一个光滑的过程。另一方面，仿真中的初始条件选取为初级结构和单侧碰撞非线性能量阱具有相同的速度，符合无能量耗散碰撞模态。然而，由于振动模态和碰撞模态的耦合，依然可以在之后的运动中发生强烈的碰撞，证实了 7.2.3 节所阐述的振动过程能够实现能量在不同碰撞模态上重新分布这一现象。从图 7-3 中还可以观察到初级结构速度和位移的快速衰减的过程，这表明单侧碰撞非线性能量阱能够以较高的效率在较短的时间内耗散能量。其原因是，振动可以实现能量从无能量耗散碰撞模态向能量耗散碰撞模态的转移。当单侧碰撞非线性能量阱运动到碰撞表面时，能量耗散碰撞模态中的能量部分通过碰撞耗散。在本节的仿真中将碰撞间隙设置为 0。因此，在系统中的能量完全耗散之前，能量在无能量耗散碰撞模态和能量耗散碰撞模态间的重新分配将不会停止。

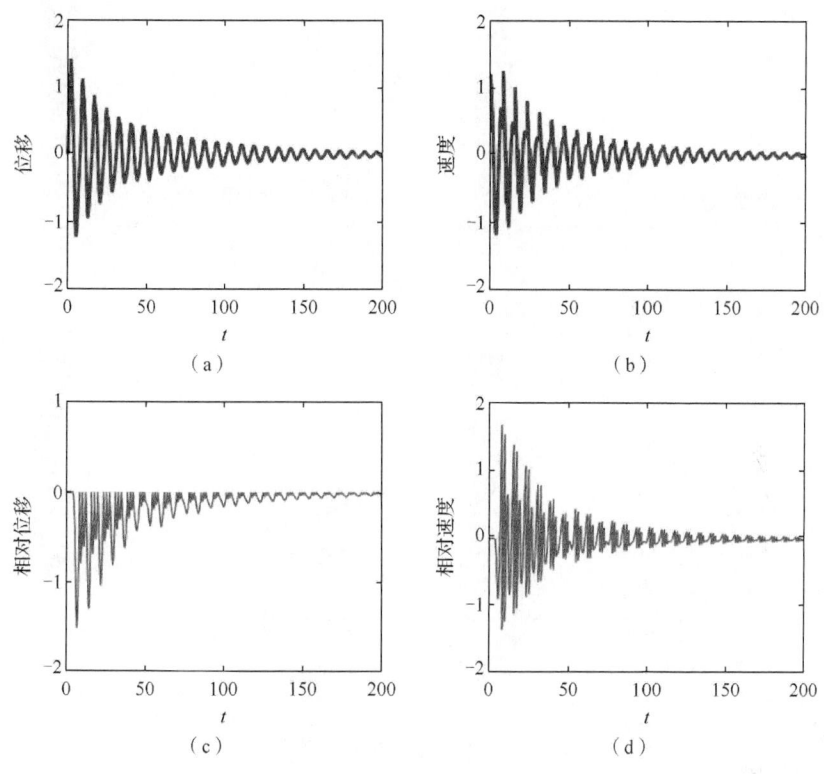

图 7-3　系统的响应

(a) 初级结构的位移响应；(b) 初级结构的速度响应；
(c) 非线性能量阱和初级结构相对位移；(d) 非线性能量阱和初级结构相对速度

由于该非线性系统的频率可能随时间发生变化，有必要采用时频分析方法对响应开展分析。采用第 2 章介绍的小波变换分析方法，对图 7-3 所示的响应进行小波变换得到图 7-4。可以看出，系统的响应因碰撞而具有复杂的频率成分，不仅可以观察到系统的固有频率，还可以观察到更高的频率，说明单侧碰撞非线性能量阱能够实现能量从低频振动向高频振动的转移。这种能量转移通常是有利的：高频振动更容易被阻尼等耗散，且能够在更短的时间内导致更多的碰撞。同时，高频振动的位移幅值也相对较小，有利于保护结构免受破坏。虽然这种现象对降低结构振动响应是有利的，但是这种复杂的动力学行为却给传统的分析手段带来困难。

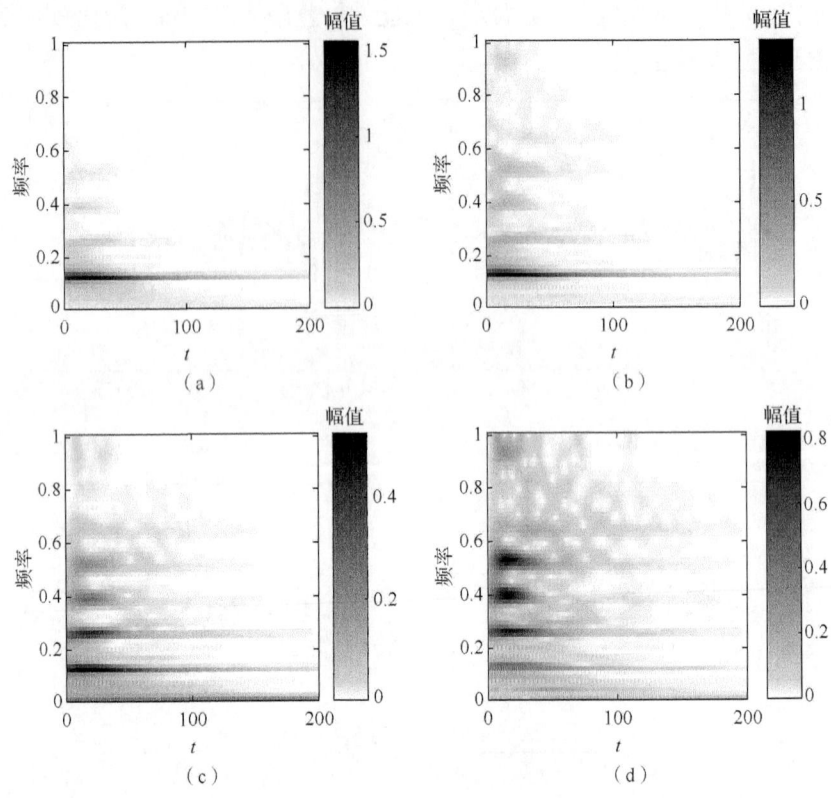

图 7-4 系统响应的小波变换

（a）初级结构的位移响应的小波变换；（b）初级结构的速度响应的小波变换；
（c）非线性能量阱和初级结构相对位移的小波变换；（d）非线性能量阱和初级结构相对速度的小波变换

由以上分析可知，碰撞瞬间不会使无能量耗散碰撞模态中的能量发生变化。因此，无能量耗散碰撞模态中的能量就残留在系统之中。碰撞发生时，无能量耗散碰撞模态和能量耗散碰撞模态之间的能量分布直接决定了单次碰撞的能量耗散的多少。系统运动过程中，随着动能和势能的连续转换，能量从无能量耗散碰撞模态中向能量耗散碰撞模态转移，并在达到碰撞边界的时候，通过碰撞将能量耗散。因此，在总能量一定的条件下，无能量耗散碰撞模态所占的比例就直接决定了碰撞对能量耗散速度。图 7-5（a）为整个运动过程中，无能量耗散碰撞模态系数 C_{vi1} 随时间变化的情况。图 7-5（b）为能量耗散碰撞模态系数 C_{vi2} 随时间变化情况。比较图 7-5（a）、（b）可知，无能量耗散碰撞模态系数 C_{vi1} 是一个光滑的慢变动力学子过程，而能量耗散碰撞模态系数 C_{vi2} 则是一个非光滑的快变动力学子过程，具有很强的非光滑非线性特性。这样，一个带有单侧碰撞非线性能量阱的运动过程就被分解为一个光滑子过程和一个非光滑子过程。对于光滑子过程，可以采用传统的分析手段如傅里叶变换、希尔伯特变换对时域响应信号进行分析。图 7-5（c）为 C_{vi1} 的傅里叶变换，可以看出其为窄带过程。因此，可以使用希尔伯特变换对 C_{vi1} 进行分析。采用希尔伯特变换求无能量耗散碰撞模态系数 C_{vi1} 包络，如图 7-5（d）所示，观察到无能量耗散碰撞模态系数 C_{vi1} 是一个随时间衰减的过程。C_{vi1} 的希尔伯特变换曲线的斜率 K_H 反映 C_{vi1} 的衰减快慢，其数值越小，表示衰减越快。C_{vi1} 的幅值变化直接反映系统内剩余的能量，而系统耗散的能量由碰撞和阻尼引起，因此，斜率 K_H 可以用来描述单侧碰撞非线性能量阱能量耗散速度。

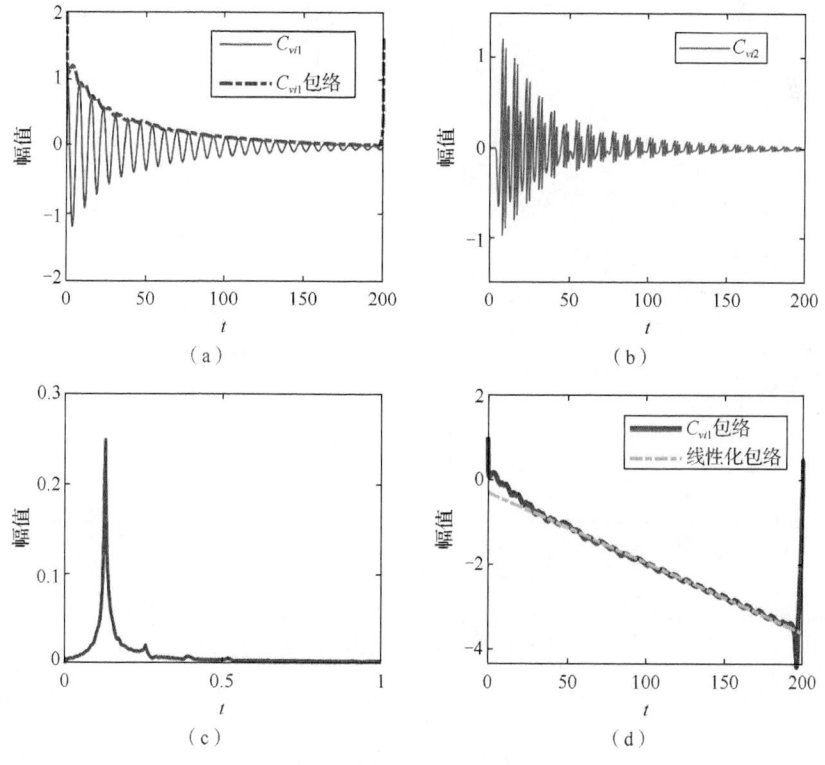

图 7-5　碰撞模态系数

（a）C_{vi1} 随时间的变化；（b）C_{vi2} 随时间的变化；（c）C_{vi1} 的傅里叶变换；（d）C_{vi1} 的希尔伯特变换

图 7-6（a）、（b）分别展示了碰撞过程中初级结构和单侧碰撞非线性能量阱的动能变化，图 7-6（c）反映了碰撞过程中阻尼耗散的能量、碰撞耗散的能量和系

统耗散的能量的关系。可以看出，系统耗散的能量中大部分是碰撞耗散的能量贡献的。可以认为，系统中的机械能主要是通过碰撞耗散的，阻尼对于振动能量的耗散并不起很大作用。图 7-6（d）表示 VVR 曲线随时间变化情况。观察到 VVR 曲线也可以用线性函数近似表示，这说明单侧碰撞非线性能量阱耗散的能量近似地与系统内部剩余的能量成正比。VVR 曲线用线性函数近似表示得到的函数的斜率 K_{VVR} 可以描述能量耗散速度。随着负值的增加，单侧碰撞非线性能量阱可以在较短的时间内耗散更多的振动能量。

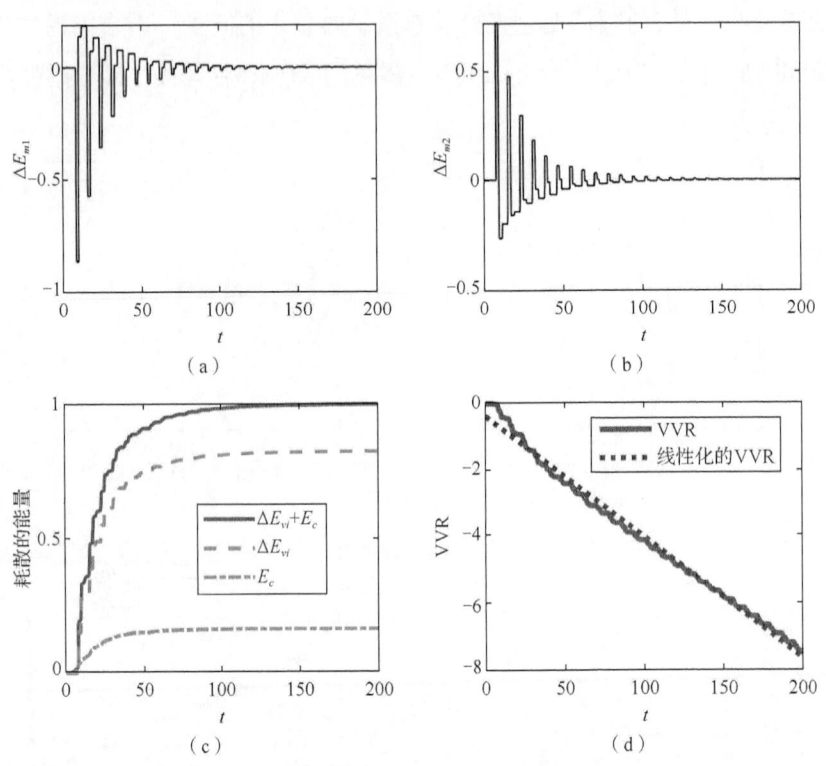

图 7-6 单侧碰撞非线性能量阱能量耗散情况

（a）碰撞引起 m_1 的动能变化；（b）碰撞引起 m_2 的动能变化；（c）能量耗散情况；（d）VVR 曲线随时间变化

图 7-7（a）和（b）分别展示了不同质量比、初始条件下对 K_H 和 K_{VVR} 的影响。注意到，不同于图 7-2 所示的单次碰撞能量耗散与能量在结构中的分布情况的关系，对于碰撞振动系统，能量在结构中的分布情况对能量耗散的影响更为复杂。但是可以看出碰撞振动系统对初始能量分布情况的敏感性：对于同一个系统，初始条件不同会导致不同的能量耗散速度。结合图 7-5（d）和图 7-6（d）发现，无

能量耗散碰撞模态系数的希尔伯特变换可以近似为线性函数，VVR 曲线也可以近似成线性函数，两种方法得到的线性函数斜率 K_H 和 K_{VVR} 都可以描述振动能量衰减的快慢。K_H 和 K_{VVR} 从不同角度描述了能量衰减过程。另外，虽然两种方法得到的斜率在不同初始条件下存在差别，但是整体趋势是相同的，这说明二者存在某种联系。为了验证二者之间的关系，将斜率随能量分布变化的曲线代入相关系数的计算式中：

$$r = \frac{<K_H \cdot K_{VVR}>}{\|K_H\|_2 \cdot \|K_{VVR}\|_2} \tag{7-30}$$

式中，$<\cdot>$ 表示内积运算；$\|\cdot\|_2$ 表示范数运算。

不同质量比下，K_H 和 K_{VVR} 之间的相关系数如图 7-7（c）所示，可以看出，虽然不同质量比下得到的相关系数结果略有差异，但是 K_H 和 K_{VVR} 的相关系数均超过 0.98，说明二者具有很强的线性相关性。

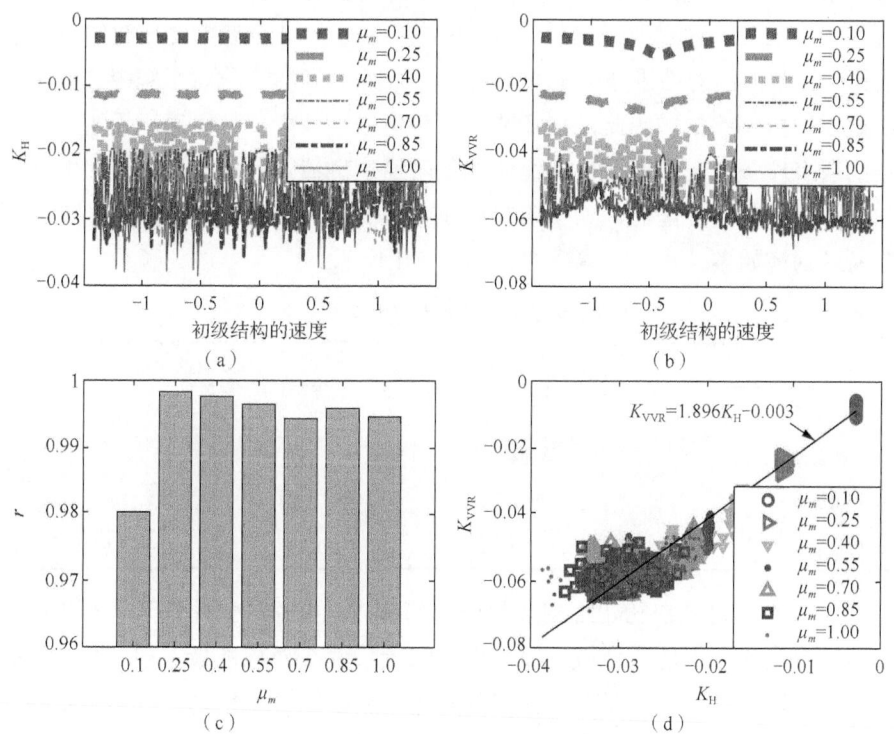

图 7-7　不同质量比下变量之间的关系

（a）K_H 与初始条件的关系；（b）K_{VVR} 与初始条件的关系；（c）相关系数；（d）K_H 与 K_{VVR} 的关系

不同质量比下 K_H 与 K_{VVR} 之间的关系如图 7-7（d）所示。运用最小二乘线性拟合方法，发现 K_{VVR} 大约是 K_H 的 1.9 倍。这是由于 K_H 是从速度衰减角度衡量非线性能量阱对振动的抑制情况，而 K_{VVR} 是从能量衰减角度衡量非线性能量阱对振动的抑制情况。另外，考虑到无能量耗散碰撞模态系数 C_{vi1} 只是近似为一个窄带过程，并不完全符合希尔伯特变换的条件，因此存在拟合误差，故 K_H 和 K_{VVR} 并不刚好是 2 倍关系。由于 VVR 可以描述振动的衰减，二者之间的关系是等价的。

7.3.2 单侧碰撞非线性能量阱参数优化设计

本节主要讨论单侧碰撞非线性能量阱参数对能量耗散的影响。对于一个振动系统，最关键的参数莫过于质量和弹簧刚度。对于带有单侧碰撞非线性能量阱的系统，非线性因素的引入会导致系统运动规律发生改变。在现有数学水平下，很难得到系统运动的解析表达式。当质量和弹簧刚度确定后，采用四阶龙格-库塔法求解系统的响应。通过改变质量比 μ_m 和刚度比 μ_k，分析参数变化对能量耗散性能的影响。从前面的结果分析[参见图 7-6（c）]中可以看出，系统中的能量耗散主要是由碰撞引起的。因此，在本节中，为了便于分析，将阻尼比设置为零，系统中的所有能量都由单侧碰撞非线性能量阱通过碰撞耗散。碰撞过程对能量的耗散与初始条件有关，因此，为了研究系统参数变换对能量耗散的影响，考虑四种比较特殊的初始条件进行仿真研究，如表 7-1 所示。

表 7-1 仿真的初始条件

初始条件	非线性能量阱速度	初级结构速度
初始条件 1	$\sqrt{2E_0/(1+\mu_m)}$	$\sqrt{2E_0/(1+\mu_m)}$
初始条件 2	$\sqrt{2E_0/\mu_m}$	0
初始条件 3	0	$\sqrt{2E_0}$
初始条件 4	$\sqrt{2E_0/(\mu_m+\mu_m^2)}$	$-\sqrt{2E_0\mu_m/(1+\mu_m)}$

初始条件 1 对应在初始时刻初级结构和单侧碰撞非线性能量阱具有相同的速度，也就是说满足无能量耗散碰撞模态；初始条件 2 对应能量都集中在单侧碰撞非线性能量阱之中；初始条件 3 对应能量都集中在初级结构之中；初始条件 4 对应能量满足能量耗散碰撞模态。在整个仿真过程中，除质量比、刚度比、初始条件不同以外，其他系统参数为 $b=0$，$r_c=0.8$，系统的初始能量 $E_0=1$。

选取|VVR|作为评价振动抑制效果的指标。经历一段时间之后，|VVR|数值越

大表示振动能量被耗散得越多,单侧碰撞非线性能量阱抑制响应的能力越强。在表 7-1 所列的不同初始条件下,能量耗散情况随系统质量比、刚度比变化的情况如图 7-8 所示。从图 7-8(a)~(c)中可以看出,质量比较小而刚度比较大不利于单侧碰撞非线性能量阱的能量耗散。这是因为在非线性能量阱与初级结构之间的质量比 μ_m 很小而刚度比 μ_k 很大的情况下,很难使初级结构和非线性能量阱的速度比满足最优速度组合 μ_m 和 -1。这就意味着能量很难在能量耗散碰撞模态上累积,从而导致低效率的能量耗散。因此,设计单侧碰撞非线性能量阱的时候应该避免这样的情况发生。另外,注意到刚度比较小而质量比较大也不利于单侧碰撞非线性能量阱发挥其作用。这是由于很难通过弹簧的回复力使单侧碰撞非线性能量阱积累足够的相对速度,进而不能产生有效的碰撞。同时注意到,在某些特定的刚度比、质量比组合的情况下,单侧碰撞非线性能量阱具有很好的振动能量耗散能力。从图 7-8(d)中可以看出,当初始条件满足能量耗散碰撞模态时,在质量比 μ_m 很小而刚度比 μ_k 很大的情况下,依然具有很高的能量耗散效率。这是因为单侧碰撞非线性能量阱能够在前几个运动周期内就将大部分能量耗散,而当初始时刻速度分布满足能量耗散碰撞模态时,能量就很容易通过碰撞耗散。

注意到,不同的初始条件下,使单侧碰撞非线性能量阱取得良好的能量耗散性能的 $\mu_m - \mu_k$ 组合有所不同。这就要求在单侧碰撞非线性能量阱设计之前知道系统所受外部载荷的先验知识,显然阻碍了单侧碰撞非线性能量阱的实际应用。因此,并不针对某一特定情况进行单侧碰撞非线性能量阱的参数设计,而是力求得到一些共性的特征。比较四种典型初始条件下 $\mu_m - \mu_k$ 组合对单侧碰撞非线性能量阱振动能量耗散性能的影响,发现图中存在一些公共区域对于每个初始条件都能使单侧碰撞非线性能量阱产生较好的能量耗散性能。将 $|\text{VVR}| \geq 0.70 \max(|\text{VVR}|)$ 对应的 $\mu_m - \mu_k$ 组合取出,展示在图 7-9 中。

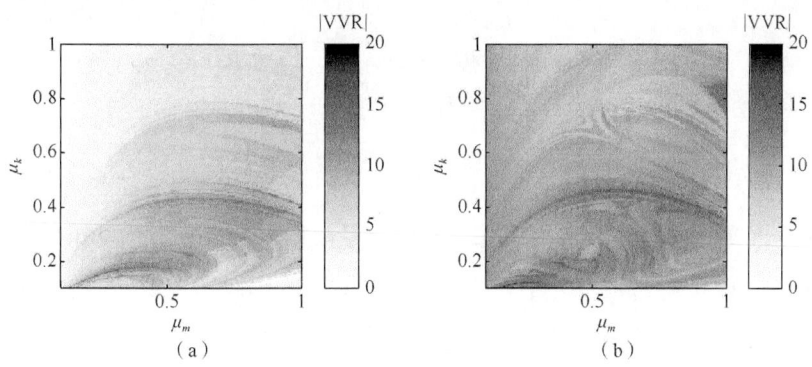

(a)　　　　　　　　　　　　(b)

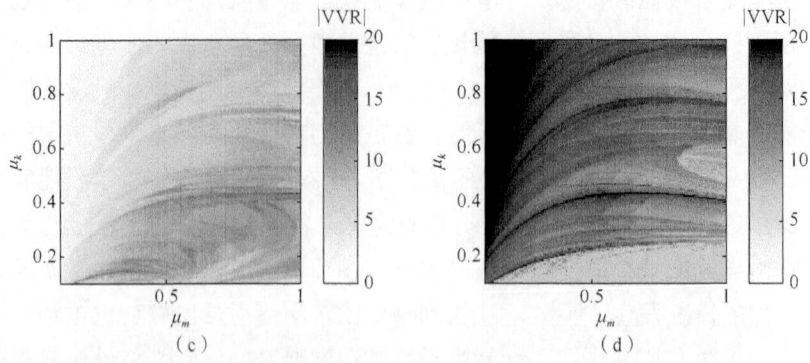

图 7-8 不同初始条件下碰撞振动衰减量随系统参数的变化规律

(a) 初始条件 1;(b) 初始条件 2;(c) 初始条件 3;(d) 初始条件 4

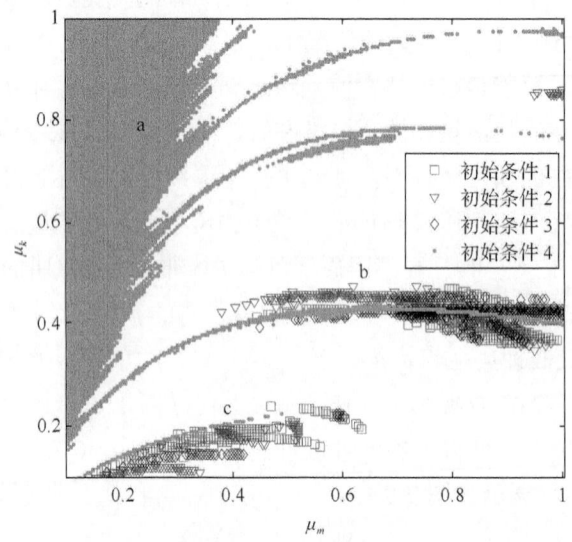

图 7-9 单侧碰撞非线性能量阱参数和不同初始条件下的系统振动控制性能良好的区域 $[|\text{VVR}| \geqslant 0.70 \max(|\text{VVR}|)]$

图 7-9 大致可划分为三个区域:区域 a、区域 b 和区域 c。在初始条件 4 下,区域 a 中的参数组合使得单侧碰撞非线性能量阱取得令人满意的能量耗散性能。区域 b 包含的 $\mu_m - \mu_k$ 参数组合满足所有初始条件。并且,在四个初始条件下,$\mu_m - \mu_k$ 参数组合的点非常接近,有重叠的公共区域。考虑到该重叠公共区域在

不同初始条件下均具有良好的能量耗散性能,在该区域的 $\mu_m - \mu_k$ 与初始条件无关,具有很强的应用价值。因此,区域 b 可作为单侧碰撞非线性能量阱设计的参考。与区域 b 相比,区域 c 中的重叠面积较小,但值得注意的是,区域 c 中的质量比和刚度比相对较小。对于一些质量受限的情况,区域 c 也可作为设计参考。

7.4 本 章 小 结

本章对单侧碰撞非线性能量阱的振动能量耗散性能及系统内部的能量耗散机制进行了深入的研究,主要从以下几个方面开展工作。

(1)通过对碰撞前后速度变换矩阵的特征值分解,提出了碰撞模态这一概念,并通过对两种碰撞模态的分析,发现在系统能量一定的条件下,单次碰撞所能耗散的最大能量与恢复系数及系统总能量之间的关系。

(2)通过时域方法和小波变换方法,揭示了单侧碰撞非线性能量阱能够实现低频振动向高频振动转移这一现象。相同能量下,高频振动的位移幅值更小,能量更容易通过阻尼等耗散,从而有利于更快的能量耗散。

(3)将碰撞模态应用到单侧碰撞非线性能量阱能量耗散机理研究之中。通过对速度的分解发现,无能量耗散碰撞模态对应一个慢变过程,而能量耗散碰撞模态对应一个快变过程。振动过程能够实现能量在各个碰撞模态上的重新分布,实现能量从无能量耗散碰撞模态向能量耗散碰撞模态的转移。另外,碰撞过程也会导致能量在不同振动模态上的重新分布。碰撞模态和振动模态的这种耦合是实现能量从初级结构向单侧碰撞非线性能量阱能量传递并耗散的主要原因。

(4)碰撞振动系统的动力学过程分析十分困难,这主要是由系统的不连续非线性造成的。通过引入碰撞模态,将系统分解为一个非光滑动力学子过程和一个光滑动力学子过程。光滑动力学子过程运动的衰减主要是由能量耗散碰撞模态在质量达到碰撞边界时产生的能量耗散导致的。利用希尔伯特变换分析了无能量耗散碰撞模态构成的光滑子系统的振动衰减特性，为单侧碰撞非线性能量阱的分析提供了一种有效方法。

（5）引入系统能量耗散的评价指标 VVR，并利用无能量耗散碰撞模态解释 VVR 可以近似线性化的原因。通过数值仿真的方式讨论了初始条件、质量比、刚度比对 VVR 的影响。比较不同初始条件下质量比、刚度比对 VVR 的影响，得到单侧碰撞非线性能量阱参数设计区域。

第 8 章 对称单侧碰撞非线性能量阱

8.1 概 述

设计新型非线性能量阱以实现更高的能量耗散效率是非线性能量阱的研究重点。Nucera 等[53]和 Al-Shudeifat 等[58]研究表明，双侧碰撞非线性能量阱可以实现双侧碰撞，但能量耗散性能对碰撞间隙很敏感，单侧碰撞非线性能量阱通过单侧碰撞设计解决了该问题，但失去了双侧碰撞非线性能量阱能量耗散性能与外部载荷方向无关的优势。受此启发，本章提出一种对称单侧碰撞非线性能量阱（symmetric single-sided vibro-impact nonlinear energy sink, SSSVI NES）。选取悬臂梁作为初级结构，用以检验对称单侧碰撞非线性能量阱对其振动响应的抑制。为了解决带有碰撞非线性能量阱的梁结构建模问题，引入一个中间质量弹簧系统，将碰撞非线性能量阱与梁之间的碰撞转化成非线性能量阱与中间质量弹簧系统的碰撞，从而将碰撞时产生的非线性回复力转化成线性回复力与梁的各阶模态耦合。为了简化计算和分析，仅考虑梁的前两阶模态对系统的影响，采用假设模态法对系统进行建模。为了实现最优的能量耗散性能，对提出的对称单侧碰撞非线性能量阱进行参数优化设计。并将经过优化的对称单侧碰撞非线性能量阱与单侧碰撞非线性能量阱和非线性能量阱锁住进行对比，以检验对称单侧碰撞非线性能量阱的有效性。同时，分析了非线性能量阱在梁上的布置位置、碰撞间隙及阻尼对非线性能量阱的振动能量耗散性能的影响。最后，在地震载荷作用下，对提出的对称单侧碰撞非线性能量阱抑制结构振动响应效果进行检验。

8.2 对称单侧碰撞非线性能量阱系统建模

本章将对称单侧碰撞非线性能量阱应用于梁受到冲击载荷的振动响应抑制之中。由于对称单侧碰撞非线性能量阱具有不连续非线性回复力，对于带有对称单侧碰撞非线性能量阱的梁系统的建模主要有两个难点：第一是考虑离散系统和连续系统的耦合；第二是考虑光滑振动系统和非光滑振动系统的耦合。通过在梁和对称单侧碰撞非线性能量阱之间引入一个中间质量弹簧系统，将碰撞这种非连续的非线性回复力转化成中间弹簧的连续的线性回复力，从而与梁进行动力学耦合。为了使中间质量对系统动力学响应的影响尽可能小，假设中间质量很小，中间弹簧刚度很大。

8.2.1　对称单侧碰撞非线性能量阱系统运动方程

图 8-1 为带有对称单侧碰撞非线性能量阱的悬臂梁系统模型。对称单侧碰撞非线性能量阱的质量为 m_1 和 m_2，弹簧刚度为 k_1 和 k_2，阻尼为 c_1 和 c_2。对称单侧碰撞非线性能量阱通过中间质量 m_3 和刚度为 k_3 的弹簧与悬臂梁连接，连接位置与固定端的距离为 a。考虑将一个欧拉-伯努利梁作为初级结构，其弹性模量为 E，长度为 L，横截面积为 A，密度为 ρ，惯性矩为 I。

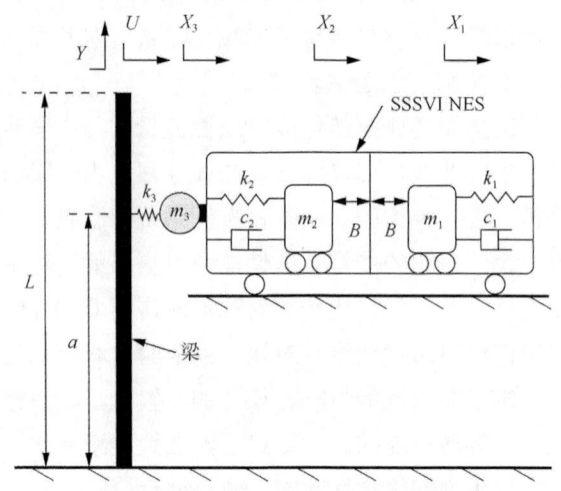

图 8-1　带有对称单侧碰撞非线性能量阱的悬臂梁系统模型

当对称单侧碰撞非线性能量阱的质量 m_1 和中间质量 m_3 之间的相对位移大于 $-B$ 且对称单侧碰撞非线性能量阱的质量 m_2 和中间质量 m_3 之间的相对位移小于 B 时，中间质量与对称单侧碰撞非线性能量阱不发生碰撞。此时，整个系统的运动方程可以表示为

$$\begin{cases} m_1\ddot{X}_1 + c_1(\dot{X}_1 - \dot{X}_3) + k_1(X_1 - X_3) = 0 \\ m_2\ddot{X}_2 + c_2(\dot{X}_2 - \dot{X}_3) + k_2(X_2 - X_3) = 0 \\ m_3\ddot{X}_3 - c_1(\dot{X}_1 - \dot{X}_3) - c_2(\dot{X}_2 - \dot{X}_3) - k_1(X_1 - X_3) \\ \quad - k_2(X_2 - X_3) - k_3(U(a,T) - X_3(T)) = 0 \\ \rho A \dfrac{\partial^2 U(Y,T)}{\partial T^2} + EI \dfrac{\partial^4 U(Y,T)}{\partial Y^4} + k_3(U(a,T) - X_3(T))\delta_f(Y-a) = 0 \end{cases} \quad (8\text{-}1)$$

式中，X_1 和 X_2 分别为对称单侧碰撞非线性能量阱中质量 m_1 和 m_2 的位移；X_3 为中间质量的位移；$U(Y,T)$ 为梁在水平方向的位移；Y 为垂直方向位移，T 为时间，$\delta_f(\cdot)$ 为狄拉克函数。

忽略高阶截断误差对梁振动响应的影响，采用伽辽金法，用 N 个模态函数来逼近带有对称单侧碰撞非线性能量阱的梁的真实运动，对带有对称单侧碰撞非线性能量阱的悬臂梁系统进行简化[156]：

$$U(Y,T) = \sum_{i=1}^{N} \Phi_i(Y) X_{i+3}(T) \quad (8\text{-}2)$$

式中，$\Phi_i(Y)$ 表示第 i 阶模态函数，且 $\Phi_i(Y)$ 满足方程

$$\Phi_i(Y) = \left(\cosh(\beta_i Y) - \cos(\beta_i Y) - \dfrac{\cosh(\beta_i L) + \cos(\beta_i L)}{\sinh(\beta_i L) + \sin(\beta_i L)} (\sinh(\beta_i Y) - \sin(\beta_i Y)) \right),$$
$$i = 1, 2, \cdots, N \quad (8\text{-}3)$$

其中，β_i 为梁的第 i 阶特征方程的非平凡解：

$$\cosh(\beta_i L)\cos(\beta_i L) = -1, \quad i = 1, 2, \cdots, N \quad (8\text{-}4)$$

值得注意的是，这些模态函数 $\Phi_i(Y)$ 并不是梁与对称单侧碰撞非线性能量阱构成的系统的实际模态函数。在实际中，梁受到冲击载荷作用后，振动能量主要集中在梁的前两阶模态中。因此，仅考虑梁的前两阶弯曲模态对系统建模，即 $N=2$。关于系统响应随 N 增加而收敛的分析见 8.3.1 节。首先计算整个系统的动能 T_s 为

$$\begin{aligned} T_s &= \dfrac{1}{2} m_1 \dot{X}_1^2 + \dfrac{1}{2} m_2 \dot{X}_2^2 + \dfrac{1}{2} m_3 \dot{X}_3^2 + \dfrac{1}{2} \int_0^L \left(\dfrac{\partial u(Y,T)}{\partial T} \right)^2 dY \\ &= \dfrac{1}{2} m_1 \dot{X}_1^2 + \dfrac{1}{2} m_2 \dot{X}_2^2 + \dfrac{1}{2} m_3 \dot{X}_3^2 + \dfrac{1}{2} \dot{X}_4^2 \int_0^L (\Phi_1(Y))^2 dY + \dfrac{1}{2} \dot{X}_5^2 \int_0^L (\Phi_2(Y))^2 dY \end{aligned} \quad (8\text{-}5)$$

整个系统中的势能 V_s 为

$$\begin{aligned} V_s &= \frac{1}{2}k_1\left(X_3(T)-X_1(T)\right)^2 + \frac{1}{2}k_2\left(X_3(T)-X_2(T)\right)^2 \\ &\quad + \frac{1}{2}k_3\left(u(a,T)-X_3(T)\right)^2 + \frac{1}{2}EI\int_0^L\left(\frac{\partial^2 u(Y,T)}{\partial Y^2}\right)^2 dY \\ &= \frac{1}{2}k_1\left(X_3(T)-X_1(T)\right)^2 + \frac{1}{2}k_2\left(X_3(T)-X_2(T)\right)^2 \\ &\quad + \frac{1}{2}k_3\left(\Phi_1(a)X_4(T)+\Phi_2(a)X_5(T)-X_3(T)\right)^2 \\ &\quad + \frac{1}{2}X_4^2\int_0^L EI\left(\frac{d^2\Phi_1(Y)}{dY^2}\right)^2 dY + \frac{1}{2}X_5^2\int_0^L EI\left(\frac{d^2\Phi_2(Y)}{dY^2}\right)^2 dY \end{aligned} \qquad (8\text{-}6)$$

耗散函数为

$$D_s = \frac{c_1}{2}\left(\dot{X}_3(T)-\dot{X}_1(T)\right)^2 + \frac{c_2}{2}\left(\dot{X}_3(T)-\dot{X}_2(T)\right)^2 \qquad (8\text{-}7)$$

将式（8-5）~式（8-7）代入拉格朗日方程：

$$\frac{d}{dT}\frac{\partial T_s}{\partial \dot{X}_s} - \frac{\partial T_s}{\partial X_s} + \frac{\partial V_s}{\partial X_s} + \frac{\partial D_s}{\partial \dot{X}_s} = 0 \qquad (8\text{-}8)$$

式中，$X_s = \begin{bmatrix} X_1 & X_2 & X_3 & X_4 & X_5 \end{bmatrix}^T$ 为广义坐标向量。

考虑对称单侧碰撞非线性能量阱应用到实际结构振动控制的情景，对上述振动系统以初级结构的参数进行无量纲处理[157]，引入无量纲时间：

$$t = \frac{1}{L^2}\sqrt{\frac{EI}{\rho A}}T \qquad (8\text{-}9)$$

梁在 i 阶模态下的无量纲质量 $m_{\phi i}$ 为

$$m_{\phi i} = \frac{\int_0^L \rho A(\Phi_i(Y))^2 dY}{\rho AL} = \int_0^1 \phi_i^2(y)dy \qquad (8\text{-}10)$$

式中，$y_i = \dfrac{Y_i}{L}$。

梁在 i 阶模态下的无量纲刚度 $k_{\phi i}$ 为

$$k_{\phi i} = \frac{L^3}{EI}\int_0^L EI\left(\frac{d^2\Phi_i(Y)}{dY^2}\right)^2 dY = \int_0^1\left(\frac{d^2\phi_i(y)}{dy^2}\right)^2 dy \qquad (8\text{-}11)$$

无量纲速度为

$$\dot{x}_i(t) = \frac{\mathrm{d}x_i(t)}{\mathrm{d}t} = \frac{\mathrm{d}\left(\frac{1}{L}X_i(T)\right)}{\mathrm{d}\left(\frac{1}{L^2}\sqrt{\frac{EI}{\rho A}}T\right)} = L\sqrt{\frac{\rho A}{EI}}\frac{\mathrm{d}X_i(T)}{\mathrm{d}T} = L\sqrt{\frac{\rho A}{EI}}\dot{X}_i(T) \quad (8\text{-}12)$$

式中，$x_i(t) = \dfrac{X_i(T)}{L}$。

无量纲加速度为

$$\ddot{x}_i(t) = \frac{\mathrm{d}\dot{x}_i(t)}{\mathrm{d}t} = \frac{\mathrm{d}\left(L\sqrt{\frac{\rho A}{EI}}\frac{\mathrm{d}X_i(T)}{\mathrm{d}T}\right)}{\mathrm{d}\left(\frac{1}{L^2}\sqrt{\frac{EI}{\rho A}}T\right)} = L^3\frac{\rho A}{EI}\frac{\mathrm{d}^2 X_i(T)}{\mathrm{d}T^2} = L^3\frac{\rho A}{EI}\ddot{X}_i(T) \quad (8\text{-}13)$$

假设对称单侧碰撞非线性能量阱的两个质量 $m_1 = m_2$ 和弹簧刚度 $k_1 = k_2$，将式（8-9）～式（8-12）代入式（8-8），整理可得无量纲的系统运动微分方程为

$$M_n\ddot{X} + C_n\dot{X} + K_n X = 0 \quad (8\text{-}14)$$

$$X = \begin{bmatrix} x_1 & x_2 & x_3 & x_4 & x_5 \end{bmatrix}^\mathrm{T}$$

$$M_n = \begin{bmatrix} \mu_m/2 & 0 & 0 & 0 & 0 \\ 0 & \mu_m/2 & 0 & 0 & 0 \\ 0 & 0 & \varepsilon & 0 & 0 \\ 0 & 0 & 0 & m_{\phi 1} & 0 \\ 0 & 0 & 0 & 0 & m_{\phi 2} \end{bmatrix}$$

$$C_n = \begin{bmatrix} \eta & 0 & -\eta & 0 & 0 \\ 0 & \eta & -\eta & 0 & 0 \\ -\eta & -\eta & 2\eta & 0 & 0 \\ 0 & 0 & 0 & 0 & 0 \\ 0 & 0 & 0 & 0 & 0 \end{bmatrix}$$

$$K_n = \begin{bmatrix} \mu_k & 0 & -\mu_k & 0 & 0 \\ 0 & \mu_k & -\mu_k & 0 & 0 \\ -\mu_k & -\mu_k & 2\mu_k + k_\varepsilon & -k_\varepsilon\phi_1(\lambda) & -k_\varepsilon\phi_2(\lambda) \\ 0 & 0 & -k_\varepsilon\phi_1(\lambda) & k_{\phi 1} + k_\varepsilon\phi_1^2(\lambda) & k_\varepsilon\phi_1(\lambda)\phi_2(\lambda) \\ 0 & 0 & -k_\varepsilon\phi_2(\lambda) & k_\varepsilon\phi_1(\lambda)\phi_2(\lambda) & k_{\phi 2} + k_\varepsilon\phi_2^2(\lambda) \end{bmatrix}$$

式中，$\mu_m = \dfrac{2m_1}{\rho AL} = \dfrac{2m_2}{\rho AL}$；$\varepsilon = \dfrac{m_3}{\rho AL}$；$\mu_k = \dfrac{k_1 L^3}{EI} = \dfrac{k_2 L^3}{EI}$；$k_\varepsilon = \dfrac{k_3 L^3}{EI}$；$\eta = \dfrac{c_1 L}{\sqrt{EI\rho A}} = \dfrac{c_2 L}{\sqrt{EI\rho A}}$；$\lambda = \dfrac{a}{L}$。

8.2.2 对称单侧碰撞非线性能量阱系统碰撞动力学分析

本章提出的对称单侧碰撞非线性能量阱由两个单侧碰撞非线性能量阱对称布置所构成。当中间质量的位移与对称单侧碰撞非线性能量阱质量的相对位移等于碰撞间隙时，中间质量与对称单侧碰撞非线性能量阱发生碰撞。碰撞时，中间质量和对称单侧碰撞非线性能量阱的速度迅速改变，对称单侧碰撞非线性能量阱与中间质量之间发生动量的交换，同时伴有能量耗散。假设相邻两次碰撞满足 Hertz 接触模型，定义恢复系数：

$$r_c = -\dfrac{\dot{x}_1^+ - \dot{x}_3^+}{\dot{x}_1^- - \dot{x}_3^-} = -\dfrac{\dot{x}_2^+ - \dot{x}_3^+}{\dot{x}_2^- - \dot{x}_3^-} \tag{8-15}$$

式中，上标"+"和"-"分别表示碰撞后状态和碰撞前状态。

当对称单侧碰撞非线性能量阱仅有一个质量与中间质量碰撞时，通过动量守恒定律，可得碰撞前后对称单侧碰撞非线性能量阱和中间质量的速度变化表达式为

$$\begin{bmatrix} \dot{x}_j^+ \\ \dot{x}_3^+ \end{bmatrix} = \dfrac{1}{1+\mu_{m\varepsilon}} \begin{bmatrix} \mu_{m\varepsilon} - r_c & 1+r_c \\ \mu_{m\varepsilon}(1+r_c) & 1-\mu_{m\varepsilon} r_c \end{bmatrix} \begin{bmatrix} \dot{x}_j^- \\ \dot{x}_3^- \end{bmatrix},$$

当 $x_1 - x_3 = -b, x_2 - x_3 > b$ 时，$j = 1$；

当 $x_2 - x_3 = b, x_1 - x_3 < -b$ 时，$j = 2$ \tag{8-16}

式中，$b = B/L$；$\mu_{m\varepsilon} = \mu_m / 2\mu_\varepsilon$。

两个质量发生碰撞前后耗散的能量为

$$\Delta E_{vij} = \dfrac{1}{E_0} \left(\dfrac{\varepsilon \mu_{m\varepsilon}}{2} \left((\dot{x}_j^-)^2 - (x_j^+)^2 \right) + \dfrac{\varepsilon}{2} \left((\dot{x}_3^-)^2 - (x_3^+)^2 \right) \right)$$

$$= \dfrac{\varepsilon \mu_{m\varepsilon}}{2 E_0} \dfrac{1-r_c^2}{1+\mu_{m\varepsilon}} (\dot{x}_j^- - \dot{x}_3^-)^2, \quad j = 1, 2 \tag{8-17}$$

然而，对称单侧碰撞非线性能量阱还存在三个质量的碰撞，即对称单侧碰撞非线性能量阱的两个质量与中间质量同时到达碰撞边界，对称单侧碰撞非线性能量阱的质量和中间质量的速度迅速发生改变。结合恢复系数定义及动量守恒方程

可以得到：

$$\begin{bmatrix} \dot{x}_1^+ \\ \dot{x}_2^+ \\ \dot{x}_3^+ \end{bmatrix} = \frac{1}{2\mu_{m\varepsilon}+1} \begin{bmatrix} (1-r_c)\mu_{m\varepsilon}-r_c & (1+r_c)\mu_{m\varepsilon} & 1+r_c \\ (1+r_c)\mu_{m\varepsilon} & (1+r_c)\mu_{m\varepsilon}+r_c & 1+r_c \\ (1+r_c)\mu_{m\varepsilon} & (1+r_c)\mu_{m\varepsilon} & 1-2r_c\mu_{m\varepsilon} \end{bmatrix} \begin{bmatrix} \dot{x}_1^- \\ \dot{x}_2^- \\ \dot{x}_3^- \end{bmatrix}, \quad (8\text{-}18)$$

$$x_2 - x_3 = b;\ x_1 - x_3 = b$$

此时，三个质量发生碰撞前后耗散的能量为

$$\Delta E_{vi3} = \frac{1}{E_0}\left(\frac{\varepsilon\mu_{m\varepsilon}}{2}\left((\dot{x}_1^-)^2 - (\dot{x}_1^+)^2\right) + \frac{\varepsilon\mu_{m\varepsilon}}{2}\left((\dot{x}_2^-)^2 - (\dot{x}_2^+)^2\right) + \frac{\varepsilon}{2}\left((\dot{x}_3^-)^2 - (\dot{x}_3^+)^2\right) \right)$$

$$= \frac{\varepsilon\mu_{m\varepsilon}}{2E_0} \frac{1-r_c^2}{1+2\mu_{m\varepsilon}} \left((\dot{x}_1^- - \dot{x}_3^-)^2 + (\dot{x}_2^- - \dot{x}_3^-)^2 + \mu_{m\varepsilon}(\dot{x}_1^- - \dot{x}_2^-)^2 \right) \quad (8\text{-}19)$$

下面通过一个简单的算例说明梁和对称单侧碰撞非线性能量阱组成系统中的三个质量的碰撞。系统的初始位移均为0，初始速度向量为$[4\ -15\ 0\ 1\ 0]^T$，系统仿真参数为$r_c=0.8$，$b=0$，$\lambda=1$，$\varepsilon=0.01$，$k_\varepsilon=100000$，$\mu_m=0.04$，$\mu_k=0.08$，$\eta=0.01$。

从图8-2（a）中可以看出，$t=1.6$时发生了m_1、m_2和m_3之间的三个质量的碰撞。在整个运动过程中，相比于三个质量的碰撞，m_1和m_3或者m_2和m_3的两个质量的碰撞更容易发生。但是从图8-2（b）中可以看到，三个质量碰撞耗散了系统中总能量的15.4%，具有很高的能量耗散效率。然而，对这种三个质量碰撞的能量耗散机理还缺乏深刻认识。

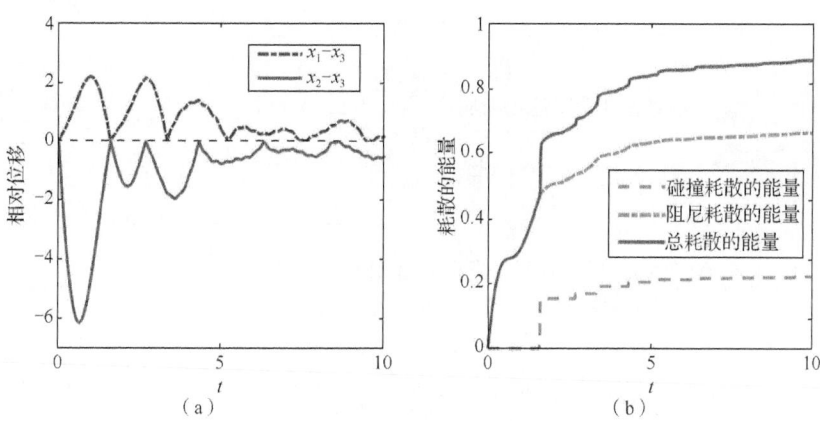

图8-2 系统中发生三个质量碰撞的时域响应

（a）对称单侧碰撞非线性能量阱和中间质量m_3之间的相对位移；（b）耗散的能量

在第 7 章中,对两个质量碰撞前后耗散的能量与碰撞前系统的速度分布进行了研究,并通过引入无能量耗散碰撞模态和能量耗散碰撞模态的概念,揭示了碰撞过程中能量耗散的机理。同时指出,两个质量碰撞所能耗散的最大能量与恢复系数之间的关系。同样地,对三个质量碰撞前后的速度变化矩阵进行特征分解可以得到:

$$\frac{1}{2\mu_{m\varepsilon}+1}\begin{bmatrix}(1-r_c)\mu_{m\varepsilon}-r_c & (1+r_c)\mu_{m\varepsilon} & 1+r_c \\ (1+r_c)\mu_{m\varepsilon} & (1+r_c)\mu_{m\varepsilon}+r_c & 1+r_c \\ (1+r_c)\mu_{m\varepsilon} & (1+r_c)\mu_{m\varepsilon} & 1-2r_c\mu_{m\varepsilon}\end{bmatrix}=P\varLambda P^{-1} \quad (8\text{-}20)$$

式中,$P=\begin{bmatrix}1 & 1 & 1 \\ 1 & -1 & 0 \\ 1 & 0 & -\mu_{m\varepsilon}\end{bmatrix}$;$\varLambda=\begin{bmatrix}1 & 0 & 0 \\ 0 & -r_c & 0 \\ 0 & 0 & -r_c\end{bmatrix}$。

特征值 1 所对应的特征向量 $\begin{bmatrix}1 & 1 & 1\end{bmatrix}^T$ 被称为无能量耗散碰撞模态($\text{EFIM}_{3,1}$),特征值 $-r_c$ 对应的特征向量 $\begin{bmatrix}1 & -1 & 0\end{bmatrix}^T$ 和 $\begin{bmatrix}1 & 0 & -\mu_{m\varepsilon}\end{bmatrix}^T$ 被称为能量耗散碰撞模态($\text{EDIM}_{3,1}$ 和 $\text{EDIM}_{3,2}$)。碰撞模态描述的是碰撞前后各质量之间的速度分布情况。为了揭示碰撞模态的物理意义,假设碰撞前中间质量和对称单侧碰撞非线性能量阱所具有的动能为

$$\frac{\varepsilon\mu_{m\varepsilon}}{2}\left(\dot{x}_1^-\right)^2+\frac{\varepsilon\mu_{m\varepsilon}}{2}\left(\dot{x}_2^-\right)^2+\frac{\varepsilon}{2}\left(\dot{x}_3^-\right)^2=E_0 \quad (8\text{-}21)$$

不失一般性地,令 $\dot{x}_1^->0$,可以得到:

$$\dot{x}_1^-=\sqrt{\frac{2E_0-\varepsilon\mu_{m\varepsilon}\left(\dot{x}_2^-\right)^2-\varepsilon\left(\dot{x}_3^-\right)^2}{\varepsilon\mu_{m\varepsilon}}} \quad (8\text{-}22)$$

将式(8-22)代入式(8-19)得

$$\Delta E_{vi3}=\frac{\varepsilon\mu_{m\varepsilon}}{2E_0}\frac{1-r_c^2}{1+2\mu_{m\varepsilon}}\left(\left(\sqrt{\frac{2E_0-\varepsilon\mu_{m\varepsilon}\left(\dot{x}_2^-\right)^2-\varepsilon\left(\dot{x}_3^-\right)^2}{\varepsilon\mu_{m\varepsilon}}}-\dot{x}_3^-\right)^2\right.$$

$$\left.+\left(\dot{x}_2^--\dot{x}_3^-\right)^2+\mu_{m\varepsilon}\left(\sqrt{\frac{2E_0-\varepsilon\mu_{m\varepsilon}\left(\dot{x}_2^-\right)^2-\varepsilon\left(\dot{x}_3^-\right)^2}{\varepsilon\mu_{m\varepsilon}}}-\dot{x}_2^-\right)^2\right) \quad (8\text{-}23)$$

于是，将 ΔE_{vi3} 对 $\dot{x}_2^-$ 求偏导数可得

$$\frac{\partial \Delta E_{vi3}}{\partial \dot{x}_2^-} = -\frac{\varepsilon \mu_{m\varepsilon}}{E_0} \frac{1-r_c^2}{1+2\mu_{m\varepsilon}} \left(1 - \frac{\dot{x}_2^-}{\sqrt{\dfrac{2E_0 - \varepsilon \mu_{m\varepsilon} \left(\dot{x}_2^-\right)^2 - \varepsilon \left(\dot{x}_3^-\right)^2}{\varepsilon \mu_{m\varepsilon}}}} \right)$$

$$\cdot \left(\mu_{m\varepsilon} \dot{x}_2^- + \dot{x}_3^- + \mu_{m\varepsilon} \sqrt{\frac{2E_0 - \varepsilon \mu_{m\varepsilon} \left(\dot{x}_2^-\right)^2 - \varepsilon \left(\dot{x}_3^-\right)^2}{\varepsilon \mu_{m\varepsilon}}} \right) \quad (8\text{-}24)$$

将 ΔE_{vi3} 对 $\dot{x}_3^-$ 求偏导数可得

$$\frac{\partial \Delta E_{vi3}}{\partial \dot{x}_3^-} = -\frac{\varepsilon \mu_{m\varepsilon}}{E_0} \frac{1-r_c^2}{1+2\mu_{m\varepsilon}} \left(1 - \frac{\dot{x}_3^-}{\sqrt{\dfrac{2E_0 - \varepsilon \mu_{m\varepsilon} \left(\dot{x}_2^-\right)^2 - \varepsilon \left(\dot{x}_3^-\right)^2}{\varepsilon \mu_{m\varepsilon}}}} \right)$$

$$\cdot \left(\mu_{m\varepsilon} \dot{x}_2^- + \dot{x}_3^- + \mu_{m\varepsilon} \sqrt{\frac{2E_0 - \varepsilon \mu_{m\varepsilon} \left(\dot{x}_2^-\right)^2 - \varepsilon \left(\dot{x}_3^-\right)^2}{\varepsilon \mu_{m\varepsilon}}} \right) \quad (8\text{-}25)$$

为了寻找 ΔE_{vi3} 取得极值的条件，令 $\dfrac{\partial \Delta E_{vi3}}{\partial \dot{x}_2^-}=0, \dfrac{\partial \Delta E_{vi3}}{\partial \dot{x}_3^-}=0$，首先考察：

$$\begin{cases} \sqrt{\dfrac{2E_0 - \varepsilon \mu_{m\varepsilon} \left(\dot{x}_2^-\right)^2 - \varepsilon \left(\dot{x}_3^-\right)^2}{\varepsilon \mu_{m\varepsilon}}} - \dot{x}_2^- = 0 \\ \sqrt{\dfrac{2E_0 - \varepsilon \mu_{m\varepsilon} \left(\dot{x}_2^-\right)^2 - \varepsilon \left(\dot{x}_3^-\right)^2}{\varepsilon \mu_{m\varepsilon}}} - \dot{x}_3^- = 0 \end{cases} \quad (8\text{-}26)$$

式（8-26）会导致 $\dot{x}_1^- = \dot{x}_2^- = \dot{x}_3^- = \sqrt{\dfrac{2E_0}{\varepsilon(2\mu_{\varepsilon m}+1)}}$，此时速度分布符合无能量耗散碰撞模态 $EFIM_{3,1}$。结合式（8-19）发现，当速度满足 $EFIM_{3,1}$ 时，碰撞不会导致能量耗散，碰撞前后耗散的能量达到最小值 $\Delta E_{vi3}=0$。

考察使 $\dfrac{\partial \Delta E_{vi3}}{\partial \dot{x}_2^-}=0, \dfrac{\partial \Delta E_{vi3}}{\partial \dot{x}_3^-}=0$ 成立的另一个条件：

$$\mu_{m\varepsilon}\dot{x}_2^- + \dot{x}_3^- + \mu_{m\varepsilon}\sqrt{\dfrac{2E_0 - \varepsilon\mu_{m\varepsilon}\left(\dot{x}_2^-\right)^2 - \varepsilon\left(\dot{x}_3^-\right)^2}{\varepsilon\mu_{m\varepsilon}}}=0 \tag{8-27}$$

化简式（8-27）并定义点集：

$$\begin{aligned}\varGamma:=\Big\{&\left(\dot{x}_2^-,\dot{x}_3^-\right)\in\mathbb{R}\times\mathbb{R}\,\Big|\,2\varepsilon\mu_{m\varepsilon}^2\left(\dot{x}_2^-\right)^2+\varepsilon\left(1+\mu_{m\varepsilon}\right)\left(\dot{x}_3^-\right)^2\\&+2\varepsilon\mu_{m\varepsilon}\dot{x}_2^-\dot{x}_3^-=2\mu_{m\varepsilon}E_0,\ \mu_{m\varepsilon}\dot{x}_2^-+\dot{x}_3^-\leqslant 0\Big\}\end{aligned}\tag{8-28}$$

为了验证满足方程（8-28）的点是否是 ΔE_{vi3} 的极值点以及是 ΔE_{vi3} 的极大值点还是极小值点，计算 ΔE_{vi3} 对 $\dot{x}_2^-$ 的二阶偏导数：

$$\dfrac{\partial^2 \Delta E_{vi3}}{\partial\left(\dot{x}_2^-\right)^2}=\dfrac{\varepsilon\mu_{m\varepsilon}}{2E_0}\dfrac{1-r_c^2}{1+2\mu_{m\varepsilon}}\left(\dfrac{6\mu_{m\varepsilon}\dot{x}_2^-+2\dot{x}_3^-}{\sqrt{\dfrac{2E_0-\varepsilon\mu_{m\varepsilon}\left(\dot{x}_2^-\right)^2-\varepsilon\left(\dot{x}_3^-\right)^2}{\varepsilon\mu_{m\varepsilon}}}}+\dfrac{2\left(\dot{x}_2^-\right)^2\left(\mu_{m\varepsilon}\dot{x}_2^-+\dot{x}_3^-\right)}{\sqrt[3]{\dfrac{2E_0-\varepsilon\mu_{m\varepsilon}\left(\dot{x}_2^-\right)^2-\varepsilon\left(\dot{x}_3^-\right)^2}{\varepsilon\mu_{m\varepsilon}}}}\right)$$

$$\tag{8-29}$$

和 ΔE_{vi3} 对 $\dot{x}_3^-$ 的二阶偏导数：

$$\dfrac{\partial^2 \Delta E_{vi3}}{\partial\left(\dot{x}_3^-\right)^2}=\dfrac{\varepsilon\mu_{m\varepsilon}}{2E_0}\dfrac{1-r_c^2}{1+2\mu_{m\varepsilon}}\left(\dfrac{2\mu_{m\varepsilon}\dot{x}_2^-+6\dot{x}_3^-}{\mu_{m\varepsilon}\sqrt{\dfrac{2E_0-\varepsilon\mu_{m\varepsilon}\left(\dot{x}_2^-\right)^2-\varepsilon\left(\dot{x}_3^-\right)^2}{\varepsilon\mu_{m\varepsilon}}}}\right.$$

$$\left.+\dfrac{2\left(\dot{x}_3^-\right)^2\left(\dot{x}_3^-+\mu_{m\varepsilon}\dot{x}_2^-\right)}{\mu_{m\varepsilon}^2\sqrt[3]{\dfrac{2E_0-\varepsilon\mu_{m\varepsilon}\left(\dot{x}_2^-\right)^2-\varepsilon\left(\dot{x}_3^-\right)^2}{\varepsilon\mu_{m\varepsilon}}}}+2-\dfrac{2}{\mu_{m\varepsilon}}\right)\tag{8-30}$$

以及 ΔE_{vi3} 对 $\dot{x}_2^-$ 和 $\dot{x}_3^-$ 的二阶混合偏导数：

$$\frac{\partial^2 \Delta E_{vi3}}{\partial \dot{x}_2^- \partial \dot{x}_3^-} = \frac{\varepsilon \mu_{m\varepsilon}}{E_0} \frac{1-r_c^2}{1+2\mu_{m\varepsilon}} \left(\frac{\dot{x}_2^- + \dot{x}_3^-}{\sqrt{\dfrac{2E_0 - \varepsilon\mu_{m\varepsilon}(\dot{x}_2^-)^2 - \varepsilon(\dot{x}_3^-)^2}{\varepsilon\mu_{m\varepsilon}}}} \right.$$

$$\left. + \frac{\dot{x}_2^- \dot{x}_3^- (\mu_{m\varepsilon}\dot{x}_2^- + \dot{x}_3^-)}{\mu_{m\varepsilon} \sqrt[3]{\dfrac{2E_0 - \varepsilon\mu_{m\varepsilon}(\dot{x}_2^-)^2 - \varepsilon(\dot{x}_3^-)^2}{\varepsilon\mu_{m\varepsilon}}}} - 1 \right) \quad (8\text{-}31)$$

将式（8-28）代入式（8-29）～式（8-31），经过简单地推导得

$$\left.\frac{\partial^2 \Delta E_{vi3}}{\partial (\dot{x}_2^-)^2}\right|_\Gamma = \frac{\mu_{m\varepsilon}}{2E_0} \frac{1-r_c^2}{1+2\mu_{m\varepsilon}} \left(\frac{6\mu_{m\varepsilon}\dot{x}_2^- + 2\dot{x}_3^-}{\sqrt{\dfrac{2E_0 - \mu_{m\varepsilon}(\dot{x}_2^-)^2 - (\dot{x}_3^-)^2}{\mu_{m\varepsilon}}}} + \frac{2(\dot{x}_2^-)^2(\mu_{m\varepsilon}\dot{x}_2^- + \dot{x}_3^-)}{\sqrt[3]{\dfrac{2E_0 - \mu_{m\varepsilon}(\dot{x}_2^-)^2 - (\dot{x}_3^-)^2}{\mu_{m\varepsilon}}}} \right)$$

$$= \frac{\mu_{m\varepsilon}}{2E_0} \frac{1-r_c^2}{1+2\mu_{m\varepsilon}} \left(\frac{-(6\mu_{m\varepsilon}\dot{x}_2^- + 2\dot{x}_3^-)(\mu_{m\varepsilon}\dot{x}_2^- + \dot{x}_3^-) - 2\mu_{m\varepsilon}^2(\dot{x}_2^-)^2}{\mu_{m\varepsilon}\sqrt{\dfrac{2E_0 - \mu_{m\varepsilon}(\dot{x}_2^-)^2 - (\dot{x}_3^-)^2}{\mu_{m\varepsilon}}}} \right)$$

$$= -\frac{\mu_{m\varepsilon}}{E_0} \frac{1-r_c^2}{1+2\mu_{m\varepsilon}} \left(\frac{(2\mu_{m\varepsilon}\dot{x}_2^- + \dot{x}_3^-)^2}{\mu_{m\varepsilon}\sqrt{\dfrac{2E_0 - \mu_{m\varepsilon}(\dot{x}_2^-)^2 - (\dot{x}_3^-)^2}{\mu_{m\varepsilon}}}} \right) \leqslant 0 \quad (8\text{-}32)$$

$$\left.\frac{\partial^2 \Delta E_{vi3}}{\partial \left(\dot{x}_3^-\right)^2}\right|_\Gamma = \frac{\varepsilon\mu_{m\varepsilon}}{2E_0}\frac{1-r_c^2}{1+2\mu_{m\varepsilon}}\left(\frac{2\mu_{m\varepsilon}\dot{x}_2^- + 6\dot{x}_3^-}{\mu_{m\varepsilon}\sqrt{\dfrac{2E_0 - \varepsilon\mu_{m\varepsilon}\left(\dot{x}_2^-\right)^2 - \varepsilon\left(\dot{x}_3^-\right)^2}{\varepsilon\mu_{m\varepsilon}}}} \right.$$

$$\left. + \frac{2\left(\dot{x}_3^-\right)^2\left(\dot{x}_3^- + \mu_{m\varepsilon}\dot{x}_2^-\right)}{\mu_{m\varepsilon}^2 \sqrt[3]{\dfrac{2E_0 - \varepsilon\mu_{m\varepsilon}\left(\dot{x}_2^-\right)^2 - \varepsilon\left(\dot{x}_3^-\right)^2}{\varepsilon\mu_{m\varepsilon}}}} + 2 - \frac{2}{\mu_{m\varepsilon}} \right)$$

$$= \frac{\mu_{m\varepsilon}}{2E_0}\frac{1-r_c^2}{1+2\mu_{m\varepsilon}}\left(\frac{-\left(4\dot{x}_3^-\right)\left(\mu_{m\varepsilon}\dot{x}_2^- + \dot{x}_3^-\right) - 2\mu_{m\varepsilon}\left(\dot{x}_3^-\right)^2}{\mu_{m\varepsilon}^2\sqrt{\dfrac{2E_0 - \mu_{m\varepsilon}\left(\dot{x}_2^-\right)^2 - \left(\dot{x}_3^-\right)^2}{\mu_{m\varepsilon}}}} - \frac{2}{\mu_{m\varepsilon}} \right)$$

$$= -\frac{\mu_{m\varepsilon}}{E_0}\frac{1-r_c^2}{1+2\mu_{m\varepsilon}}\left(\frac{\left(\mu_{m\varepsilon}\dot{x}_2^- + \left(\mu_{m\varepsilon}+1\right)\dot{x}_3^-\right)^2}{\mu_{m\varepsilon}^3\sqrt{\dfrac{2E_0 - \mu_{m\varepsilon}\left(\dot{x}_2^-\right)^2 - \left(\dot{x}_3^-\right)^2}{\mu_{m\varepsilon}}}} \right) \leqslant 0 \qquad (8\text{-}33)$$

$$\left.\frac{\partial^2 \Delta E_{vi3}}{\partial \dot{x}_2^- \dot{x}_3^-}\right|_\Gamma = \frac{\mu_{m\varepsilon}}{E_0}\frac{1-r_c^2}{1+2\mu_{m\varepsilon}}\left(\frac{\dot{x}_2^- + \dot{x}_3^-}{\sqrt{\dfrac{2E_0 - \mu_{m\varepsilon}\left(\dot{x}_2^-\right)^2 - \left(\dot{x}_3^-\right)^2}{\mu_{m\varepsilon}}}} \right.$$

$$\left. + \frac{\dot{x}_2^-\dot{x}_3^-\left(\mu_{m\varepsilon}\dot{x}_2^- + \dot{x}_3^-\right)}{\mu_{m\varepsilon}\sqrt[3]{\dfrac{2E_0 - \mu_{m\varepsilon}\left(\dot{x}_2^-\right)^2 - \left(\dot{x}_3^-\right)^2}{\mu_{m\varepsilon}}}} - 1 \right)$$

$$= \frac{\mu_{m\varepsilon}}{E_0}\frac{1-r_c^2}{1+2\mu_{m\varepsilon}}\left(\frac{-\left(\dot{x}_2^- + \dot{x}_3^-\right)\left(\mu_{m\varepsilon}\dot{x}_2^- + \dot{x}_3^-\right) - \mu_{m\varepsilon}\dot{x}_2^-\dot{x}_3^-}{\sqrt{\dfrac{2E_0 - \mu_{m\varepsilon}\left(\dot{x}_2^-\right)^2 - \left(\dot{x}_3^-\right)^2}{\mu_{m\varepsilon}}}} - 1 \right)$$

$$= -\frac{\mu_{m\varepsilon}}{E_0}\frac{1-r_c^2}{1+2\mu_{m\varepsilon}}\left(\frac{\left(2\mu_{m\varepsilon}\dot{x}_2^- + \dot{x}_3^-\right)\left(\mu_{m\varepsilon}\dot{x}_2^- + \dot{x}_3^-\right) + \mu_{m\varepsilon}\left(\dot{x}_3^-\right)^2}{\mu_{m\varepsilon}^2\sqrt{\dfrac{2E_0 - \mu_{m\varepsilon}\left(\dot{x}_2^-\right)^2 - \left(\dot{x}_3^-\right)^2}{\mu_{m\varepsilon}}}} \right) \qquad (8\text{-}34)$$

定义黑塞矩阵 H 如下：

$$H = \begin{bmatrix} \left.\dfrac{\partial^2 \Delta E_{vi3}}{\partial (\dot{x}_2^-)^2}\right|_\Gamma & \left.\dfrac{\partial^2 \Delta E_{vi3}}{\partial \dot{x}_2^- \partial \dot{x}_3^-}\right|_\Gamma \\ \left.\dfrac{\partial^2 \Delta E_{vi3}}{\partial \dot{x}_2^- \partial \dot{x}_3^-}\right|_\Gamma & \left.\dfrac{\partial^2 \Delta E_{vi3}}{\partial (\dot{x}_3^-)^2}\right|_\Gamma \end{bmatrix} \quad (8\text{-}35)$$

黑塞矩阵 H 的特征值分别为

$$\begin{cases} \lambda_{H1} = 0 \\ \lambda_{H2} = -\dfrac{1}{\mu_{m\varepsilon} E_0} \dfrac{1-r_c^2}{1+2\mu_{m\varepsilon}} \dfrac{\mu_{m\varepsilon}^2 (2\mu_{m\varepsilon} \dot{x}_2^- + \dot{x}_3^-)^2 + (\mu_{m\varepsilon} \dot{x}_2^- + (\mu_{m\varepsilon}+1)\dot{x}_3^-)^2}{2E_0 - \varepsilon \mu_{m\varepsilon}(\dot{x}_2^-)^2 - \varepsilon(\dot{x}_3^-)^2} < 0 \end{cases} \quad (8\text{-}36)$$

从式（8-36）可知 H 为半负定矩阵。因此，当速度满足式（8-28）时，三个质量碰撞耗散的能量达到最大。将式（8-28）代入式（8-23），可得 ΔE_{vi3} 的最大值为

$$\max(\Delta E_{vi3}) = \Delta E_{vi3}|_\Gamma = 1 - r_c^2 \quad (8\text{-}37)$$

从式（8-37）可以看出，三个质量单次碰撞所能耗散的最大动能仅与恢复系数 r_c 有关，与质量比 $\mu_{m\varepsilon}$ 等无关。这与第 7 章中得到的两个质量碰撞时耗散能量的结论是一致的。注意到，两个质量碰撞时，单次碰撞前后耗散的能量达到最大值当且仅当速度分布满足 EDIM 时成立。而对于三个质量相互碰撞的情景，只要速度分布满足 Γ，就会导致碰撞前后耗散的能量达到最大值。虽然碰撞的质量个数增加并不能增加单次碰撞所耗散能量的数值，但是增加了能量耗散的途径。

由式（8-21）可知，当速度分布满足 $\text{EDIM}_{3,1} = \begin{bmatrix} 1 & -1 & 0 \end{bmatrix}^T$ 时，速度组合 $\dot{x}_1^- = \sqrt{\dfrac{E_0}{\mu_{em}}}, \dot{x}_2^- = -\sqrt{\dfrac{E_0}{\mu_{em}}}, \dot{x}_3^- = 0$ 满足式（8-28）。当速度分布满足 $\text{EDIM}_{3,2} = \begin{bmatrix} 1 & 0 & -\mu_{\varepsilon m} \end{bmatrix}^T$ 时，速度组合 $\dot{x}_1^- = \sqrt{\dfrac{2E_0}{\mu_{\varepsilon m}(\mu_{\varepsilon m}+1)}}, \dot{x}_2^- = 0, \dot{x}_3^- = -\sqrt{\dfrac{2E_0 \mu_{\varepsilon m}}{\mu_{\varepsilon m}+1}}$ 亦满足式（8-28），说明 $\text{EDIM}_{3,1}$ 和 $\text{EDIM}_{3,2}$ 仅仅是满足点集 Γ 的两个特殊组合。因此，能量耗散碰撞模态的物理意义可以理解为：当碰撞前一时刻速度分布满足能量耗散碰撞模态时，单次碰撞能量耗散达到最大值。图 8-3 为 $\mu_{m\varepsilon} = 2$，$r_c = 0.8$ 时，速度分布对单次碰撞耗散能量的影响。

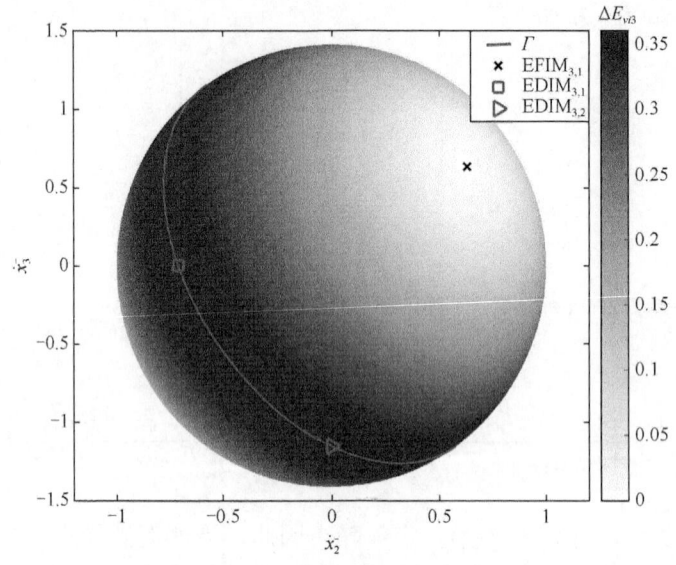

图 8-3　碰撞前后能量耗散与速度分布的关系

由图 8-3 观察到，满足式（8-28）的所有速度组合均使得单次碰撞耗散的能量取得最大值 $\max(\Delta E_{vi3})=0.36$，注意到，当速度分布在点集 Γ 附近时，单次碰撞耗散的能量也很可观。因此，可以看出，对称单侧碰撞非线性能量阱不仅仅是简单地将两个单侧碰撞非线性能量阱对称布置，这其中还存在更复杂的能量耗散机理。可以认为，对称单侧碰撞非线性能量阱具有更多耗散能量的途径，会导致其将比单侧碰撞非线性能量阱具有更高的能量耗散效率。在接下来的仿真中，该假说会得到进一步的验证。

8.3　对称单侧碰撞非线性能量阱系统动力学响应分析

本节采用四阶龙格-库塔法对系统进行仿真分析。在仿真过程中判断对称单侧碰撞非线性能量阱质量是否发生碰撞。若判断结果为真，则中断仿真，判断此时属于两个质量的碰撞还是三个质量的碰撞，根据判断结果将速度代入式（8-16）或式（8-18）中计算碰撞后的速度。将得到的结果视作新的初始条件，重新开始计算，直至仿真结束。

8.3.1 对称单侧碰撞非线性能量阱参数优化设计

在对称单侧碰撞非线性能量阱的设计过程中，首先需要考虑对其参数进行优化。通常，经过优化的对称单侧碰撞非线性能量阱能够达到其最优性能，而未经过优化的对称单侧碰撞非线性能量阱可能无法有效降低结构振动响应。在进行参数优化设计之前，首先考虑外部激励形式对对称单侧碰撞非线性能量阱性能的影响。假设在初始时刻，梁受到一个冲击载荷的作用，且冲击载荷导致梁以一定的速度开始运动。由于建模过程中只考虑梁的前两阶模态，冲击施加之后会导致梁以其一阶模态、二阶模态或者一阶模态和二阶模态组合形式振动。因此，梁的初始速度在梁的前两阶模态中的分布情况可划分成四种情形，分别如图 8-4（a）~（d）所示。

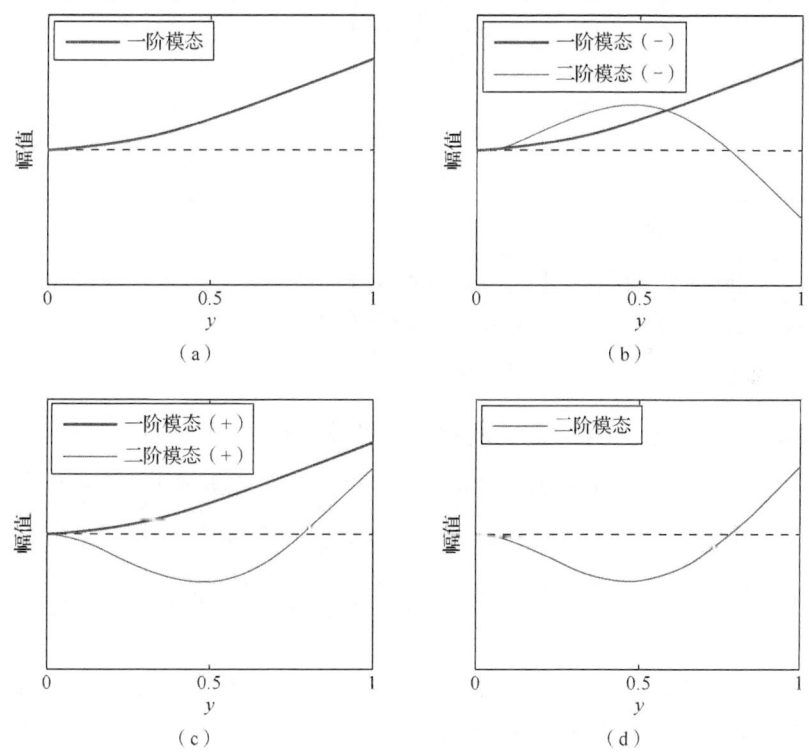

图 8-4　能量在不同模态上的分布情况

（a）能量只存在一阶模态中；（b）能量同时存在一阶模态和二阶模态中（-代表反相位分布）；
（c）能量同时存在一阶模态和二阶模态中（+代表同相位分布）；（d）能量只存在二阶模态中

在图 8-4（a）中，冲击导致梁以一阶模态运动。在图 8-4（b）中，冲击的能量以动能的形式存在于梁的一阶模态和二阶模态之中，这种分布形式被称为反相位分布，用（-）表示。类似的，将图 8-4（c）情况称为同相位分布，用（+）表示。对于图 8-4（d）所示的情况，冲击导致梁以二阶模态运动。从另一个角度来看，冲击将会使能量在梁的一阶模态和二阶模态上具有不同的分布，考虑了能量在梁的一阶模态上的 20 种分布情况，分别列在表 8-1 之中。本节将以这 20 种情况对对称单侧碰撞非线性能量阱进行参数优化设计。为了保持仿真的一致性，假设在载荷施加阶段不包括对称单侧碰撞非线性能量阱。因此，施加于系统的负载不随对称单侧碰撞非线性能量阱参数改变而发生改变。

表 8-1 参数优化设计所用的初始条件

标号	分布比例/%	标号	分布比例/%	标号	分布比例/%	标号	分布比例/%
a	100	f-	25	k	0	p+	25
b-	81	g-	16	l+	1	q+	36
c-	64	h-	9	m+	4	r+	49
d-	49	i-	4	n+	9	s+	64
e-	36	j-	1	o+	16	t+	81

注：表中的标号与图 8-5 中的标号对应。

为了评价对称单侧碰撞非线性能量阱性能的优劣，以经过相同时间（$t=10$）后系统耗散的能量 E_d 作为评价标准，其定义如下：

$$E_d = \sum \Delta E_{vij} + E_c, \quad j = 1, 2, 3 \tag{8-38}$$

式中，ΔE_{vij} 代表单次碰撞耗散的能量，可以通过式（8-17）或式（8-19）计算；$\sum \Delta E_{vij}$ 为经过时间 t 之后碰撞耗散的能量。对称单侧碰撞非线性能量阱中阻尼耗散的能量 E_c 为

$$E_c = \frac{\eta}{E_0} \int_0^t \left(\left(\dot{x}_1(\tau) - \dot{x}_3(\tau) \right)^2 + \left(\dot{x}_2(\tau) - \dot{x}_3(\tau) \right)^2 \right) d\tau \tag{8-39}$$

在接下来的仿真中，系统的初始能量为 $E_0 = 1$，对称单侧碰撞非线性能量阱和初级结构的初始位移为 0。仿真参数为 $r_c = 0.8$，$\eta = 0.01$，$\varepsilon = 0.01$，$k_\varepsilon = 100000$。本章拟设计对称单侧碰撞非线性能量阱的质量比 μ_m 和其线性固有频率 $\Omega = \sqrt{2\mu_k/\mu_m}$。众所周知，增加质量会导致原有结构振动频率的降低，而低频振动响应更加难以控制。这种由于增加额外质量而对系统产生的影响被称为"附加质量效应"。通常，希望对称单侧碰撞非线性能量阱的质量较小，从而减小附加质量效应。因此，在进行

参数优化设计过程中,质量比 μ_m 的范围为 $[0,0.3]$,线性固有频率 Ω 的范围为 $[0,3]$。

为了消除对称单侧碰撞非线性能量阱在运动过程中无法达到碰撞表面的情形,将碰撞间隙设置为零($b=0$),以保证只要系统中存在未被耗散的能量,碰撞将持续发生下去。同时,对称单侧碰撞非线性能量阱布置在梁的自由端($\lambda=1$)以避免模态节点对优化的影响。通过大量数值仿真,得到不同能量分布下系统耗散的能量 E_d,如图 8-5 所示。

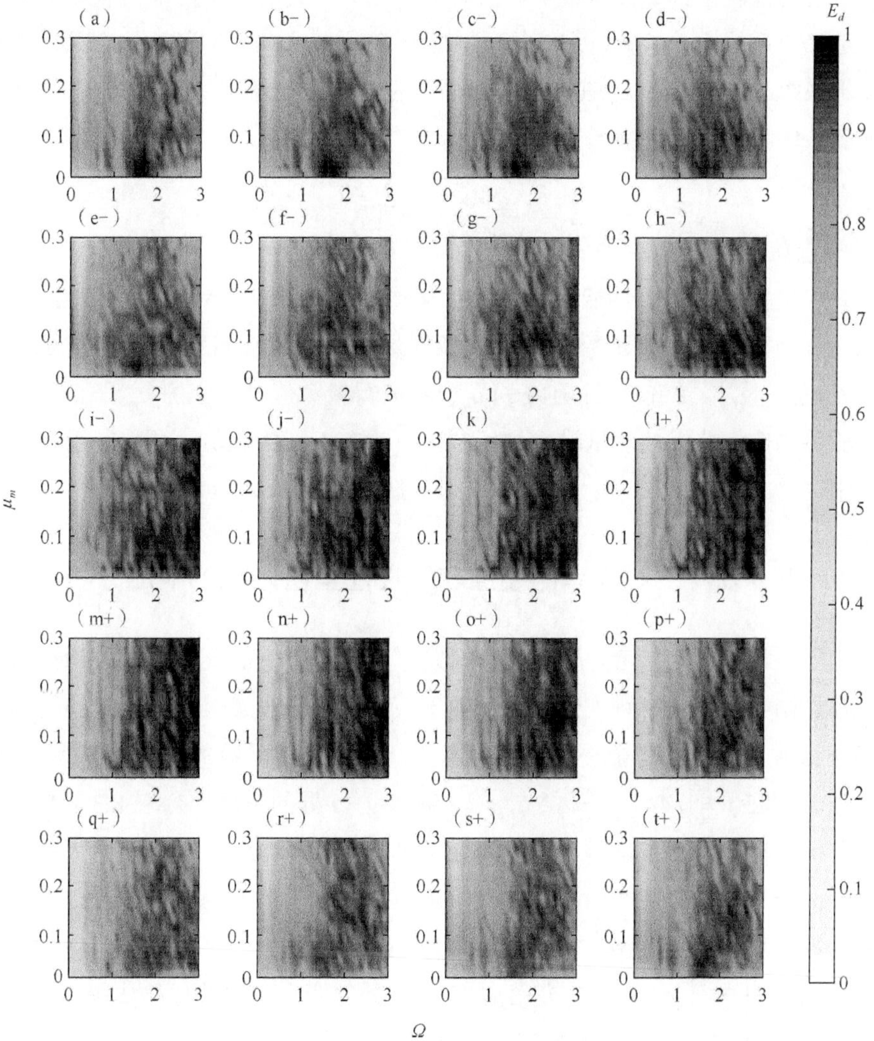

图 8-5　不同能量分布下系统耗散的能量 E_d

从图 8-5 中可以看出，随着能量在梁的一阶模态中分布比例的逐渐减少，能量耗散性能较好的质量比-固有频率组合逐渐增多。由于高阶模态的振动频率比低阶模态的振动频率高，高频振动能量更容易被对称单侧碰撞非线性能量阱耗散。同时发现，对于 Ω 较小的情况，对称单侧碰撞非线性能量阱耗散能量的性能较差。这是因为对称单侧碰撞非线性能量阱很难在非碰撞间隔内累积动量，从而导致低效碰撞和能量耗散。总之，存在某些质量比-固有频率组合使得对称单侧碰撞非线性能量阱的性能达到最佳。很明显，对于表 8-1 中列出的不同冲击载荷的情况，如果选择合适的设计参数，系统的耗散能量 E_d 需最大或相对较大。并且，将不同载荷下系统的耗散能量 E_d 进行求和，得到的结果也应该是一个较大的值。因此，定义参数优化设计的目标函数为

$$J(\mu_m,\Omega)=\sum E_d \qquad (8\text{-}40)$$

式中，$\sum E_d$ 为不同冲击载荷下的耗散能量 E_d 之和。

对称单侧碰撞非线性能量阱参数优化设计的目标是找到合适的质量比 μ_m 和线性固有频率 Ω 使目标函数 $J(\mu_m,\Omega)$ 取得最大值。具体地说，将图 8-5（a）~（t）中的 E_d 进行叠加，将使目标函数 $J(\mu_m,\Omega)$ 取得最大值时对应的 μ_m 和 Ω 取出，得到对称单侧碰撞非线性能量阱的最优参数 μ_m=0.04，Ω=1.61，并将其用于后续仿真之中。

8.3.2　冲击载荷下对称单侧碰撞非线性能量阱系统的响应分析

由于系统建模时只考虑了梁的前两阶模态的影响，因此，有必要确定需要多少个模态函数才能在不增加计算量的前提下，准确地描述梁的真实运动。为了验证模态函数数量对伽辽金法收敛性的影响，计算模态函数的数量 N 分别从 1 取到 3 时，梁在 $y=1/4$，$y=1/2$，$y=3/4$ 和 $y=1$ 处的位移。选取 8.3.1 节得到的对称单侧碰撞非线性能量阱的最优参数（即 μ_m=0.04，Ω=1.61）进行了仿真。假设梁受到一个冲击载荷作用，并导致梁在 $t=0$ 时以一阶模态振动。对称单侧碰撞非线性能量阱的初始位移和初始速度均为 0。

梁在 $y=1/4$，$y=1/2$，$y=3/4$ 和 $y=1$ 处的四个位置的位移如图 8-6（a）~（d）所示。可以看出，系统的响应均表现为一个衰减过程，随着模态函数数量 N 的逐渐增加，梁在不同位置的响应并没有显著变化。与仅选取一阶模态函数相比，选

取前两阶模态函数就能够更精确地描述梁的运动,保证结果的正确性,并可准确描述对称单侧碰撞非线性能量阱将能量从梁的低阶模态转移至高阶模态这一现象。诚然,选取三阶甚至多阶模态函数有助于使仿真结果更接近实际,但是将增加计算量,且增加的高阶模态对结果影响较小。实际工程中,对多数的梁结构而言,振动能量主要集中在梁的前两阶模态之中,抑制梁的前两阶模态振动就能有效地抑制梁的整体振动。因此,为了简化分析和计算,在接下来的研究中仅采用梁的前两阶模态函数对系统进行建模。

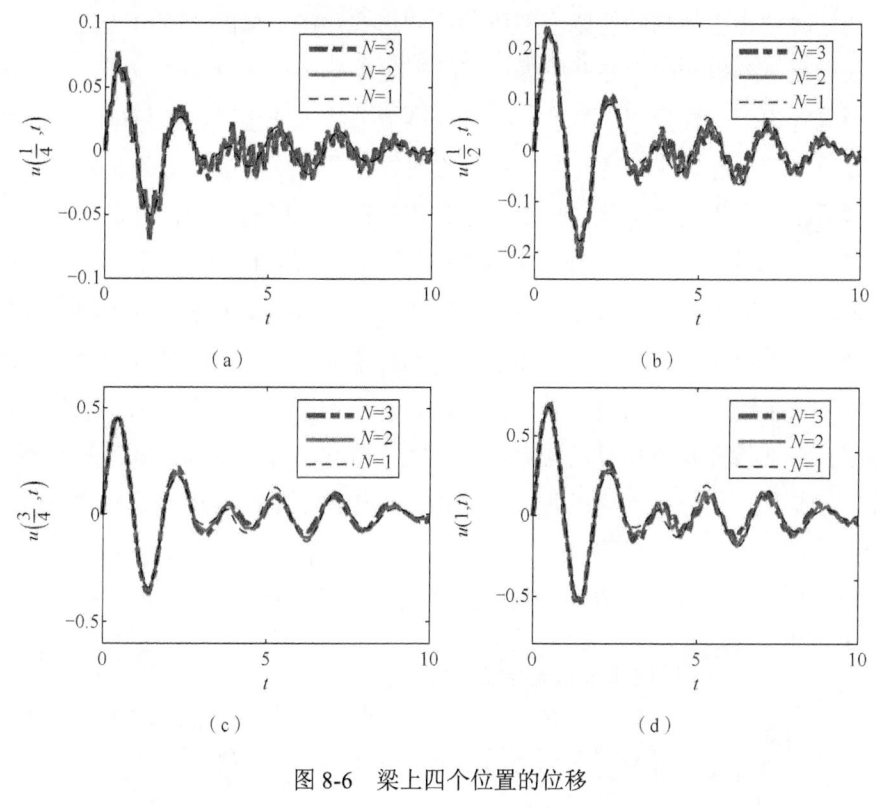

图 8-6 梁上四个位置的位移

(a) $y=\frac{1}{4}$; (b) $y=\frac{1}{2}$; (c) $y=\frac{3}{4}$; (d) $y=1$

为了验证对称单侧碰撞非线性能量阱的能量耗散性能,分别将优化后的对称单侧碰撞非线性能量阱与单侧碰撞非线性能量阱和非线性能量阱锁住进行比较。所谓非线性能量阱锁住意味着非线性能量阱与梁刚性连接,在整个运动过程中,非线性能量阱和梁之间没有相对位移。因此,非线性能量阱锁住和对称单侧碰撞非线性能量阱对梁具有相同的附加质量效应。为了比较公平，单侧碰撞非线性能量阱的参数也采用相同的方法进行优化，得到了单侧碰撞非线性能量阱的最优参数为 $\mu_{mSSVI\,NES}=0.04$，$\Omega_{SSVI\,NES}=1.91$。由于对称单侧碰撞非线性能量阱有两个阻尼，将单侧碰撞非线性能量阱的阻尼设置为 $\eta_{SSVI\,NES}=2\eta=0.02$。

通常低阶模态振动更难抑制，考察对称单侧碰撞非线性能量阱对低阶模态振动的抑制情况不仅能说明其对冲击载荷引起的振动响应抑制的有效性，也可以验证对称单侧碰撞非线性能量阱能够实现能量从低频振动向高频振动的转移。因此，假设初始时刻初级结构的能量全部以动能的形式存在于梁的一阶模态之中，表现为梁在初始时刻以一阶模态开始振动，对应图8-4（a）。图8-7比较了正向冲击载荷和负向冲击载荷作用下，带有对称单侧碰撞非线性能量阱、单侧碰撞非线性能量阱以及非线性能量阱锁住时梁的自由端的位移及速度响应。从图8-7（a）、（b）中可以看出，在正向冲击载荷作用下，带有对称单侧碰撞非线性能量阱和单侧碰撞非线性能量阱的梁的自由端响应幅值明显小于非线性能量阱锁住时的响应幅值。同时，还观察到带有对称单侧碰撞非线性能量阱的梁的结构响应幅值衰减最为迅速。由此可见，对称单侧碰撞非线性能量阱能够有效抑制结构受到冲击载荷作用的动力学响应。对比图8-7（c）、（d），在负向冲击载荷的作用下，带有对称单侧碰撞非线性能量阱和单侧碰撞非线性能量阱的初级结构响应幅值差异不是很明显，但是均优于非线性能量阱锁住的情况。相比于单侧碰撞非线性能量阱对正向冲击载荷性能下降，对称单侧碰撞非线性能量阱在正向冲击载荷和负向冲击载荷作用下均能有效抑制结构振动响应。因此，在不增加额外质量的前提下，对称单侧碰撞非线性能量阱具有明显优势。

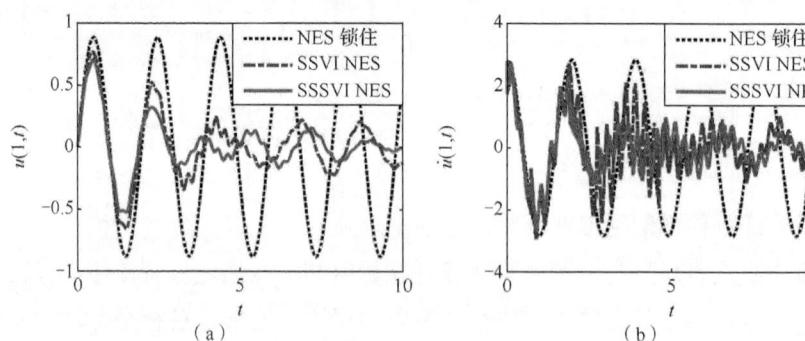

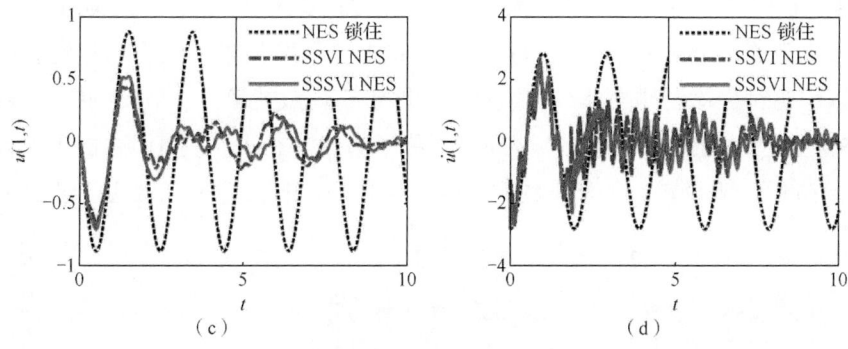

图 8-7　系统时域响应

(a) 初级结构的位移响应（正向冲击）；(b) 初级结构的速度响应（正向冲击）；
(c) 初级结构的位移响应（负向冲击）；(d) 初级结构的速度响应（负向冲击）

对图 8-7 所示梁的自由端的速度响应进行小波变换得到图 8-8。其中，系统的线性固有频率在图中用虚线表示。这里考虑系统的前四个固有频率：$f_{\text{SSSVI NES}} = 0.26$，$f_{\text{SSVI NES}} = 0.30$，$f_{\text{beam}}^{(1)} = 0.56$ 和 $f_{\text{beam}}^{(2)} = 3.51$（从图中仅能观察到三条线，因为前两个频率十分接近）。前两个固有频率 $f_{\text{SSSVI NES}}$ 和 $f_{\text{SSVI NES}}$ 与非线性能量阱的线性固有频率相对应，而 $f_{\text{beam}}^{(1)}$ 和 $f_{\text{beam}}^{(2)}$ 对应梁的前两阶固有频率。从图 8-8(a)、(b) 中可以观察到有频率为 $f_{\text{beam}}^{(2)}$ 的振动，这意味着对称单侧碰撞非线性能量阱和单侧碰撞非线性能量阱都可以将低频振动的能量传递到高频振动。注意到，在相同的能量水平下，高频振动的幅值通常小于低频振动的幅值。因此，这种能量传递现象有利于减小结构响应的幅值。而从图 8-8(c) 中可以看出，当非线性能量阱锁住时，梁的振动仅表现为梁的一阶固有频率振动，原因是在初始时刻，所有的能量都在梁的一阶模态之中，对于一个线性系统，能量不能在不同模态之间转移，也就不能实现能量从低频振动向高频振动转移。

同样地，观察图 8-8(c)～(f) 也能得到类似的结论。注意到，虽然对称单侧碰撞非线性能量阱具有高度对称性，其性能与冲击施加方向无关，但图 8-8(a)、(d) 所得的结果存在细微的差别。这是由于中间质量弹簧系统并非对称结构，这也是该建模方法存在的固有缺陷。带有对称单侧碰撞非线性能量阱系统中碰撞耗散的能量、阻尼耗散的能量和总耗散的能量随时间的变化如图 8-9(a)、(b) 所示。从图 8-9(a) 中可以看出，对称单侧碰撞非线性能量阱能迅速降低系统中的能量，系统中超过 50% 的能量被耗散。当 $t=6$ 时，系统中 90% 的能量被耗散。可以断定,在前几个振动周期时,系统的能量就被基本耗散。由于假设梁内部的阻尼小到可以忽略,全部的能量由对称单侧碰撞非线性能量阱中的阻尼和碰撞耗散。这可以说明对称单侧碰撞非线性能量阱能够迅速耗散能量,有效抑制梁的振动响应。在整个运动过程中,能量主要通过对称单侧碰撞非线性能量阱中的阻尼耗散,且当 $t=10$ 时,阻尼耗散的能量约占总耗散能量的 65%,碰撞耗散的能量占 30%。

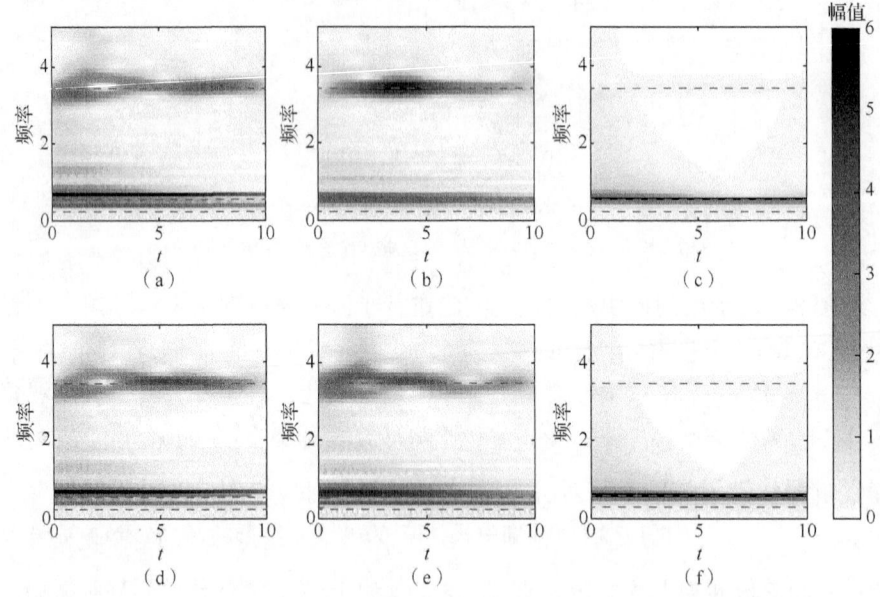

图 8-8 梁的速度响应小波变换

(虚线分别代表无量纲频率 $f_{\text{SSSVI NES}} = 0.26$, $f_{\text{SSVI NES}} = 0.30$, $f_{\text{beam}}^{(1)} = 0.56$ 和 $f_{\text{beam}}^{(2)} = 3.51$)
(a) 对称单侧碰撞非线性能量阱(正向冲击);(b) 单侧碰撞非线性能量阱(正向冲击);
(c) 非线性能量阱锁住(正向冲击);(d) 对称单侧碰撞非线性能量阱(负向冲击);
(e) 单侧碰撞非线性能量阱(负向冲击);(f) 非线性能量阱锁住(负向冲击)

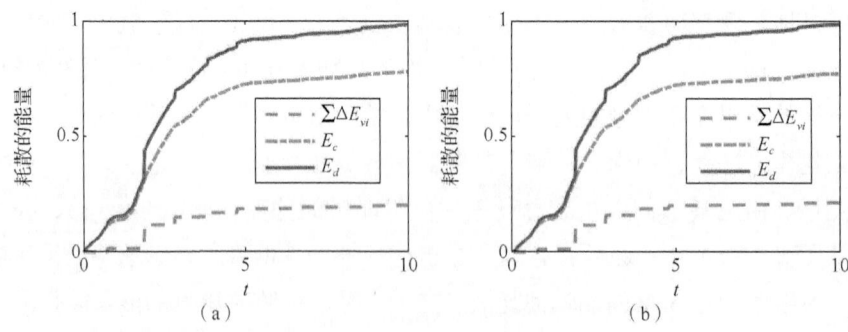

第 8 章 对称单侧碰撞非线性能量阱

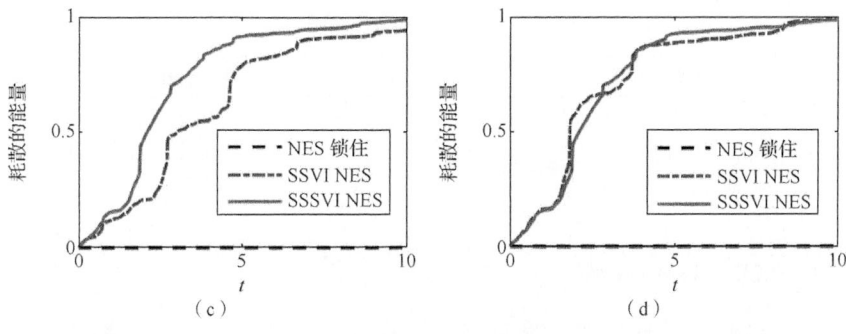

图 8-9 系统中能量耗散情况

(a) 正向冲击 (对称单侧碰撞非线性能量阱); (b) 负向冲击 (对称单侧碰撞非线性能量阱);
(c) 正向冲击; (d) 负向冲击

对比图 8-9 (a)、(b) 可以看出,梁受到负向冲击时,由于对称单侧碰撞非线性能量阱结构的对称,其能量耗散性能与正向冲击时性能基本相同,略微存在的差异是中间质量弹簧系统的非对称结构造成的。可以看出,虽然中间质量的引入会对整个系统的仿真结果略有影响,但是这种影响是有限的,可以忽略不计。从图 8-9 (c) 中可以看出,在正向冲击的情况下,对称单侧碰撞非线性能量阱具有明显优于单侧碰撞非线性能量阱的振动抑制性能,均远优于非线性能量阱锁住的情况。当非线性能量阱锁住时,整个系统为一个保守系统,没有能量被耗散。从图 8-9 (d) 中可以看出,在负向冲击情况下,单侧碰撞非线性能量阱和对称单侧碰撞非线性能量阱的振动抑制性能相当。

8.3.3 对称单侧碰撞非线性能量阱位置的影响分析

本节主要讨论对称单侧碰撞非线性能量阱在梁上的位置对能量耗散的影响。对梁而言,对称单侧碰撞非线性能量阱布置位置不同直接影响到梁和对称单侧碰撞非线性能量阱的耦合。因此,研究对称单侧碰撞非线性能量阱的布置位置对梁振动抑制效果的影响是有必要的。同时,本节考虑能量在梁上比较典型的四种分布形式进行分析:初始能量全部在梁的一阶模态的振动、初始能量在梁的一阶模态和二阶模态均匀分布(反相位分布用(-)表示,同相位分布用(+)表示)以及初始能量全部在梁的二阶模态之中。具体的能量分布如表 8-2 所示。

表 8-2　仿真所用的初始条件

标号	分布比例/%
a	100
b-	50
c+	50
d	0

注：表中的标号与图 8-10 标号对应。

分别考虑对称单侧碰撞非线性能量阱在梁上的布置位置 λ 对振动耗散的影响。其中，仿真参数为 $\mu_m=0.04$，$\Omega=1.61$，$\eta=0.01$，$\varepsilon=0.01$，$k_\varepsilon=100000$，$b=0$，$r_c=0.8$。

从图 8-10 中的能量分布情况（a）可以看出，当系统中的初始能量全部在梁的一阶模态中时，随着对称单侧碰撞非线性能量阱逐渐向梁的自由端移动，耗散的能量逐渐增加。这是由于随着对称单侧碰撞非线性能量阱逐渐移动至梁的自由端，与对称单侧碰撞非线性能量阱相连接点的振动幅值逐渐增大，导致梁的能量能够有效地传递至对称单侧碰撞非线性能量阱，并通过阻尼和碰撞耗散。当 $\lambda>0.6$ 时，对称单侧碰撞非线性能量阱的能量耗散性能保持在一个较高的水平，且继续增加 λ 并不能使对称单侧碰撞非线性能量阱的能量耗散性能显著提高。从图 8-10 中的能量分布情况（b-）和（c+）可以看出，当初始能量在梁的一阶模态和二阶模态所占比例相同时，两种初始条件下对称单侧碰撞非线性能量阱的能量耗散性能相似。观察到，对称单侧碰撞非线性能量阱耗散的能量随着 λ 的增加先上升后下降。当 λ 在 0.8 附近时，被耗散的能量降低至最低点，之后随着 λ 的增加逐渐上升。原因是该位置处于二阶模态的节点。当对称单侧碰撞非线性能量阱布置在二阶模态节点处时，一阶模态中的能量几乎完全被对称单侧碰撞非线性能量阱耗散，而二阶模态中的能量几乎不能被对称单侧碰撞非线性能量阱耗散。因此，若考虑通过对称单侧碰撞非线性能量阱耗散振动能量则应避免将对称单侧碰撞非线性能量阱布置在梁的模态节点位置。这一点可以通过图 8-10 中的能量分布情况（d）加以验证，当系统的初始能量全部在梁的二阶模态中时，若将对称单侧碰撞非线性能量阱布置在节点位置，则不能实现能量通过对称单侧碰撞非线性能量阱耗散。这是因为在模态节点位置，梁的振动幅值很小，难以实现能量从梁传递至对称单侧碰撞非线性能量阱并被耗散。综合图 8-10 中的能量分布情况（a）~（d），可以得出结论：当仅考虑前两阶模态的情况下，可将对称单侧碰撞非线性能量阱布置在梁的自由端以实现对称单侧碰撞非线性能量阱有效地发挥作用，且应避免将对称单侧碰撞非线性能量阱布置在模态节点附近。

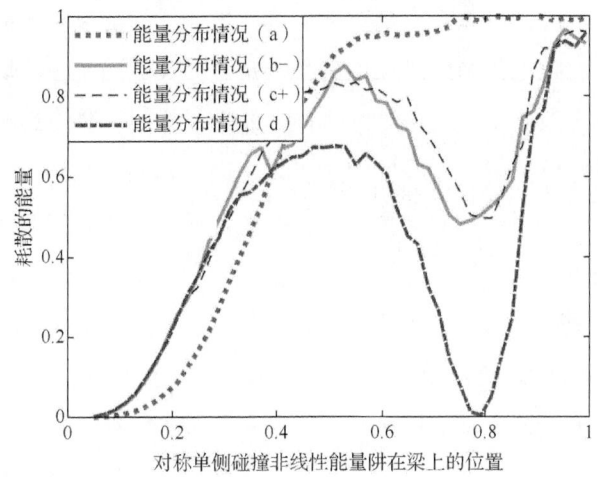

图 8-10　对称单侧碰撞非线性能量阱在梁上的位置对其性能的影响

8.3.4　碰撞间隙的影响分析

本节讨论碰撞间隙 b 对能量耗散的影响。对对称单侧碰撞非线性能量阱而言，碰撞间隙是一个关键的设计参数。若碰撞间隙选择过大，则会导致对称单侧碰撞非线性能量阱与初级结构之间的相对位移小于碰撞间隙，碰撞无法发生。从而，系统中能量全部由阻尼耗散而无法通过碰撞耗散。此时对称单侧碰撞非线性能量阱退化为两个线性振子，无法实现通过碰撞非线性回复力与初级结构进行耦合，将振动能量从低频振动向高频振动转移。显然，对称单侧碰撞非线性能量阱能否运动到设计的碰撞表面与系统中能量的量级及能量的分布形式有密切关系。因此，本节以系统中的初始能量 E_0 和碰撞间隙 b 作为变量，研究其对对称单侧碰撞非线性能量阱性能的影响。同时，考虑四种特殊的能量分布形式：初始能量全部集中在梁的一阶模态之中，初始能量均匀地分布于梁的一阶模态和二阶模态之中，以及初始能量全部集中在梁的二阶模态之中。具体能量分布形式如表 8-2 所示。对称单侧碰撞非线性能量阱的参数为 $\mu_m=0.04$，$\varOmega=1.61$，$\eta=0.01$，对称单侧碰撞非线性能量阱布置在梁的自由端。

对称单侧碰撞非线性能量阱的性能与系统中初始能量及碰撞间隙之间的关系如图 8-11 所示。显然，图 8-11 可被虚线划分成两个区域（Ⅰ和Ⅱ）。对于能量-间隙组合在区域Ⅰ的情况，可以观察到对称单侧碰撞非线性能量阱耗散的能量与初始能量量级和碰撞间隙无关，始终保持为某一定值。其原因是在区域Ⅰ中，由于间隙过大或者能量量级过小，对称单侧碰撞非线性能量阱在整个运动过程中不能达到碰撞表面，对称单侧碰撞非线性能量阱系统退化为两个线性振子，系统中的能量均通过阻尼耗散。在给定的仿真时间范围内，对称单侧碰撞非线性能量阱所耗散的能量不发生改变。当能量-间隙组合达到虚线位置，也就是说对称单侧碰撞非线性能量阱在整个运动过程中的最大相对位移刚好达到碰撞间隙，此时仍可认为系统表现为线性系统，根据线性振动系统的运动规律可以知道，初始能量与对称单侧碰撞非线性能量阱质量和中间质量的最大位移之间的关系可以表示为 $\max(x_i-x_3)\propto\sqrt{2E_0}$ $(i=1,2)$。此时，在对数坐标下，碰撞间隙与初始能量之间表现为线性关系。比较图 8-11（a）～（d）发现，随着能量在梁的二阶模态所占比例逐渐增加，虚线位置逐渐上移。这是因为，在相同的初始能量量级下，高阶模态引起的振动幅值更小。为了实现碰撞，碰撞间隙需要设置为更小的值。高阶模态在虚线以上的位置为碰撞对称单侧碰撞非线性能量阱发挥作用的区域。当碰撞发生之后，能量能够通过碰撞被迅速耗散。并且，随着初始条件下二阶模态所占比例的增加，相同时间下，能量被耗散得更多。值得注意的是，对称单侧碰撞非线性能量阱采用非零碰撞间隙有可能增加能量的耗散。虽然碰撞间隙不等于零的对称单侧碰撞非线性能量阱有可能提升能量耗散性能，但这种高性能与梁受到的冲击载荷和初始时刻梁上的能量分布有关，这意味着如果单纯地追求能量耗散最大，必须提前知道系统所受的载荷形式，这将极大地限制对称单侧碰撞非线性能量阱的实际应用。当 $b=0$ 时，对称单侧碰撞非线性能量阱具有高效的能量耗散性能，且在系统中的所有能量完全耗散之前，就会一直发生碰撞。因此，在下面的仿真中采用零碰撞间隙对称单侧碰撞非线性能量阱。

第8章 对称单侧碰撞非线性能量阱

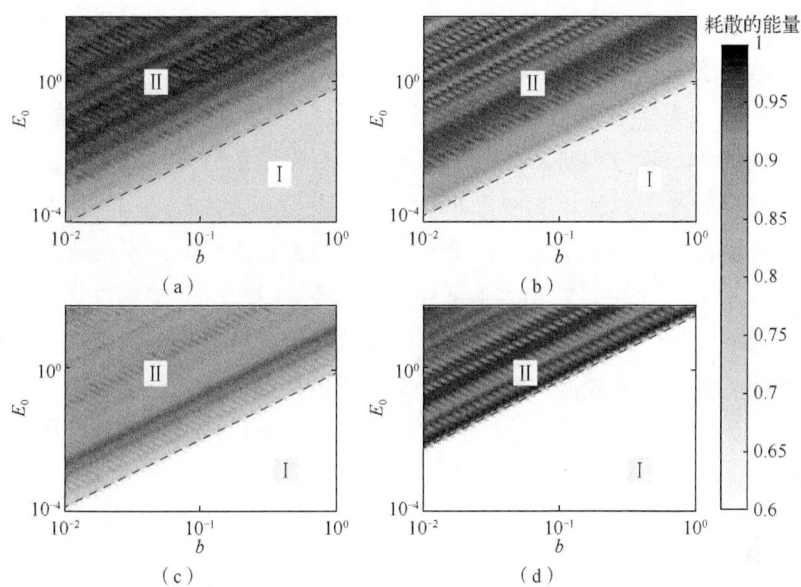

图 8-11 碰撞间隙和系统中能量对对称单侧碰撞非线性能量阱性能的影响

（a）初始能量集中在一阶模态；（b）初始能量分布在一阶模态和二阶模态（反相位）；
（c）初始能量分布在一阶模态和二阶模态（同相位）；（d）初始能量集中在二阶模态

8.3.5 对称单侧碰撞非线性能量阱阻尼的影响分析

在上面的仿真中，对称单侧碰撞非线性能量阱的阻尼很小（$\eta=0.01$）。考虑到阻尼是重要的耗能途径，为了验证阻尼对对称单侧碰撞非线性能量阱能量耗散性能的影响，改变阻尼系数 η 观察能量耗散的变化。其中，阻尼系数 η 的变化范围为 $[0.01, 0.5]$。同样地，将对称单侧碰撞非线性能量阱与单侧碰撞非线性能量阱进行对比。为了公平地比较，设置单侧碰撞非线性能量阱的阻尼系数 $\eta_{\mathrm{SSVI}}=2\eta$。碰撞间隙 $b=0$。选取表 8-2 中所列的能量分布对每种设备的控制效果进行仿真。经过一段时间之后（$t=10$），能量耗散得越多表明对称单侧碰撞非线性能量阱对梁的振动抑制效果越好。

图 8-12 展示了不同冲击载荷下，耗散的能量 E_d 与无量纲阻尼 η 之间的关系。图 8-12（a）展示了在初始能量 100% 在梁的一阶模态时，阻尼比对总的耗散的能量影响。单侧碰撞非线性能量阱和对称单侧碰撞非线性能量阱耗散的能量 E_d 先随无量纲阻尼 η 的增加而增加，达到峰值后又随无量纲阻尼 η 的增加而减小。对于小阻尼的情况，对称单侧碰撞非线性能量阱比单侧碰撞非线性能量阱具有更多的

能量耗散。当阻尼很小时，对称单侧碰撞非线性能量阱和单侧碰撞非线性能量阱均能够耗散系统中相当大比例的能量，因为碰撞会耗散能量。在阻尼较大的情况下，结果差别不大，对称单侧碰撞非线性能量阱与单侧碰撞非线性能量阱相比没有明显的优势。其原因是，大阻尼会导致当对称单侧碰撞非线性能量阱中的质量达到碰撞表面时，对称单侧碰撞非线性能量阱与初级结构之间的相对速度非常小，从而碰撞耗能效率非常低，几乎所有的能量都是由阻尼而不是碰撞耗散。从图 8-12（b）、（c）中可以得出类似的结论。从图 8-12（d）中可以看出，对于几乎所有的阻尼，梁的二阶模态的能量都可以被对称单侧碰撞非线性能量阱和单侧碰撞非线性能量阱有效耗散。这也进一步验证了高频振动的能量更容易被阻尼耗散。总之，如果无量纲阻尼较小，对称单侧碰撞非线性能量阱的性能优于单侧碰撞非线性能量阱。

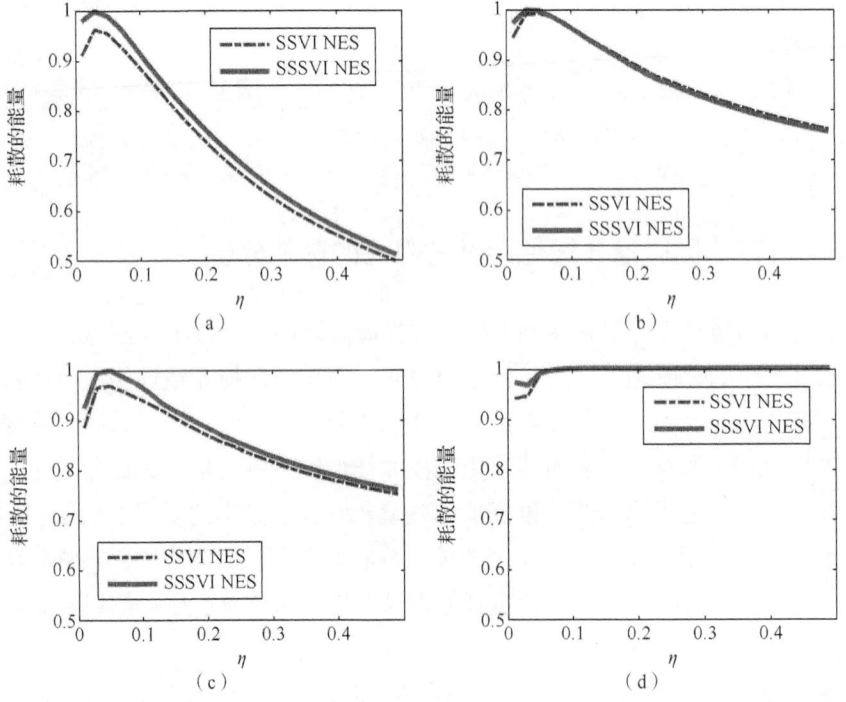

图 8-12　不同无量纲阻尼下，单侧碰撞非线性能量阱和对称单侧碰撞非线性能量阱耗散的能量

（a）初始能量集中在一阶模态；（b）初始能量分布在一阶模态和二阶模态（反相位）；
（c）初始能量分布在一阶模态和二阶模态（同相位）；（d）初始能量集中在二阶模态

8.3.6 地震载荷下对称单侧碰撞非线性能量阱的性能分析

在以上的研究中，仅在简单冲击激励下比较对称单侧碰撞非线性能量阱、单侧碰撞非线性能量阱和非线性能量阱锁住时的能量耗散性能。考虑到实际应用情形，假设整个系统受到更加复杂的地震载荷，通过将对称单侧碰撞非线性能量阱和单侧碰撞非线性能量阱以及非线性能量阱锁住对比，来验证其对结构振动响应的抑制能力。这里，选择系统中剩余的能量（当前时刻系统中动能和势能的总和）作为评价非线性能量阱抑制结构振动响应的准则。选择系统中的剩余能量而不是耗散的能量作为评价准则的原因是，对于地震载荷，即使在相同条件下更多的能量被耗散，并不意味着系统的振动响应更小。因此，对称单侧碰撞非线性能量阱耗散能量的多少并不能有效地评价梁在地震载荷作用下的振动响应。

选择 1995 年日本阪神大地震数据作为基础的地震载荷对对称单侧碰撞非线性能量阱的性能进行检验。注意到，对称单侧碰撞非线性能量阱的参数以梁的物理参数进行了无量纲处理，所以实际测量到的地震响应数据并不适合直接应用于仿真计算之中，需要对数据进行时间尺度上的缩放。考虑到当外部激励的频率接近或者等于系统的固有频率时，常常会导致系统的响应较大，进而导致系统的响应超过设计要求从而发生结构破坏。因此，对地震载荷进行时间尺度上的伸缩，使其频域响应的峰值 f_{peak} 与梁的第一阶固有频率 $f_{\text{beam}}^{(1)}$ 相同，基础激励加速度响应时间序列和傅里叶变换如图 8-13 所示。

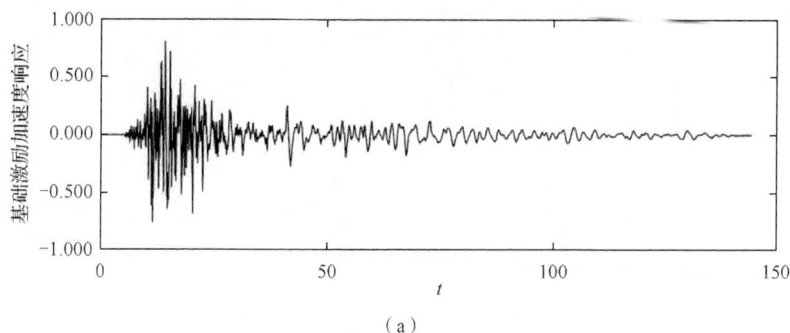

(a)

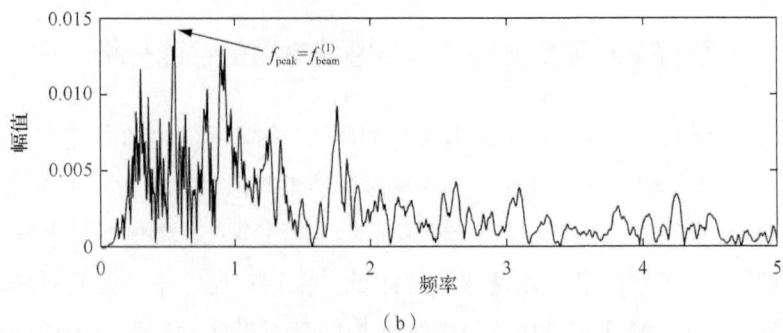

(b)

图 8-13 基础激励加速度响应时间序列和傅里叶变换

(a) 时间序列；(b) 傅里叶变换

在本部分仿真中，非线性能量阱的参数选择为 $\mu_m=0.04$，$\Omega=1.61$。对称单侧碰撞非线性能量阱和单侧碰撞非线性能量阱的无量纲阻尼选择图 8-12 (a) 中的最优阻尼系数，即 $\eta=0.03$，$\eta_{SSVI}=0.06$。非线性能量阱布置在梁的自由端（$\lambda=1$）。基础受到图 8-13 所示的地震载荷作用之后，对称单侧碰撞非线性能量阱、单侧碰撞非线性能量阱和非线性能量阱锁住时，系统中的能量随时间的变化情况如图 8-14 所示。很明显，当系统中的能量越少，地震对整个系统的影响越小，越有利于抑制系统动力学响应。在地震初期，对称单侧碰撞非线性能量阱和单侧碰撞非线性能量阱性能相当，均能有效抑制地震对结构的影响。在地震后期，对称单侧碰撞非线性能量阱和单侧碰撞非线性能量阱均能够使系统中的剩余能量迅速降低。在地震载荷下，带有对称单侧碰撞非线性能量阱的系统中的能量峰值最低，带有单侧碰撞非线性能量阱的系统次之，都明显优于非线性能量阱锁住的情况。

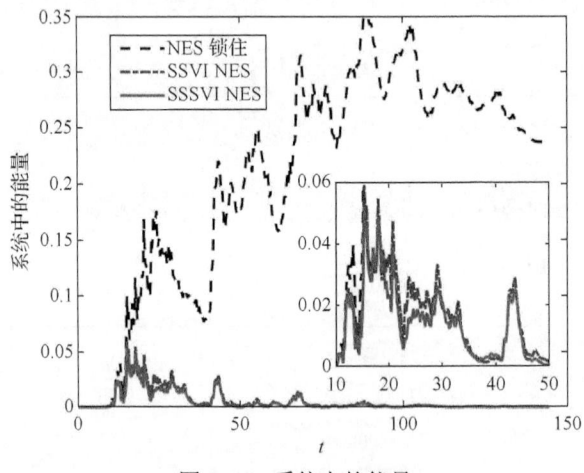

图 8-14 系统中的能量

第 8 章　对称单侧碰撞非线性能量阱

考虑到梁结构的破坏机理，检验在整个地震载荷作用过程中梁上各点的最大弯矩 $|\max(M_{\text{beam}})|$ 和最大剪力 $|\max(Q_{\text{beam}})|$。图 8-15（a）、(b) 说明最大弯矩和最大剪力发生在梁的固定端（$y=0$）。从图 8-15（a）中可以看出，带有对称单侧碰撞非线性能量阱和单侧碰撞非线性能量阱梁的最大弯矩非常相似，且均低于非线性能量阱锁住时的最大弯矩。从图 8-15（b）中可以看出，带有对称单侧碰撞非线性能量阱梁的最大剪力最低，其次是带有单侧碰撞非线性能量阱梁，非线性能量阱锁住时梁内部的剪力最大。综上所述，对称单侧碰撞非线性能量阱在应用于梁抗击地震载荷影响方面具有明显的优势，不仅能够迅速降低系统中的能量，还能够有效降低结构动力学响应。对称单侧碰撞非线性能量阱能够有效降低梁的速度响应、最大弯矩和最大剪力，有效保护梁免于在地震载荷下遇到破坏。

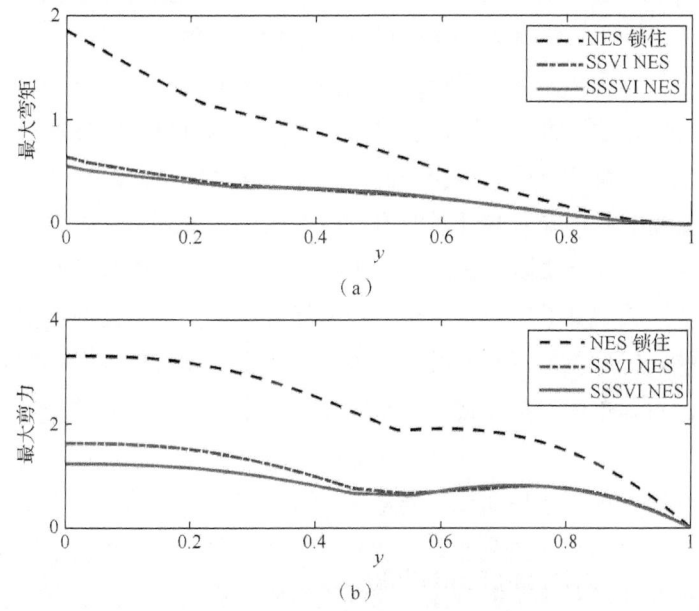

图 8-15　运动过程中梁上各点的响应

8.4　本 章 小 结

为了克服单侧碰撞非线性能量阱能量耗散性能受到外部冲击载荷方向影响的问题，本章提出一种对称单侧碰撞非线性能量阱，并对其能量耗散性能开展深入研究，主要包括以下几个方面。

（1）将对称单侧碰撞非线性能量阱应用于悬臂梁系统的振动响应控制之中。

由于对称单侧碰撞非线性能量阱通过碰撞产生的不连续非线性回复力与初级结构耦合,而这种不连续非线性回复力导致难于求解碰撞后梁和对称单侧碰撞非线性能量阱的速度,进而对其应用于悬臂梁结构的建模带来困难。为了解决这个问题,引入一个中间质量弹簧系统,将碰撞产生的不连续非线性回复力转化成连续的线性回复力与梁耦合。利用伽辽金法,考虑梁的前两阶模态对系统的影响,得到系统的动力学方程。

(2)通过对碰撞前后梁和对称单侧碰撞非线性能量阱的速度变化矩阵的特征分解,提出三个质量碰撞系统中的碰撞模态概念。通过理论分析揭示了碰撞模态的物理意义及对称单侧碰撞非线性能量阱能量耗散的机制。

(3)对应用于悬臂梁系统的对称单侧碰撞非线性能量阱开展参数优化设计研究。由于系统的动力学方程以梁参数进行了无量纲处理,所得到的优化参数具有通用意义。在得到优化的参数之后,将其与单侧碰撞非线性能量阱和非线性能量阱锁住进行对比。通过数值仿真可以发现,对称单侧碰撞非线性能量阱不仅具有单侧碰撞非线性能量阱能够实现振动能量从低频振动向高频振动转移的优点,还克服了单侧碰撞非线性能量阱针对冲击方向不同控制效果差异明显的缺点。因此,对称单侧碰撞非线性能量阱对振动的控制效果优于单侧碰撞非线性能量阱。

(4)讨论了系统参数对对称单侧碰撞非线性能量阱能量耗散性能的影响。对于悬臂梁系统,对称单侧碰撞非线性能量阱在梁上的布置位置也是需要考虑的一个重要因素。对称单侧碰撞非线性能量阱布置位置不同,得到的振动控制效果也会不同。通过研究发现,当将对称单侧碰撞非线性能量阱布置在结构模态的节点位置,会导致对称单侧碰撞非线性能量阱对该阶模态的振动响应抑制失效,即不能将能量传递至对称单侧碰撞非线性能量阱并通过阻尼或碰撞耗散。还研究了初始能量和碰撞间隙对对称单侧碰撞非线性能量阱的影响,以及对称单侧碰撞非线性能量阱内部阻尼对其性能的影响。

(5)在地震载荷作用下,考察了对称单侧碰撞非线性能量阱对梁的响应的抑制情况。通过将对称单侧碰撞非线性能量阱和单侧碰撞非线性能量阱及非线性能量阱锁住进行对比发现,优化后的对称单侧碰撞非线性能量阱不仅能够有效地抑制地震载荷作用下的峰值响应,还能够迅速降低结构中的振动能量,从而有效保护结构免于在地震载荷下遭到破坏。

第 9 章 单侧碰撞轨道非线性能量阱

9.1 概　　述

本章将单侧碰撞轨道非线性能量阱（single-sided vibro-impact track nonlinear energy sink, SSVIT NES）应用到结构振动响应控制之中。与以往关于轨道非线性能量阱[46,47]和单侧碰撞轨道非线性能量阱[81]的研究不同，本章考虑初级结构水平方向和垂直方向的运动。由于单侧碰撞轨道非线性能量阱产生的光滑和非光滑非线性回复力都具有垂直方向分量，单侧碰撞轨道非线性能量阱具有实现能量从水平方向到垂直方向传递并在垂直方向耗散的潜力。这有利于保护在水平方向运动易发生破坏的初级结构。不同的轨道形状和质量将产生不同的非线性回复力，导致单侧碰撞轨道非线性能量阱具有不同的振动响应控制及能量耗散性能。首先，开展单侧碰撞轨道非线性能量阱质量和轨道形状的优化设计工作。通过大量的仿真验证了能量从水平方向到垂直方向传递的现象，分析了碰撞间隙、结构的水平和垂直刚度比对单侧碰撞轨道非线性能量阱性能的影响。然后，在地震载荷下检验了单侧碰撞轨道非线性能量阱抑制结构振动响应的可行性。

9.2　单侧碰撞轨道非线性能量阱系统建模

单侧碰撞轨道非线性能量阱是一种能够快速降低结构振动响应的被动控制设备。在非碰撞间隔，当质量在特定的轨道上运动时，会产生连续的、光滑的非线性回复力。通过在轨道上设置一个限制运动的碰撞表面，实现当质量运动到特定位置时，由碰撞而产生不连续回复力。这种不连续回复力具有很强的非线性，能够迅速改变单侧碰撞轨道非线性能量阱连接位置结构的速度，从而改变整个系统的运动规律。这种非对称的结构形式保证了在碰撞发生之前,单侧碰撞轨道非线性能量阱和初级结构之间积累足够的相对速度,从而产生更为剧烈的碰撞,导致更大的不连续回复力和非线性因素,同时伴有更大的能量耗散,这对于迅速降低结构的振动响应是有帮助的。

9.2.1 单侧碰撞轨道非线性能量阱系统运动方程

图 9-1 为带有单侧碰撞轨道非线性能量阱的初级结构。初级结构的质量为 m_1,通过水平方向刚度为 k_{1X} 的线性弹簧、垂直方向刚度为 k_{1Y} 的线性弹簧与基础相连,水平方向和垂直方向的阻尼分别为 c_{1X} 和 c_{1Y}。初级结构 m_1 在水平方向和垂直方向上的位移分别用 $X_1(T)$ 和 $Y_1(T)$ 表示,T 代表时间。单侧碰撞轨道非线性能量阱的质量为 m_n,其在轨道 $H(U)$ 上运动。其中,U 为单侧碰撞轨道非线性能量阱与初级结构之间水平方向的相对位移。碰撞表面布置在轨道法线方向,与水平方向成一定角度 ϕ,如图 9-1 所示。角度 ϕ 仅是轨道形状和碰撞表面在轨道上的位置的函数。初级结构与单侧碰撞轨道非线性能量阱构成一个三自由度振动系统。

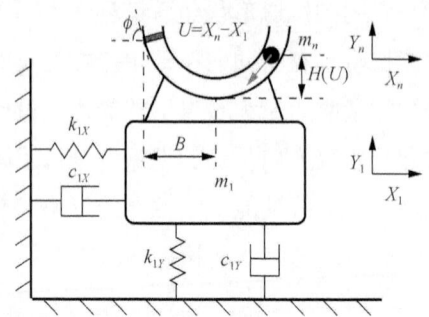

图 9-1 带有单侧碰撞轨道非线性能量阱的初级结构

当初级结构与单侧碰撞轨道非线性能量阱之间水平方向的相对位移之差大于 $-B$ 时(即 $U>-B$),通过拉格朗日方法可以得到系统自由振动微分方程。首先,计算系统的动能为

$$T_s = \frac{1}{2}m_1\dot{X}_1^2 + \frac{1}{2}m_1\dot{Y}_1^2 + \frac{1}{2}m_n\left(\left(\dot{X}_1+\dot{U}\right)^2 + \left(H'(U)\dot{U}+\dot{Y}_1\right)^2\right) \quad (9\text{-}1)$$

系统的势能为

$$V_s = \frac{1}{2}k_{1X}X_1^2 + \frac{1}{2}k_{1Y}Y_1^2 + m_n g H(U) \tag{9-2}$$

式中，g 为重力加速度。

耗散函数为

$$D_s = \frac{c_{1x}}{2}\dot{X}_1^2 + \frac{c_{1y}}{2}\dot{Y}_1^2 \tag{9-3}$$

定义拉格朗日量 $L_s = T_s - V_s$，分别计算：

$$\frac{\partial L_s}{\partial \dot{U}} = m_n \dot{X}_1 + m_n \dot{U} + m_n \left(H'(U)\right)^2 \dot{U} + m_n H'(U)\dot{Y}_1 \tag{9-4}$$

$$\frac{\partial L_s}{\partial U} = m_n H'(U)H''(U)\dot{U}^2 + m_n H''(U)\dot{U}\dot{Y}_1 - m_n g H'(U) \tag{9-5}$$

$$\frac{\mathrm{d}}{\mathrm{d}T}\frac{\partial L_s}{\partial \dot{U}} = m_n \ddot{X}_1 + m_n \ddot{U} + 2m_n H'(U)H''(U)\dot{U}^2$$
$$+ m_n \left(H'(U)\right)^2 \ddot{U} + m_n H''(U)\dot{U}\dot{Y}_1 + m_n H'(U)\ddot{Y}_1 \tag{9-6}$$

$$\frac{\partial L_s}{\partial \dot{X}_1} = m_1 \dot{X}_1 + m_n \dot{X}_1 + m_n \dot{U} \tag{9-7}$$

$$\frac{\partial L_s}{\partial X_1} = -k_{1x}X_1 \tag{9-8}$$

$$\frac{\mathrm{d}}{\mathrm{d}T}\frac{\partial L_s}{\partial \dot{X}_1} = m_1 \ddot{X}_1 + m_n \ddot{X}_1 + m_n \ddot{U} \tag{9-9}$$

$$\frac{\partial L_s}{\partial \dot{Y}_1} = m_1 \dot{Y}_1 + m_n \dot{Y}_1 + m_n H'(U)\dot{U} \tag{9-10}$$

$$\frac{\partial L_s}{\partial Y_1} = -k_{1y}Y_1 \tag{9-11}$$

$$\frac{\mathrm{d}}{\mathrm{d}T}\frac{\partial L_s}{\partial \dot{Y}_1} = m_1 \ddot{Y}_1 + m_n \ddot{Y}_1 + m_n H''(U)\dot{U}^2 + m_n H'(U)\ddot{U} \tag{9-12}$$

将式（9-4）～式（9-12）代入拉格朗日方程：

$$\frac{\mathrm{d}}{\mathrm{d}T}\left(\frac{\partial L_s}{\partial \dot{X}_s}\right) - \frac{\partial L_s}{\partial X_s} + \frac{\partial D_s}{\partial \dot{X}_s} = 0 \tag{9-13}$$

式中，$X_s = \begin{bmatrix} U & X_1 & Y_1 \end{bmatrix}^T$ 为广义坐标向量。整理化简，可以得到系统自由振动微分方程：

$$\begin{cases} m_n\ddot{U} + m_n\ddot{X}_1 + m_n H'(U)\left(\ddot{Y}_1 + U''(U)\dot{U}^2 + H'(U)\ddot{U}\right) - m_n g H'(U) = 0 \\ m_1\ddot{X}_1 + m_n\ddot{X}_1 + m_n\ddot{U} + c_{1X}\dot{X}_1 + k_{1X}X_1 = 0 \\ m_1\ddot{Y}_1 + m_n\left(\ddot{Y}_1 + H''(U)\dot{U}^2 + H'(U)\ddot{U}\right) + c_{1Y}\dot{Y}_1 + k_{1Y}Y_1 = 0 \end{cases} \quad (9\text{-}14)$$

为了使得到的结果具有通用性，引入无量纲时间：

$$t = \sqrt{\frac{k_{1X}}{m_1}}T \quad (9\text{-}15)$$

水平方向的无量纲速度为

$$\dot{x}_1(t) = \frac{\mathrm{d}x_1(t)}{\mathrm{d}t} = \frac{\mathrm{d}\left(\dfrac{k_{1X}X_1(T)}{m_1}\right)}{\mathrm{d}\left(\sqrt{\dfrac{k_{1X}}{m_1}}T\right)} = \sqrt{\frac{k_{1X}}{m_1}}\frac{\mathrm{d}X_1(T)}{\mathrm{d}T} = \sqrt{\frac{k_{1X}}{m_1}}\dot{X}_1(T) \quad (9\text{-}16)$$

式中，$x_1(t) = \dfrac{k_{1X}X_1(T)}{m_1}$。

水平方向的无量纲加速度为

$$\ddot{x}_1(t) = \frac{\mathrm{d}\dot{x}_1(t)}{\mathrm{d}t} = \frac{\mathrm{d}\left(\sqrt{\dfrac{k_{1X}}{m_1}}\dfrac{\mathrm{d}X_1(T)}{\mathrm{d}T}\right)}{\mathrm{d}\left(\sqrt{\dfrac{k_{1X}}{m_1}}T\right)} = \frac{\mathrm{d}^2 X_1(T)}{\mathrm{d}T^2} = \ddot{X}_1(T) \quad (9\text{-}17)$$

垂直方向的无量纲速度为

$$\dot{y}_1(t) = \frac{\mathrm{d}y_1(t)}{\mathrm{d}t} = \frac{\mathrm{d}\left(\dfrac{k_{1X}Y_1(T)}{m_1}\right)}{\mathrm{d}\left(\sqrt{\dfrac{k_{1X}}{m_1}}T\right)} = \sqrt{\frac{k_{1X}}{m_1}}\frac{\mathrm{d}Y_1(T)}{\mathrm{d}T} = \sqrt{\frac{k_{1X}}{m_1}}\dot{Y}_1(T) \quad (9\text{-}18)$$

式中，$y_1(t) = \dfrac{k_{1X}Y_1(T)}{m_1}$。

垂直方向的无量纲加速度为

$$\ddot{y}_1(t) = \frac{\mathrm{d}\dot{y}_1(t)}{\mathrm{d}t} = \frac{\mathrm{d}\left(\sqrt{\frac{k_{1X}}{m_1}}\frac{\mathrm{d}Y_1(T)}{\mathrm{d}T}\right)}{\mathrm{d}\left(\sqrt{\frac{k_{1X}}{m_1}}T\right)} = \frac{\mathrm{d}^2 Y_1(T)}{\mathrm{d}T^2} = \ddot{Y}_1(T) \tag{9-19}$$

轨道形状函数对无量纲相对速度的一阶导数为

$$h'(u) = \frac{\mathrm{d}h(u)}{\mathrm{d}u} = \frac{\mathrm{d}\left(\frac{k_{1X}H(U)}{m_1}\right)}{\mathrm{d}\left(\frac{k_{1X}U}{m_1}\right)} = H'(U) \tag{9-20}$$

式中，$u = \dfrac{k_{1X}U}{m_1}$；$h(u) = \dfrac{k_{1X}H(U)}{m_1}$。

轨道形状函数对相对速度的无量纲二阶导数为

$$h''(u) = \frac{\mathrm{d}h'(u)}{\mathrm{d}u} = \frac{\mathrm{d}(H'(U))}{\mathrm{d}\left(\frac{k_{1X}U}{m_1}\right)} = \frac{m_1}{k_{1X}}H''(U) \tag{9-21}$$

水平方向的无量纲非线性回复力[46]为

$$\begin{aligned} f_{nx} &= \frac{1}{m_1}F_{nx} = \mu_m H'(U)\left(\ddot{Y}_1 + H''(U)\dot{U}^2 + U'(U)\ddot{U}\right) + \mu_m g H'(U) \\ &= \mu_m h'(u)\left(\ddot{y}_1 + h''(u)\dot{u}^2 + h'(u)\ddot{u}\right) + \mu_m g h'(u) \end{aligned} \tag{9-22}$$

式中，$\mu_m = \dfrac{m_n}{m_1}$。

垂直方向的无量纲非线性回复力为

$$\begin{aligned} f_{ny} &= \frac{1}{m_1}F_{ny} = \mu_m\left(\ddot{Y}_1 + H''(U)\dot{U}^2 + H'(U)\ddot{U}\right) \\ &= \mu_m\left(\ddot{y}_1 + h''(u)\dot{u}^2 + h'(u)\ddot{u}\right) \end{aligned} \tag{9-23}$$

将式（9-15）~式（9-23）代入式（9-14），整理可得无量纲的系统运动微分方程为

$$\begin{cases} \mu_m \ddot{u} + \mu_m \ddot{x}_1 + f_{nx} = 0 \\ \ddot{x}_1 - f_{nx} + 2\zeta \dot{x}_1 + x_1 = 0 \\ \ddot{y}_1 + f_{ny} + 2\zeta \mu_c \dot{y}_1 + \mu_k y_1 = 0 \end{cases} \quad (9\text{-}24)$$

式中，$\mu_c = \dfrac{c_{1Y}}{c_{1X}}$；$\mu_k = \dfrac{k_{1Y}}{k_{1X}}$；$\zeta = \dfrac{c_{1X}}{2\sqrt{k_{1X}m_1}}$；$f_{nx} = \mu_m h'(u)\big(\ddot{y}_1 + h''(u)\dot{u}^2 + h'(u)\ddot{u}\big) + \mu_m g h'(u)$；$f_{ny} = \mu_m \big(\ddot{y}_1 + h''(u)\dot{u}^2 + h'(u)\ddot{u}\big)$；$g$ 为重力加速度。

由式（9-22）可知，如果适当地选取轨道形状，重力将表现为非线性回复力。对于四次多项式的轨道形状，重力产生的非线性回复力为关于 u 的三次多项式，而对于二次多项式的轨道形状，重力产生的非线性回复力是线性的。不同的轨道形状会导致不同的非线性回复力，进而影响整个系统的轨迹。四次多项式的轨道形状由于具有本质的非线性和易于实现等优点，通常用于单侧碰撞轨道非线性能量阱的分析[46]和实验[47,48,81]之中。因此，选择 $h(u) = a_4 u^4$ 并对 a_4 进行优化设计和研究。

9.2.2 单侧碰撞轨道非线性能量阱系统碰撞动力学

当初级结构水平方向的位移 x_1 与单侧碰撞轨道非线性能量阱水平方向的位移 x_n 之差等于碰撞间隙时（即 $u = -b$，$b = k_{1X} B / m_1$），初级结构与单侧碰撞轨道非线性能量阱的质量发生碰撞。将碰撞表面布置在轨道的法线方向，碰撞会导致水平方向和垂直方向两个方向的速度均发生突变。忽略初级结构的旋转运动，认为在初级结构的质量 m_1 和单侧碰撞轨道非线性能量阱的质量 m_n 发生碰撞的时候，该系统的水平方向速度和垂直方向速度同时由于碰撞迅速改变，质量 m_1 和 m_n 之间发生动量的交换，同时伴有能量耗散。碰撞结束后，质量 m_1 和 m_n 又以新的初值运动，单侧碰撞轨道非线性能量阱中的质量 m_n 在碰撞之后仍然沿着轨道运动，且不与轨道发生分离。假设碰撞是非弹性碰撞，且相邻两次碰撞满足 Hertz 接触模型，定义恢复系数：

$$r_c = -\dfrac{\dot{u}^+}{\dot{u}^-} = -\dfrac{\dot{x}_n^+ - \dot{x}_1^+}{\dot{x}_n^- - \dot{x}_1^-} = -\dfrac{\dot{y}_n^+ - \dot{y}_1^+}{\dot{y}_n^- - \dot{y}_1^-} \quad (9\text{-}25)$$

式中，上标"+"和"-"分别表示碰撞后时刻和碰撞前时刻。

第9章 单侧碰撞轨道非线性能量阱

本章中采用相对运动描述单侧碰撞轨道非线性能量阱的运动,且碰撞还存在垂直方向的分量。因此,在第7章中得到的碰撞前和碰撞后的速度变化表达式不能直接应用于本章的分析之中,需要对其重新推导。根据动量守恒定律:

$$\begin{cases} \dot{x}_1^+ + \mu_m \left(\dot{x}_1^+ + \dot{u}^+ \right) = \dot{x}_1^- + \mu_m \left(\dot{x}_1^- + \dot{u}^- \right) \\ \dot{y}_1^+ + \mu_m \left(\dot{y}_1^+ + \dot{u}^+ h'(u) \right) = \dot{y}_1^- + \mu_m \left(\dot{y}_1^- + \dot{u}^- h'(u) \right) \end{cases} \tag{9-26}$$

结合式(9-25)和式(9-26),可得质量 m_1 和 m_n 碰撞前后瞬时速度的表达式为

$$\begin{bmatrix} \dot{u}^+ \\ \dot{x}_1^+ \\ \dot{y}_1^+ \end{bmatrix} = \frac{1}{1+\mu_m} \begin{bmatrix} r_c(1+\mu_m) & 0 & 0 \\ (1-r_c)\mu_m & 1+\mu_m & 0 \\ (1-r_c)\mu_m h'(u) & 0 & 1+\mu_m \end{bmatrix} \begin{bmatrix} \dot{u}^- \\ \dot{x}_1^- \\ \dot{y}_1^- \end{bmatrix} \tag{9-27}$$

由式(9-27)可知,碰撞前后的速度变化矩阵中考虑了垂直方向碰撞前后的状态,这是与第7、8章中仅考虑一个方向碰撞不同的地方。

9.2.3 单侧碰撞轨道非线性能量阱性能评价指标

单侧碰撞轨道非线性能量阱中质量的速度可以分解为水平方向速度和垂直方向速度,对于将碰撞表面放置在运动轨道的法线方向的情况,碰撞所耗散的动能也可以在水平方向和垂直方向进行分解。因此,用 ϕ 来描述碰撞表面的位置是十分方便的。将碰撞前后的能量在水平方向和垂直方向分解为

$$\begin{aligned} \Delta E_{vi} &= \Delta E_{vix} + \Delta E_{viy} \\ &= \frac{1}{2E_0} \left(\frac{\mu_m(1-r_c^2)}{1+\mu_m}(\dot{u}^-)^2 + \frac{\mu_m(1-r_c^2)}{1+\mu_m}(\dot{u}^- \tan\phi)^2 \right) \\ &= \frac{1}{2E_0} \frac{\mu_m(1-r_c^2)}{1+\mu_m} \left(\frac{\dot{u}^-}{\cos\phi} \right)^2 \end{aligned} \tag{9-28}$$

式中,ΔE_{vix} 为水平方向每次碰撞耗散的动能;ΔE_{viy} 为垂直方向每次碰撞耗散的动能;E_0 为系统中的初始能量。

由式(9-28)可知,每次碰撞所耗散的能量与质量比、恢复系数、相对速度和角度 ϕ 有关。由于考虑了四次多项式轨道形状,当 $\phi=0$ 时,意味着碰撞表面位于轨道底部,并且碰撞只有水平方向分量而无垂直方向分量,导致所有能量全部

在水平耗散。随着角度 ϕ 的逐渐增大，垂直方向耗散的能量逐渐增加，水平方向耗散的能量逐渐减小。当 $\phi=\pi/4$ 时，在水平方向和垂直方向上耗散的能量相等。当 ϕ 接近 $\pi/2$ 时，速度的水平分量接近于零，能量几乎全部在垂直方向耗散。考虑整个碰撞振动过程，碰撞表面位置（用 ϕ 表示）对能量在不同方向的耗散的影响将在 9.3 节讨论。

为了有效评估单侧碰撞非线性能量阱的能量耗散性能，分别从整个系统的能量耗散、水平方向耗散的能量和垂直方向耗散的能量评价单侧碰撞轨道非线性能量阱的性能。定义系统耗散的能量 E_d 如下：

$$E_d = \sum \Delta E_{vi} + E_c = \sum \Delta E_{vix} + \sum \Delta E_{viy} + E_c \tag{9-29}$$

式中，$\sum \Delta E_{vi}$ 为经过一段时间 t 后碰撞而耗散的能量；$\sum \Delta E_{vix}$ 为经过一段时间 t 后碰撞在水平方向耗散的能量；$\sum \Delta E_{viy}$ 为经过一段时间 t 后碰撞在垂直方向耗散的能量。由于单侧碰撞轨道非线性能量阱中没有阻尼，阻尼耗散的能量完全发生在初级结构中，即

$$E_c = \frac{2\zeta}{E_0} \int_0^t \left(\dot{x}_1^2(\tau) + \mu_c \dot{y}_1^2(\tau) \right) \mathrm{d}\tau \tag{9-30}$$

注意到，经过一段时间之后，E_d 值越大表示能量耗散越多。由于 E_d 经过初始能量无量纲处理，因此，$E_d=1$ 表示系统中的能量被完全耗散。

9.3 单侧碰撞轨道非线性能量阱系统动力学响应分析

本节利用四阶龙格-库塔法对带有单侧碰撞轨道非线性能量阱的系统进行数值模拟。在仿真中，实时检测碰撞发生条件，即初级结构与单侧碰撞轨道非线性能量阱之间的相对位移等于 b，以确定碰撞发生的时刻。当检测到单侧碰撞轨道非线性能量阱的质量到达碰撞表面时，中断仿真。并通过式（9-27）计算碰撞后单侧碰撞轨道非线性能量阱和初级结构的速度，通过式（9-28）计算碰撞耗散的能量。随后，将得到的新的速度代入运动方程之中，继续进行仿真。

9.3.1 单侧碰撞轨道非线性能量阱参数优化设计

如前文所述，轨道形状和质量比是单侧碰撞轨道非线性能量阱两个重要的设计参数。在这部分，主要验证轨道形状对控制效果的影响，单侧碰撞轨道非线性能量阱轨道形状的设计可能千差万别，不同的轨道形状会导致运动过程中产生不同的非线性回复力，而这种非线性回复力最终将影响控制效果。仅具有二次项的多项式轨道形状会产生近似线性的回复力，不能产生强非线性回复力与初级结构耦合。另外，高次多项式的轨道在制造加工中比较困难。因此，针对四阶多项式轨道形状进行参数优化设计。一般来说，系数 a_4 的范围将取决于基础结构动力学响应及由此产生的单侧碰撞轨道非线性能量阱响应范围。考虑水平方向和垂直方向均产生一个较大的位移，因此，系数 a_4 的范围选取为 0 到 0.02。单侧碰撞轨道非线性能量阱的质量比也是一个需要考虑的重要参数。如果质量比太小，则难以实现单侧碰撞轨道非线性能量阱与初级结构的动态耦合，从而难以实现有效的振动抑制。如果质量比太大，附加质量效应十分显著。因此，考虑单侧碰撞轨道非线性能量阱质量比 μ_m 的取值范围为 0.01 到 0.5。假设初始时刻单侧碰撞轨道非线性能量阱处于静止状态，初级结构在水平方向上受到冲击载荷作用，该冲击载荷表现为初级结构在水平方向上具有一个初始速度 $\dot{x}(0)$。一般来说，对于建筑结构垂直方向的刚度大于水平方向，选择刚度比 $\mu_k=10$。在 9.3.4 节将讨论其他刚度比对单侧碰撞轨道非线性能量阱性能的影响。所考虑的初级结构在水平方向和垂直方向上都具有弱阻尼，阻尼比系数为 $\zeta=0.05$。通常，恢复系数在 $0<r_c<1$ 范围内。在整个数值模拟中选取 $r_c=0.8$。在参数优化设计过程中，碰撞表面布置在轨道的最低点，也就是说碰撞间隙设置为零（b=0），以便可以消除单侧碰撞轨道非线性能量阱质量在运动过程中达不到碰撞表面的影响。

为了增强系统对外部脉冲激励和初级结构水平方向和垂直方向刚度比的鲁棒性，考虑不同激励载荷和初级结构水平方向和垂直方向刚度比对单侧碰撞轨道非线性能量阱优化设计的影响。采用加权平均法对单侧碰撞轨道非线性能量阱的质量比和轨道形状系数进行参数优化设计[46,48]。单侧碰撞轨道非线性能量阱参数优化设计的权重如表 9-1 所示。

表 9-1　单侧碰撞轨道非线性能量阱参数优化设计的权重

$\dot{x}_1(0)$	$0.8\mu_k$	μ_k	$1.2\mu_k$
5.0	0.48（a）	0.60（b）	0.48（c）
10.0	0.64（d）	0.80（e）	0.64（f）
15.0	0.80（g）	1.00（h）	0.80（i）
20.0	0.64（j）	0.80（k）	0.64（l）
25.0	0.32（m）	0.40（n）	0.32（o）
30.0	0.16（p）	0.20（q）	0.16（r）

注：括号中的标号与图 9-2 标号对应。

不同的激励载荷将导致单侧碰撞轨道非线性能量阱中的质量以不同的速度发生碰撞，从而导致能量耗散性能的差异。过小的激励和较大的激励发生的可能性比较小。因此，设置过小或者过大激励对应的权系数较小。初级结构水平方向和垂直方向刚度比会影响到能量从水平方向向垂直方向的传递以及能量的耗散。因此，刚度比的变化范围为 $0.8\mu_k \sim 1.2\mu_k$。具体的优化过程为通过数值方法计算经过一段时间（$t=100$）后不同单侧碰撞轨道非线性能量阱刚度比-初始条件组合下系统耗散的能量 E_d，将每种情况下系统耗散的能量 $E_d \geqslant 0.9\max(E_d)$ 对应的单侧碰撞轨道非线性能量阱质量 m_n 和轨道形状系数 a_4 取出，用表 9-1 中的权系数进行加权平均，计算结果如图 9-2 所示。

从图 9-2 中可以看出，在特定参数下，单侧碰撞轨道非线性能量阱能迅速耗散系统中的振动能量。注意到，对于质量比较小的情况，能量耗散的效果均不理想，这可能的原因是单侧碰撞轨道非线性能量阱质量比过小不会有效地在非碰撞间隔从初级结构向单侧碰撞轨道非线性能量阱传递能量，并将能量迅速耗散。另外，注意到随着能量的增加，能量耗散性能较好的区域逐渐减少。考虑到系统中阻尼很小，能量主要通过碰撞耗散，而碰撞表面布置在轨道的最低点，对于承受较大冲击载荷的系统，非碰撞间隔较长，相同时间内有效碰撞次数较少，导致仅在某些质量比及轨道形状系数组合下取得较好的控制效果。这也说明，在相同的时间内，碰撞次数越多则能量越可能被耗散。注意到在每种情况下，都能找到使单侧碰撞轨道非线性能量阱表现出良好能量耗散性能的质量比和轨道形状系数组合。采用加权平均法求取总体最优参数。具体做法是将图 9-2 中得到的 $E_d \geqslant 0.9\max(E_d)$ 数据取出，并用表 9-1 中的权重对每种情况下的数据进行加权平均，最终得到优化

的参数为 $\mu_m = 0.3768$，$a_4 = 0.00214$。单侧碰撞轨道非线性能量阱对初级结构的能量耗散机制、间隙和刚度比对能量耗散的影响将在下一节深入研究。

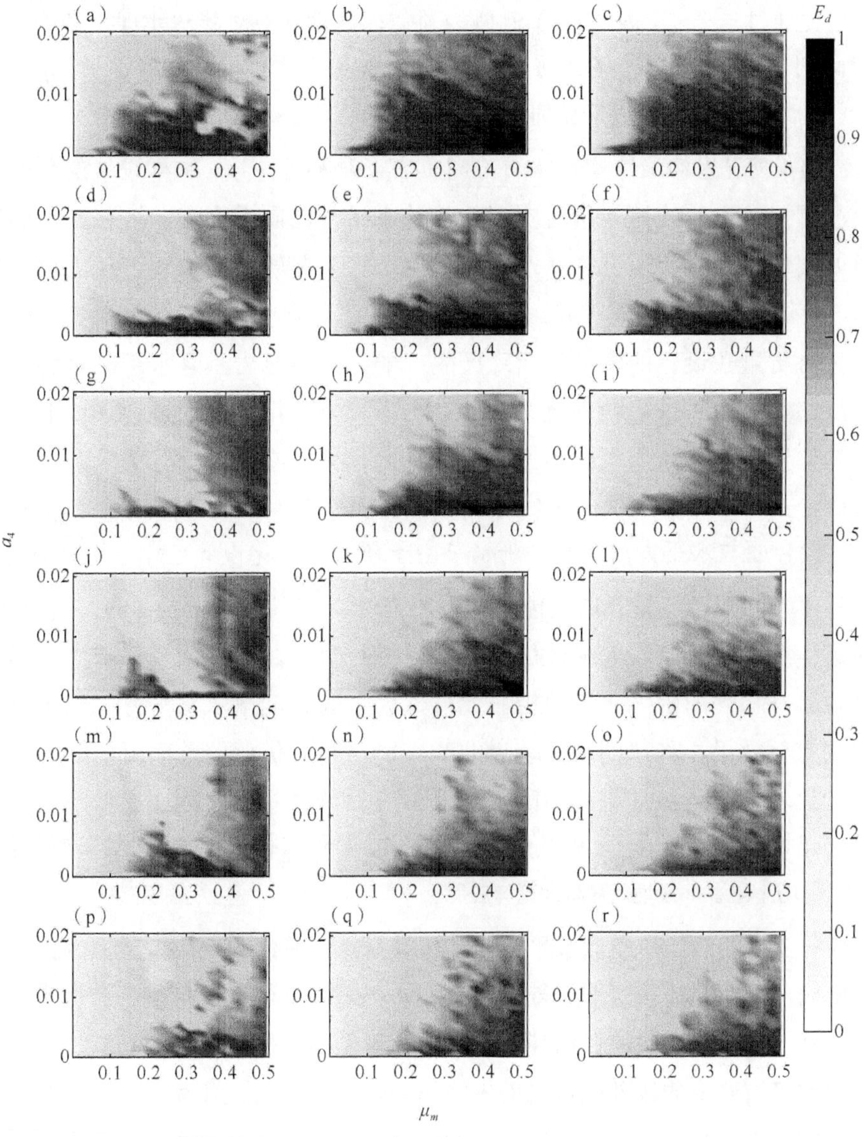

图 9-2　不同刚度比和初始条件下，系统耗散的能量 E_d 与质量比 μ_m 和轨道形状系数 a_4 的关系

9.3.2 水平方向向垂直方向的能量传递

首先通过一个实例来说明单侧碰撞轨道非线性能量阱能够实现振动能量从水平方向向垂直方向的转移，仿真参数为 $\mu_m = 0.3768$，$a_4 = 0.00214$，$\mu_k = 10$，$\zeta = 0.05$，$r_c = 0.8$。假设初始时刻系统处于静止状态，初级结构受到一个水平方向的冲击，表现为初级结构在水平方向具有一个初始速度。这样设置的目的是验证单侧碰撞轨道非线性能量阱实现能量从水平方向向垂直方向转移。单侧碰撞轨道非线性能量阱实现能量从水平方向向垂直方向转移的方式表现为以下两个方面：第一，从运动方程（9-24）可以看出，在非碰撞间隔，单侧碰撞轨道非线性能量阱质量在设计的轨道上运动产生的非线性回复力具有水平分量和垂直分量，能够实现水平方向和垂直方向的动力学耦合；第二，通过合理地调整碰撞表面的位置，使碰撞产生的不连续非线性回复力具有较大垂直分量，以实现水平方向振动与垂直方向振动的耦合。在下面的仿真中，取碰撞间隙 $b=4.89$。此时，碰撞表面与水平方向夹角 $\phi=\pi/4$。由于在参数优化设计过程中选择 $b=0$，关于非零碰撞间隙对能量耗散性能的影响将在 9.3.3 节进行讨论。同时，将单侧碰撞轨道非线性能量阱与非线性能量阱锁住进行对比。这样比较意味着对初级结构来说具有相同的附加质量效应。此外，为了验证能量从水平方向向垂直方向转移的有益效果，将单侧碰撞轨道非线性能量阱与优化的单侧碰撞非线性能量阱进行比较。为了保证相同的附加质量效应，单侧碰撞非线性能量阱与初级结构的质量比为 $\mu_m^{SSVI} = \mu_m$，单侧碰撞非线性能量阱与初级结构水平方向最优刚度比 $\mu_k^{SSVI} = 0.145$。

图 9-3 为初级结构受到水平方向冲击载荷之后系统的响应。从图 9-3（a）中可以看出，单侧碰撞轨道非线性能量阱和单侧碰撞非线性能量阱都有较大的水平相对位移，其中单侧碰撞非线性能量阱的相对位移峰值最大。图 9-3（b）为初级结构在水平方向上的位移。可以看出，与非线性能量阱锁住相比，无论是单侧碰撞轨道非线性能量阱还是单侧碰撞非线性能量阱，初级结构在水平方向的位移都迅速减小，结构在水平方向位移响应的峰值也显著减小。

第 9 章 单侧碰撞轨道非线性能量阱

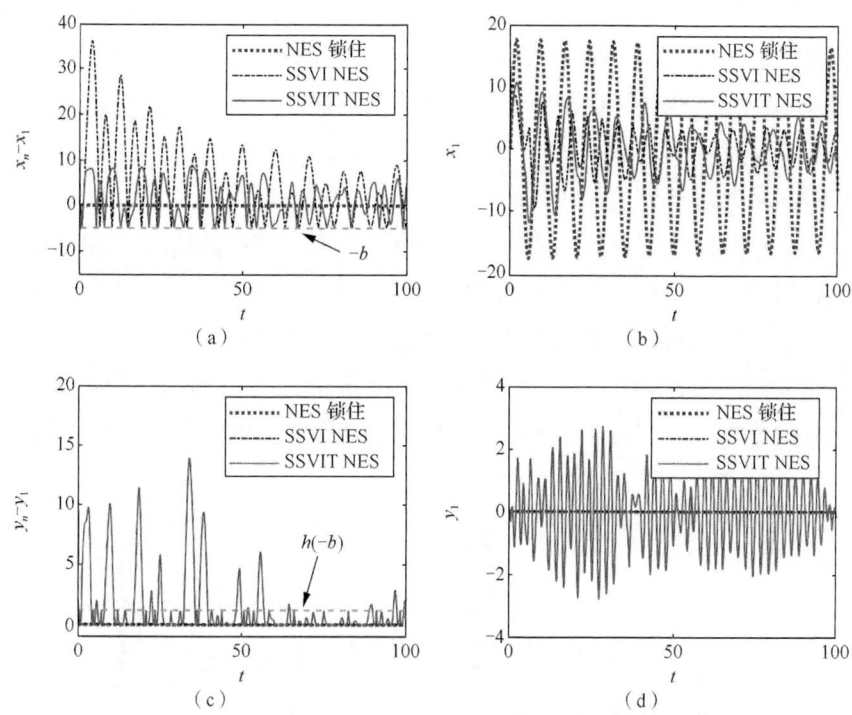

图 9-3 初级结构受到水平方向冲击载荷之后系统的响应

(a) 非线性能量阱与初级结构水平方向相对位移;(b) 初级结构水平方向位移;
(c) 非线性能量阱与初级结构垂直方向相对位移;(d) 初级结构垂直方向位移

从图 9-3(c)中可以看出,只有单侧碰撞轨道非线性能量阱具有垂直方向的相对位移,而单侧碰撞非线性能量阱和非线性能量阱锁住时不会发生水平方向运动和垂直方向运动的耦合。这说明单侧碰撞轨道非线性能量阱能够将能量从水平方向向垂直方向转移。这种能量传递是由单侧碰撞轨道非线性能量阱在轨道上运动所产生的光滑非线性回复力以及碰撞时所产生的非光滑非线性回复力共同发挥作用而实现的。注意到即使 a_4 很小,单侧碰撞轨道非线性能量阱垂直方向的相对位移却很大,进而产生较大的非线性回复力。从图 9-3(d)中可以发现,随着时间的推移,初级结构垂直方向的位移响应相应增加,而对于单侧碰撞非线性能量阱和非线性能量阱锁住的情形,并未观察到初级结构垂直方向的响应。说明单侧碰撞轨道非线性能量阱能够使初级结构水平方向和垂直方向的运动相互耦合,从而降低初级结构水平方向的振动响应,有利于保护初级结构在水平方向不遭到破坏。观察到水平方向振动的频率明显低于垂直方向振动的频率，因此有必要对响应进行频谱分析。考虑到带有单侧碰撞轨道非线性能量阱的结构具有很强的非线性，单侧碰撞轨道非线性能量阱的振动频率随时间变化明显，这里采用小波变换的方法对系统进行分析。

对带有单侧碰撞轨道非线性能量阱、单侧碰撞非线性能量阱和非线性能量阱锁住时初级结构速度响应的小波变换如图 9-4 所示。初级结构水平方向和垂直方向的无量纲固有频率分别为 $f_{1x}=0.159$，$f_{1y}=0.503$，在图 9-4 中用虚线表示。从图 9-4（a）中可以看出，系统由于碰撞而具有复杂的频率成分，不仅出现了初级结构水平方向的固有频率，还存在更高的频率分量。这对于降低结构振动响应以及快速耗散能量是有利的，因为在同样能量量级下，高频振动具有更小的幅值，另外，高频振动的能量更容易被阻尼等耗散。

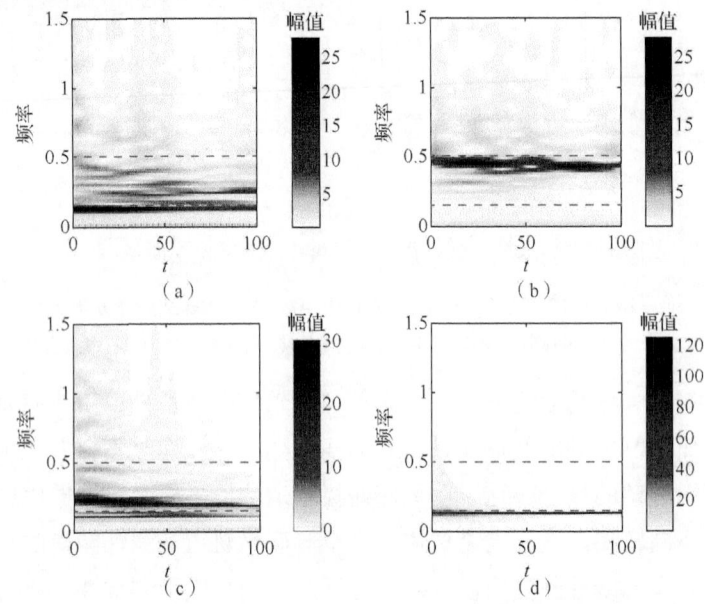

图 9-4　初级结构速度响应的小波变换
（虚线代表初级结构水平方向和垂直方向的无量纲固有频率）

（a）水平方向速度（单侧碰撞轨道非线性能量阱）；（b）垂直方向速度（单侧碰撞轨道非线性能量阱）；
（c）水平方向速度（单侧碰撞非线性能量阱）；（d）水平方向速度（非线性能量阱锁住）

从图 9-4（b）中可以看出，在开始阶段出现了接近垂直方向固有频率的响应。虽然整个系统所受到水平方向冲击载荷，但依然可以从图 9-4（b）中观察到垂直

第 9 章 单侧碰撞轨道非线性能量阱

方向结构的固有频率,这说明单侧碰撞轨道非线性能量阱能够实现初级结构水平方向和垂直方向的耦合,并发生了从水平方向向垂直方向的能量转移。考虑到垂直方向的固有频率较高,在大多数情况下,这种能量传递将导致能量更快耗散。尽管在图 9-4(c)中观察到较高的频率成分,但未观察到与垂直方向运动相关的结构固有频率,说明该高频振动是由碰撞引起的。从图 9-4(d)中没有观察到与初级结构垂直方向振动相关的频率,因为非线性能量阱锁住时,系统不会发生从水平方向到垂直方向的能量转移。

碰撞在水平方向、垂直方向耗散的能量,阻尼耗散的能量和系统耗散的能量随时间的变化如图 9-5(a)所示。可以看出,整个系统的能量很快被耗散。其中,碰撞耗散的能量占总耗散能量的主要部分,而阻尼耗散的能量占比很小。因为碰撞具有较高的能量耗散效率,在单侧碰撞轨道非线性能量阱设计和实际应用中应优先考虑通过碰撞将能量耗散。同时,注意到在水平方向和垂直方向通过碰撞耗散的能量相同。这是由于碰撞表面布置的位置恰好使得 $\phi=\pi/4$。

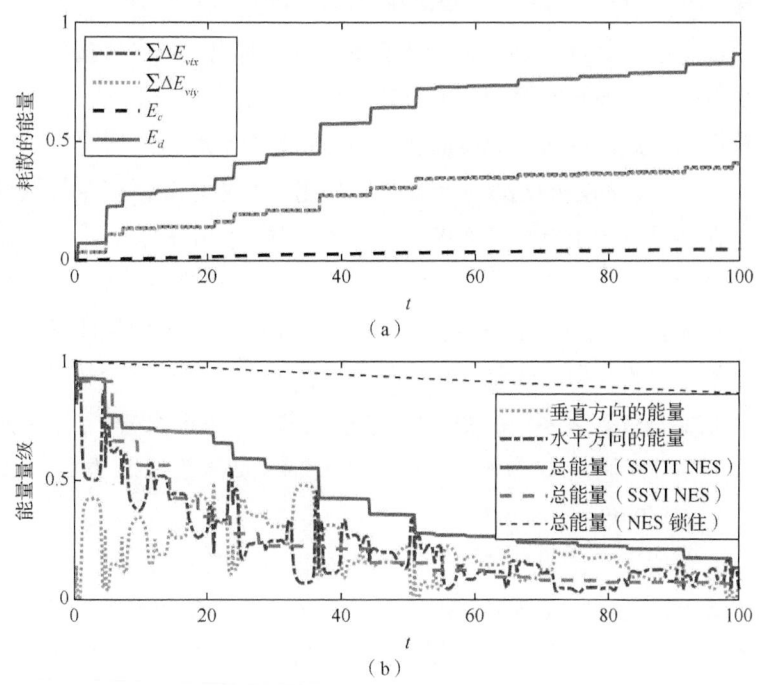

图 9-5 带有非线性能量阱的系统中能量随时间的变化
(a)系统中耗散的能量;(b)系统中剩余的能量

图 9-5(b)为系统中剩余的能量。可以看出,该单侧碰撞轨道非线性能量阱

成功地将能量从水平方向传递到垂直方向，并且初级结构在水平方向上振动响应的幅值显著减小。其背后的机制是，随着单侧碰撞轨道非线性能量阱质量进一步沿轨道向上移动，由轨道产生的垂直方向的非线性回复力具有更大的分量，从而能够增加垂直能量传递。此外，由碰撞产生的非光滑非线性回复力也有助于这种能量传递。图9-5（b）还揭示了单侧碰撞非线性能量阱和单侧碰撞轨道非线性能量阱抑制初级结构水平方向振动的不同机制：单侧碰撞非线性能量阱通过耗散系统中的能量来抑制振动响应，而单侧碰撞轨道非线性能量阱通过耗散能量和将能量从初级结构的水平方向传递到垂直方向来实现。

9.3.3 碰撞间隙的影响规律分析

对于单侧碰撞轨道非线性能量阱，碰撞间隙 b 是影响能量耗散性能的重要参数。若碰撞间隙选取过大，当初级结构和单侧碰撞轨道非线性能量阱之间的相对位移等于碰撞间隙时（即 $u=-b$），单侧碰撞轨道非线性能量阱与初级结构之间的相对速度可能很小，甚至可能无法达到碰撞间隙从而无法发生碰撞，导致能量耗散较少。反之，合理设置碰撞表面的位置有助于实现能量在不同频率、不同方向上的重新分布。因此，有必要对碰撞表面的布置位置进行深入研究。

本节将讨论碰撞间隙的选取对单侧碰撞轨道非线性能量阱能量耗散性能的影响以及能量在不同方向上重新分布的影响。不同的初始能量会导致单侧碰撞轨道非线性能量阱的质量 m_n 运动到碰撞表面时具有不同的相对速度 u，从而导致不同的能量耗散性能。考虑到初始条件也会影响单侧碰撞轨道非线性能量阱能量耗散性能，在这部分的研究中，选取表9-1中 $\mu_k=10$ 对应的6个不同初始条件进行仿真。这6种初始条件代表系统的初始能量从低到高。整个系统除了具有水平方向初始速度以外，其他所有初始条件均为0。仿真参数选取为 $\mu_m=0.3768$，$a_4=0.00214$，$\zeta=0.05$，$r_c=0.8$。

如9.2.2节所述，碰撞导致水平方向和垂直方向耗散的能量与角度 ϕ 密切相关。而角度 ϕ 由轨道形状及碰撞间隙决定，对于四次方轨道形状，角度 ϕ 随着碰撞间隙的增加而增加。因此，在本节的研究中以 ϕ 作为自变量考察碰撞表面在轨道上的位置对能量耗散的影响。图9-6为不同初始条件下碰撞耗散的能量、阻尼耗散的能量以及总耗散的能量随角度 ϕ 的变化。数值模拟时间为 $t=100$。

第 9 章 单侧碰撞轨道非线性能量阱

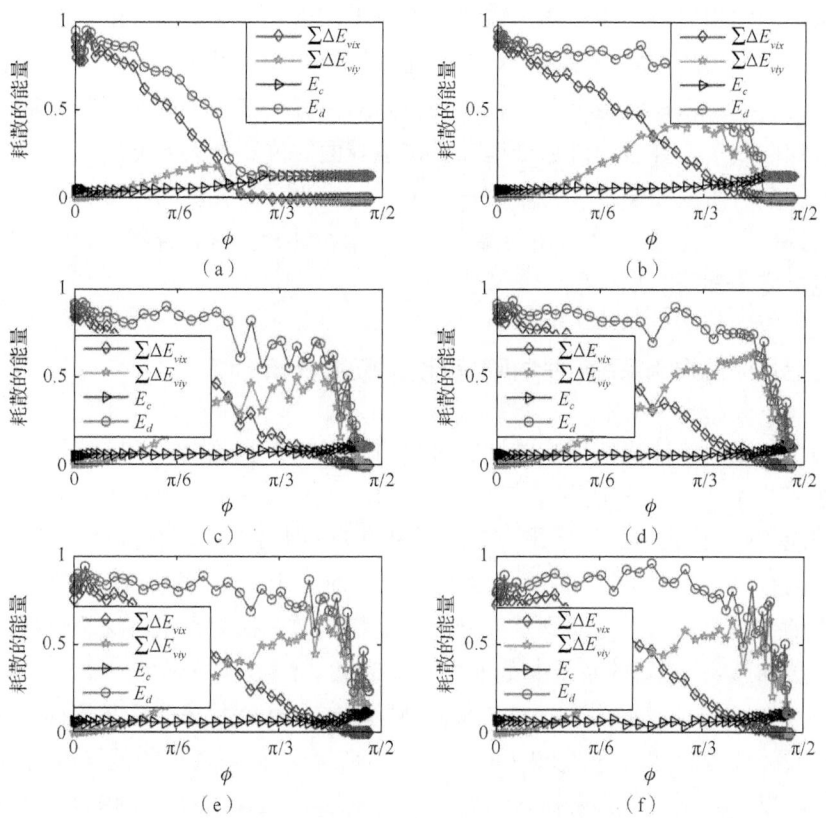

图 9-6 不同初始条件下碰撞耗散的能量、阻尼耗散的能量以及总耗散的能量随角度 ϕ 的变化

(a) 初始条件 $\dot{x}_1(0)=5$；(b) 初始条件 $\dot{x}_1(0)=10$；(c) 初始条件 $\dot{x}_1(0)=15$；
(d) 初始条件 $\dot{x}_1(0)=20$；(e) 初始条件 $\dot{x}_1(0)=25$；(f) 初始条件 $\dot{x}_1(0)=30$

从图 9-6（a）中可以看出，水平方向耗散的能量和总耗散的能量随着角度 ϕ 的增加而减少，垂直方向耗散的能量随着角度 ϕ 的增加先增加后减少，阻尼耗散的能量随着角度 ϕ 的增加而增加。当 $\phi > \pi/3$ 时，由垂直方向耗散的能量为 0，这是因为单侧碰撞轨道非线性能量阱的质量 m_n 不能到达碰撞表面，能量全部通过阻尼耗散。还观察到，当碰撞表面设置在轨道底部时，可获得最大的能量耗散。从图 9-6（b）～（f）中可以看出，随着角度 ϕ 的增加，垂直方向由碰撞耗散的能量逐渐增加，达到峰值之后又开始降低。其原因是碰撞的竖向方向分量逐渐增大。当碰撞表面离水平方向达到一定距离之后，碰撞引起的垂直方向的动能耗散逐渐降低到 0，在这个临界点之后，水平方向和垂直方向耗散的能量都是零。这是因为随着碰撞表面设置的位置过高，当单侧碰撞轨道非线性能量阱的质量 m_n 到达碰撞表面时，其相对于初级结构的速度变得很小，这种低速碰撞降低了碰撞的整体耗能效率以及垂直方向碰撞耗能效率。随着初始能量的增加，单侧碰撞轨道非线性能量阱质量可以在轨道上向上移动到更高的位置，在相对宽的范围内获得更高的能量耗散效率，并且通过适当地布置碰撞表面的位置，大部分能量可以在垂直方向上耗散。研究还发现，当角度 $\phi=\pi/4$ 时，水平方向耗散的能量和垂直方向耗散的能量相等，这与 9.2.3 节所得结论一致。值得注意的是，若碰撞间隙设置得过大，能量将全部由阻尼耗散。

9.3.4 水平方向和垂直方向刚度比的影响分析

为了验证单侧碰撞轨道非线性能量阱对初级结构参数变化的鲁棒性，本节讨论初级结构水平方向和垂直方向的刚度比 μ_k 对单侧碰撞轨道非线性能量阱能量耗散性能的影响。初级结构水平方向和垂直方向的刚度比 μ_k 的变化范围为 $[1,20]$。初级结构在水平方向上施加中等强度的冲击，对应于初始速度 $\dot{x}_1(0)=15$。由于碰撞表面的位置对从水平方向到垂直方向的能量传递有很大影响，这里也考虑碰撞表面位置的影响。仿真的系统参数为 $\mu_m=0.3768$，$a_4=0.00214$，$\mu_k=10$，$\zeta=0.05$，$r_c=0.8$。数值模拟时间为 $t=100$。单侧碰撞轨道非线性能量阱水平方向、垂直方向通过碰撞耗散的能量分别如图 9-7（a）、（b）所示，阻尼耗散的能量如图 9-7（c）所示。可以观察到，如果碰撞耗散的能量[图 9-7（a）、（b）]比较大，则阻尼耗散的能量非常小[图 9-7（c）]，反之亦然。如图 9-7（d）所示，刚度比变化对碰撞耗散的能量影响不大。这是因为单侧碰撞轨道非线性能量阱没有固有频率，能够在较宽的频率范围内与初级结构相互耦合。因此，可以得出结论：经过参数优化设计的单侧碰撞轨道非线性能量阱对初级结构水平方向和垂直方向的刚度比在大范围变化时具有鲁棒性。

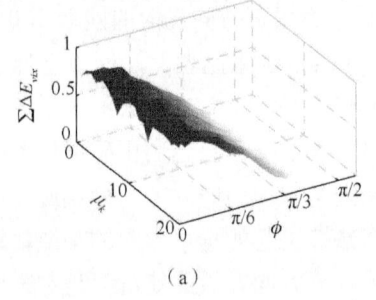

(a)

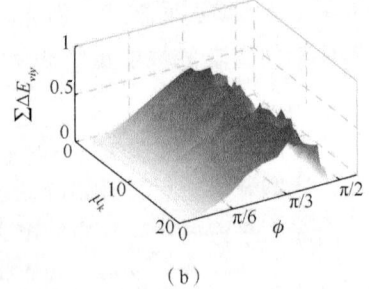

(b)

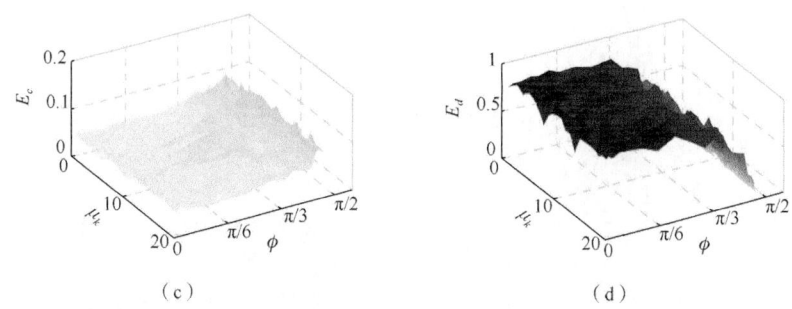

图 9-7 能量耗散性能与夹角 ϕ 和刚度比 μ_k 的关系

(a) 水平方向上耗散的能量；(b) 垂直方向上耗散的能量；(c) 阻尼耗散的能量；(d) 耗散的总能量

9.3.5 地震载荷下单侧碰撞轨道非线性能量阱的性能分析

到目前为止，对于单侧碰撞轨道非线性能量阱的优化均采用冲击载荷，且只考虑系统受到水平方向的冲击载荷。考虑实际应用，选取 1995 年日本阪神大地震数据对单侧碰撞轨道非线性能量阱性能进行检验。由于仿真参数均以初级结构参数进行了无量纲处理，需要对地震载荷进行时间尺度上的缩放。通常，激励力频率接近结构的固有频率时，结构的振动响应较大，也最不利于保护建筑结构。因此，将地震载荷的主要频率设置为初级结构水平方向的固有频率，如图 9-8 所示。基础激励的幅值被放大 4 倍，以确保单侧碰撞轨道非线性能量阱在工作中发生碰撞。作用于基础的激励被施加在水平方向，以验证单侧碰撞轨道非线性能量阱在工作过程中能够实现将水平方向的振动转移至垂直方向。由于水平方向的固有频率远小于垂直方向的固有频率，这种水平方向振动向垂直方向振动的转移也意味着能量从低频振动向高频振动的转移，从而使能量更容易被阻尼等耗散，进而降低初级结构水平方向的振动响应。仿真参数为 $\mu_m = 0.3768$，$a_4 = 0.00214$，$\mu_k = 10$，$\zeta = 0.05$，$r_c = 0.8$。同样，将单侧碰撞轨道非线性能量阱与单侧碰撞非线性能量阱和非线性能量阱锁住进行比较。用于比较的单侧碰撞非线性能量阱参数为 $\mu_m^{\text{SSVI}} = 0.3768$，$\mu_k^{\text{SSVI}} = 0.145$。

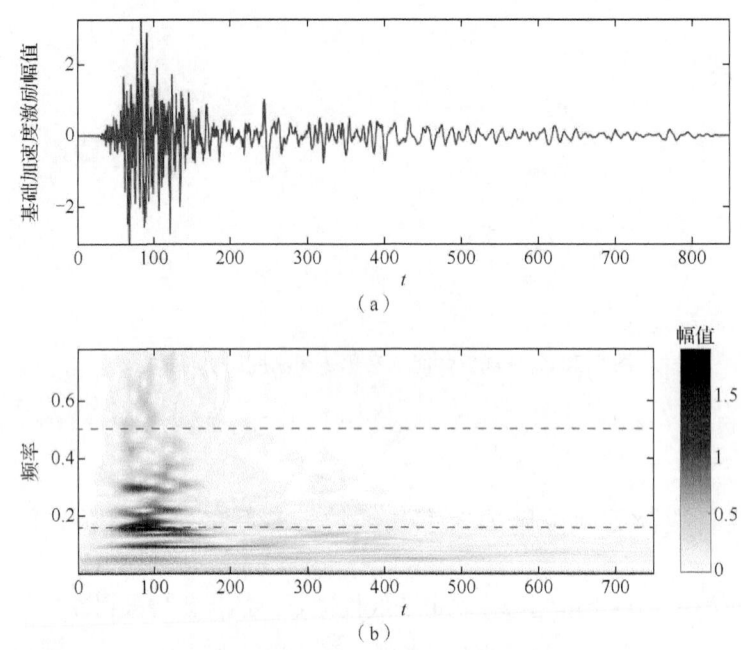

图 9-8 尺度化的地震载荷

(a)加速度时间序列;(b)小波变换(上、下虚线分别代表初级结构水平方向和垂直方向的无量纲固有频率)

在图 9-8 中所示的地震载荷作用下,整个系统的响应如图 9-9 所示。以初级结构水平位移响应及系统中的能量分布作为评价指标,对单侧碰撞轨道非线性能量阱抑制结构振动响应的有效性进行验证。从图 9-9(a)中可以看出,与非线性能量阱锁住相比,单侧碰撞轨道非线性能量阱和单侧碰撞非线性能量阱都能抑制地震载荷下结构的水平方向位移响应。地震载荷作用下,系统中的能量分布如图 9-9(b)所示。可以看出,在附加质量相同的情况下,单侧碰撞轨道非线性能量阱和单侧碰撞非线性能量阱均能有效耗散系统中的能量,使总能量保持在较低的量级,并迅速降低结构的响应,降低地震载荷对初级结构的影响。同时,从图 9-9(b)中可以明显观察到初级结构垂直方向的振动,表明单侧碰撞轨道非线性能量阱能够将水平方向地震载荷的能量传递至垂直方向。对于单侧碰撞非线性能量阱和单侧碰撞轨道非线性能量阱锁住的情形,由于不能发生能量从水平方向到垂直方向的转移,系统中的能量全部在水平方向耗散。虽然单侧碰撞轨道非线性能量阱在能量耗散性能不如单侧碰撞非线性能量阱,但在抑制初级结构水平方向响应方面,单侧碰撞轨道非线性能量阱具有与单侧碰撞非线性能量阱相似的性能。值得注意的是，该结果虽不能说明单侧碰撞轨道非线性能量阱对所有地震载荷的有效性，但却足以证明单侧碰撞轨道非线性能量阱在控制结构振动响应方面的可行性。

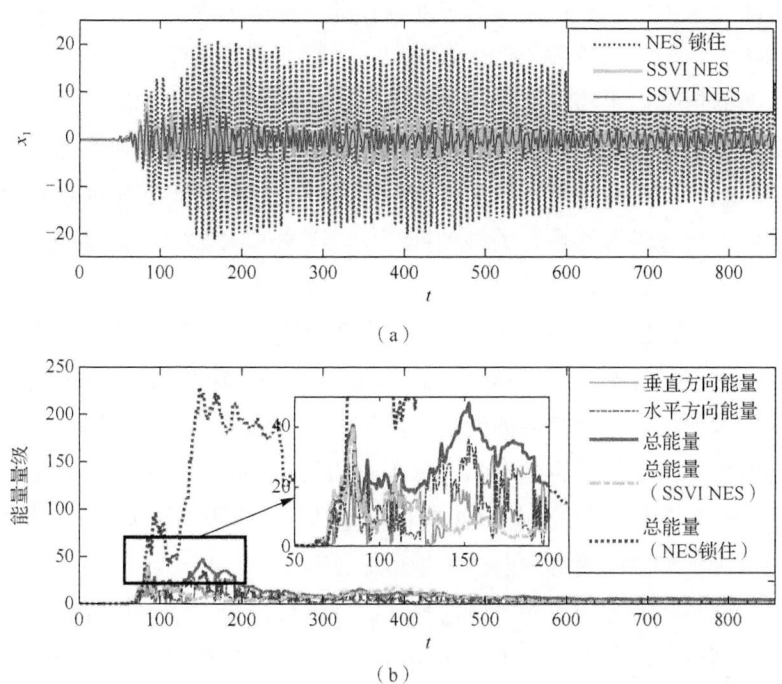

图 9-9　地震载荷作用下系统的响应

(a) 初级结构水平方向的位移响应；(b) 系统中的能量分布

9.4　本章小结

本章考虑初级结构在水平方向和垂直方向的运动，对单侧碰撞轨道非线性能量阱抑制结构响应性能做出了研究，主要包括以下几个方面。

(1) 通过拉格朗日方法得到带有单侧碰撞轨道非线性能量阱系统的动力学方程。通过数值仿真，研究了单侧碰撞轨道非线性能量阱对能量在系统中重新分布的影响。结果表明，若考虑初级结构水平方向和垂直方向的振动，单侧碰撞轨道非线性能量阱不仅能够实现将低频振动的能量转移至高频振动，而且能够实现水平方向的能量向垂直方向转移，即能量在不同方向上的重新分布。这种能量在不同方向上的重新分布有助于使结构的振动从水平方向转移至垂直方向并在垂直方向耗散，进而使结构免于在水平方向上遭到破坏。

（2）碰撞间隙对于单侧碰撞轨道非线性能量阱实现能量在不同方向上的重新分布影响很大。通过大量的数值研究发现，合理布置单侧碰撞轨道非线性能量阱中碰撞表面的位置，可实现能量在垂直方向上的耗散。值得注意的是，碰撞间隙的选择受初始条件的影响比较大，若系统中初始能量很小，则很难通过选取碰撞间隙实现水平方向的振动能量向垂直方向转移。也就是说，初始能量对于单侧碰撞轨道非线性能量阱取得良好的振动抑制性能有着重大影响，这将限制其实际的应用。

（3）研究了初级结构中水平方向刚度和垂直方向刚度对于单侧碰撞轨道非线性能量阱的影响，讨论了不同刚度比 μ_k 的情形下，碰撞引起水平方向能量变化、垂直方向能量变化，阻尼耗散的能量与系统耗散的能量的关系。影响可以分为两方面：当刚度比较小时，也就意味着水平方向的刚度和垂直方向的刚度之间差异较大，很难实现从水平方向向垂直方向的能量传递；当刚度比大于某一数值之后，能够实现从水平方向向垂直方向的能量传递。

（4）在地震载荷作用下对单侧碰撞轨道非线性能量阱性能进行检验，结果表明优化的单侧碰撞轨道非线性能量阱能够有效迁移振动能量。下一步的研究将主要考虑将单侧碰撞轨道非线性能量阱应用于复杂结构的振动控制之中。

第 10 章　对称单侧碰撞轨道非线性能量阱

10.1　概　　述

虽然单侧碰撞轨道非线性能量阱具有很高的能量耗散效率,但其性能受外载荷方向影响较大,这就意味着在设计单侧碰撞轨道非线性能量阱时需要预先知道外部载荷,限制了其实际应用。为了解决上述问题,本章提出一种对称单侧碰撞轨道非线性能量阱（symmetric single-sided vibro-impact track nonlinear energy sink, SSSVIT NES）。首先推导了系统的动力学方程,讨论了设计参数变化对其振动控制性能的影响。数值仿真表明,对称单侧碰撞轨道非线性能量阱不仅能够有效地抑制结构动力学响应,实现能量从低频振动向高频振动的传递,还对设计参数（轨道形状和质量比）的差异具有很强的鲁棒性。最后,在地震载荷下对其抑制结构振动响应性能进行了检验,这对其实际应用具有重要的指导意义。

10.2　对称单侧碰撞轨道非线性能量阱系统建模

作为一种新型的非线性能量阱,对称单侧碰撞轨道非线性能量阱不仅具有单侧碰撞轨道非线性能量阱的优点：通过光滑和非光滑非线性回复力与初级结构耦合,实现在较短的时间内降低结构动力学响应；又由于对称单侧碰撞轨道非线性能量阱结构上的对称,克服了单侧碰撞轨道非线性能量阱性能对外部载荷方向敏感这一缺点。

10.2.1　对称单侧碰撞轨道非线性能量阱系统运动方程

图 10-1 为带有对称单侧碰撞轨道非线性能量阱的初级结构。初级结构质量为 m_1,弹簧刚度为 k_1,阻尼为 c_1,其位移用 X_1 表示。对称单侧碰撞轨道非线性能量

阱的两个质量 m_{N1} 和 m_{N2} 分别在形状 $H_1(U_1)$ 和 $H_2(U_2)$ 的轨道上运动，其中 U_1 和 U_2 分别代表质量 m_{N1} 和 m_{N2} 与初级结构之间的相对位移，X_{N1} 和 X_{N2} 分别代表 m_{N1} 和 m_{N2} 的绝对位移。对称单侧碰撞轨道非线性能量阱与初级结构水平方向的阻尼分别为 c_{N1} 和 c_{N2}。在距离轨道底部 B 和 $-B$ 的位置分别布置一个碰撞表面，当对称单侧碰撞轨道非线性能量阱中的质量运动到碰撞表面时，对称单侧碰撞轨道非线性能量阱与初级结构发生碰撞。假设对称单侧碰撞轨道非线性能量阱的两个质量 m_{N1} 和 m_{N2} 在运动过程中均不与轨道分离。当质量 m_{N1} 和初级结构质量 m_1 之间的相对位移小于间隙 B，且质量 m_{N2} 和初级结构质量 m_1 之间的相对位移大于间隙 $-B$ 时（即 $U_1 < B$，$U_2 > -B$），非线性能量阱中的两个质量均未达到碰撞表面，初级结构与对称单侧碰撞轨道非线性能量阱不发生碰撞。

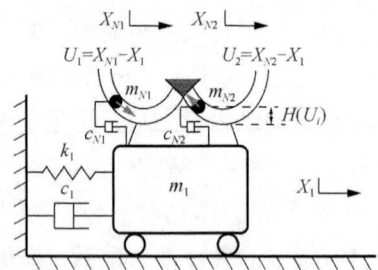

图 10-1　带有对称单侧碰撞轨道非线性能量阱的初级结构

采用拉格朗日法得到系统振动微分方程，计算整个系统的势能为

$$V_s = \frac{1}{2}k_1 X_1^2 + m_{N1} g H_1(U_1) + m_{N2} g H_2(U_2) \tag{10-1}$$

整个系统的动能为

$$\begin{aligned}T_s &= \frac{1}{2}m_1 \dot{X}_1^2 \\ &+ \frac{1}{2}m_{N1}\left(\dot{X}_1^2 + \dot{U}_1^2 + \left(H_1'(U_1)\right)^2 \dot{U}_1^2 + 2\dot{U}_1 \dot{X}_1\right) \\ &+ \frac{1}{2}m_{N2}\left(\dot{X}_1^2 + \dot{U}_2^2 + \left(H_2'(U_2)\right)^2 \dot{U}_2^2 + 2\dot{U}_2 \dot{X}_2\right)\end{aligned} \tag{10-2}$$

耗散函数为

$$D_s = \frac{c_{N1}}{2}\dot{U}_1^2 + \frac{c_{N2}}{2}\dot{U}_2^2 + \frac{c_1}{2}\dot{X}_1^2 \tag{10-3}$$

将式（10-1）～式（10-3）代入拉格朗日方程：

$$\frac{\mathrm{d}}{\mathrm{d}T}\frac{\partial T_s}{\partial \dot{X}_s} - \frac{\partial T_s}{\partial X_s} + \frac{\partial V_s}{\partial X_s} + \frac{\partial D_s}{\partial \dot{X}_s} = 0 \qquad (10\text{-}4)$$

式中，$X_s = \begin{bmatrix} U_1 & U_2 & X_1 \end{bmatrix}^T$ 为广义坐标向量。

整理化简式（10-4），可得系统的运动方程为

$$\begin{cases} m_{N1}\ddot{U}_1 + m_{N1}\ddot{X}_1 + c_{N1}\dot{U}_1 + F_{N1} = 0 \\ m_{N2}\ddot{U}_2 + m_{N2}\ddot{X}_1 + c_{N2}\dot{U}_2 + F_{N2} = 0 \\ m_1\ddot{X}_1 + c_1\dot{X}_1 + k_1 X_1 - c_{N1}\dot{U}_1 - c_{N2}\dot{U}_2 - F_{N1} - F_{N2} = 0 \end{cases} \qquad (10\text{-}5)$$

式中，g 为重力加速度；F_{Ni} $(i=1,2)$ 为对称单侧碰撞轨道非线性能量阱中质量 m_{N1} 和 m_{N2} 在轨道上运动时产生的非线性回复力，其表达式为

$$F_{Ni} = m_{Ni} H_i'(U_i) \left[H_i'(U_i)\ddot{U}_i + H_i''(U_i)\dot{U}_i^2 + g \right], \quad i = 1,2 \qquad (10\text{-}6)$$

为了使结果具有通用意义，将对称单侧碰撞轨道非线性能量阱的参数以初级结构的参数进行无量纲处理。引入无量纲时间为

$$t = \sqrt{\frac{k_1}{m_1}} T \qquad (10\text{-}7)$$

将式（10-7）代入式（10-5），整理可得无量纲的系统运动微分方程为

$$\begin{cases} \mu_{m1}\ddot{u}_1 + \mu_{m1}\ddot{x}_1 + \eta \dot{u}_1 + f_{n1} = 0 \\ \mu_{m2}\ddot{u}_2 + \mu_{m2}\ddot{x}_1 + \eta \dot{u}_2 + f_{n2} = 0 \\ \ddot{x}_1 + 2\zeta \dot{x}_1 + x_1 - \eta \dot{u}_1 - \eta \dot{u}_2 - f_{n1} - f_{n2} = 0 \end{cases} \qquad (10\text{-}8)$$

式中，$u_i = \dfrac{k_1 U_i}{m_1}$；$x_1 = \dfrac{k_1 X_1}{m_1}$；$\zeta = \dfrac{c_1}{2\sqrt{k_1 m_1}}$；$\eta = \dfrac{c_{N1}}{\sqrt{k_1 m_1}} = \dfrac{c_{N2}}{\sqrt{k_1 m_1}}$；$\mu_{m1} = \dfrac{m_{N1}}{m_1}$；$\mu_{m2} = \dfrac{m_{N2}}{m_1}$；$f_{ni} = \mu_{mi} h_i'(u_i) \left[h_i'(u_i)\ddot{u}_i + h_i''(u_i)\dot{u}_i^2 + g \right]$，$h_i(u_i) = \dfrac{k_1 H_i(U_i)}{m_1}$，$i = 1,2$。

10.2.2 对称单侧碰撞轨道非线性能量阱系统碰撞动力学

当初级结构与对称单侧碰撞轨道非线性能量阱的相对位移等于碰撞间隙时，初级结构与对称单侧碰撞轨道非线性能量阱发生碰撞。本次碰撞结束后，对称单

侧碰撞轨道非线性能量阱和初级结构又以新的初值继续运动,直至下一次碰撞发生。假设相邻两次碰撞满足 Hertz 接触模型,恢复系数的定义见式(9-25)。当对称单侧碰撞轨道非线性能量阱中的两个质量中仅有一个与初级结构发生碰撞时,通过引入动量守恒定律,可得碰撞前后对称单侧碰撞轨道非线性能量阱和初级结构的速度变换表达式为

$$\begin{bmatrix} \dot{u}_i^+ \\ \dot{x}_1^+ \end{bmatrix} = \frac{1}{1+\mu_{mi}} \begin{bmatrix} r_c(1+\mu_{mi}) & 0 \\ (1-r_c)\mu_{mi} & 1 \end{bmatrix} \begin{bmatrix} \dot{u}_i^- \\ \dot{x}_1^- \end{bmatrix}, \quad i=1,2 \qquad (10\text{-}9)$$

式中,上标"+"和"-"分别表示碰撞后时刻和碰撞前时刻。

当对称单侧碰撞轨道非线性能量阱的两个质量同时到达碰撞边界,则会发生三个质量的碰撞。结合恢复系数定义及动量守恒方程可得

$$\begin{bmatrix} \dot{u}_1^+ \\ \dot{u}_2^+ \\ \dot{x}_1^+ \end{bmatrix} = \frac{1}{\mu_{m1}+\mu_{m2}+1} \begin{bmatrix} r_c(\mu_{m1}+\mu_{m2}+1) & 0 & 0 \\ 0 & r_c(\mu_{m1}+\mu_{m2}+1) & 0 \\ \mu_{m1}(1-r_c) & \mu_{m2}(1-r_c) & 1 \end{bmatrix} \begin{bmatrix} \dot{u}_1^- \\ \dot{u}_2^- \\ \dot{x}_1^- \end{bmatrix} \qquad (10\text{-}10)$$

对称单侧碰撞轨道非线性能量阱并非两个单侧碰撞轨道非线性能量阱的简单组合,系统中存在更加复杂的动力学行为。对于三个质量碰撞时能量耗散的分析见第 8 章。

10.3 对称单侧碰撞轨道非线性能量阱系统动力学响应分析

在本节中,采用四阶龙格-库塔法对系统进行数值仿真。在仿真过程中检测对称单侧碰撞轨道非线性能量阱的质量是否抵达碰撞表面。若判断结果为真,则中断仿真,判断此时属于何种碰撞模式,并将速度代入式(10-9)或式(10-10)之中计算碰撞后的速度。将得到的结果视作新的初始条件继续计算,直至整个仿真结束。

10.3.1 对称单侧碰撞轨道非线性能量阱参数优化设计

本节主要验证对称单侧碰撞轨道非线性能量阱的轨道形状和质量比参数对控制效果的影响。不同的轨道形状会导致对称单侧碰撞轨道非线性能量阱在运

第10章 对称单侧碰撞轨道非线性能量阱

动过程中产生不同的非线性回复力,进而影响其对初级结构的振动控制效果。因此,轨道形状是设计对称单侧碰撞轨道非线性能量阱需要考虑的问题。在文献[48]中,Lu 等将轨道的形状设置为 $h(u)=a_{Ni}u^4$,此处沿用这种四次方轨道形状。分别考察对称单侧碰撞轨道非线性能量阱的质量比 $\mu_m=\mu_{m1}+\mu_{m2}$ 以及轨道形状系数 $a_{Ni}(i=1,2)$ 对系统总的耗散的能量的影响。为了简化分析,假设 $\mu_{m1}=\mu_{m2}$ 且 $a_{N1}=a_{N2}$。为了确保碰撞始终发生,设置碰撞间隙 $b=0$。初级结构阻尼比 $\zeta=0.005$,对称单侧碰撞轨道非线性能量阱与初级结构之间的阻尼系数为 $\eta=0.01$。考虑系统受到脉冲载荷的作用,表现为初级结构具有一个初始速度 $\dot{x}_1(0)$。对称单侧碰撞轨道非线性能量阱在初始时刻处于静止状态。系统的初始能量全部集中在初级结构之中。采用加权平均法对对称单侧碰撞轨道非线性能量阱的参数进行优化[46,48]。对称单侧碰撞轨道非线性能量阱参数优化设计的权重如表 10-1 所示。

表 10-1 对称单侧碰撞轨道非线性能量阱参数优化设计的权重

	初始条件 $\dot{x}_1(0)$					
	5	10	15	20	25	30
权系数	0.6(a)	0.8(b)	1.0(c)	0.8(d)	0.4(e)	0.2(f)

注:括号中的标号与图 10-2 标号对应。

考虑将对称单侧碰撞轨道非线性能量阱应用于中等强度冲击载荷作用的情景(对应 $\dot{x}_1(0)=15$),将 $\dot{x}_1(0)=15$ 对应的权系数设置为 1。考虑到幅值小的冲击引起结构振动响应较小,其对参数优化的贡献也应该很小,因此,将 $\dot{x}_1(0)=5$ 对应的权系数设置为 0.6。通常,幅值大的冲击发生的概率很低,因此,将 $\dot{x}_1(0)=30$ 对应的权系数设置为 0.2。参数优化设计的具体做法是改变质量比 μ_m 和轨道形状系数 a_4,计算经过时间 $t=100$ 后系统耗散的能量 E_d,将每种初始条件下 $E_d \geq 0.7\max(E_d)$ 所对应的 μ_m 和 a_4 取出,通过表 10-1 中的权值平均得到最优的 μ_m 和 a_4。

从图 10-2 中可以看出,当质量比 μ_m 过小或者轨道形状系数 a_{Ni} 过大时,系统中耗散的能量很小;当质量比 μ_m 和轨道形状系数 a_{Ni} 选取合适时,对称单侧碰撞轨道非线性能量阱才能有效耗散系统中的能量。注意到,随着系统中初始能量的逐渐增加,能够有效耗散能量的区域逐渐减小,其原因是当系统中的初始能量过大时,对称单侧碰撞轨道非线性能量阱能够在轨道上到达更高的高度,非碰撞间隔的时间会更长,导致相同时间内能量耗散较少。值得注意的是,存在一个特定的对称单侧碰撞轨道非线性能量阱轨道形状系数和质量的组合使得总耗散的能量在不同初始条件下均能达到最大值,说明参数优化设计的可行性。

通过以上方法得到对称单侧碰撞轨道非线性能量阱的最优轨道形状系数和质量比为 $a_{N1} = a_{N2} = 0.00212$ 和 $\mu_m = 0.355$。

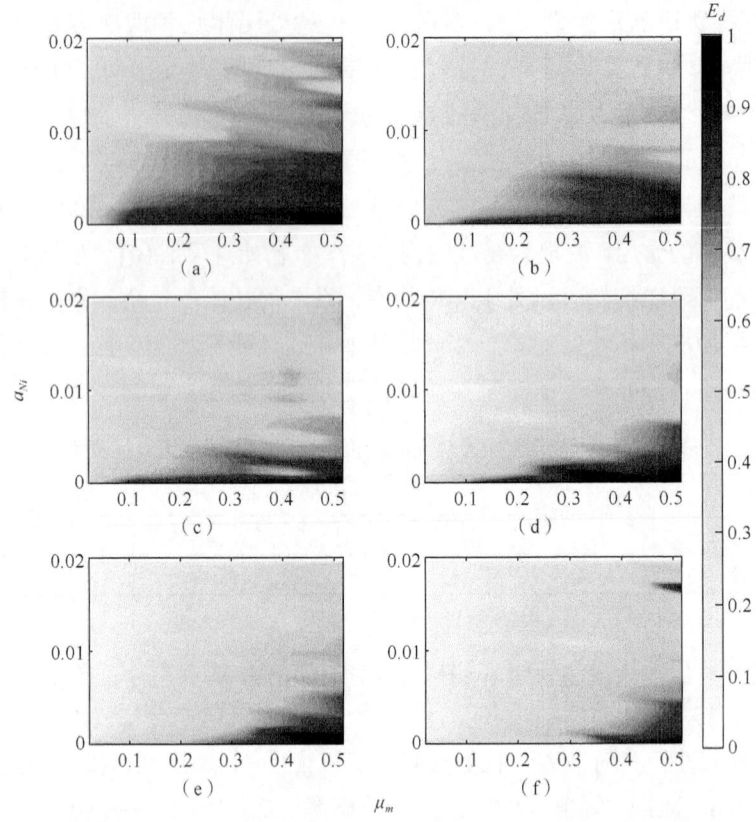

图 10-2　不同初始条件下系统耗散的能量 E_d 与质量比 μ_m 和轨道形状系数 a_{Ni} 的关系

10.3.2　冲击载荷下对称单侧碰撞轨道非线性能量阱系统的响应分析

在以下仿真中，对称单侧碰撞轨道非线性能量阱的轨道形状系数和质量比选取为 $a_{N1} = a_{N2} = 0.00212$ 和 $\mu_m = 0.355$。同时将对称单侧碰撞轨道非线性能量阱与非线性能量阱锁住进行对比，所谓非线性能量阱锁住是将对称单侧碰撞轨道非线性能量阱与初级结构固定在一起，初级结构与对称单侧碰撞轨道非线性能量阱的两个质量 m_{n1} 和 m_{n2} 之间没有相对运动。从初级结构振动的角度来看，这样使得初级结构具有相同的附加质量。与此同时，将对称单侧碰撞轨道非线性能量阱与文献[81]中的单侧碰撞轨道非线性能量阱进行对比。考虑到对称单侧碰撞轨道非线性能量阱有两个阻尼，为了比较的公平，设置单侧碰撞轨道非线性能量阱的阻

尼系数为 $\eta_{\text{SSVIT}} = 2\eta = 0.02$。同时，单侧碰撞轨道非线性能量阱也采用相同的方式对其质量比和轨道形状系数进行参数优化设计，得到单侧碰撞轨道非线性能量阱的最优参数为 $a_{\text{SSVIT}} = 0.00196$ 和 $\mu_{\text{SSVIT}} = 0.334$。假设系统初始时刻处于静止状态，随后受到一个水平方向的冲击载荷作用，导致初级结构以速度 $\dot{x}_1(0) = 15$ 开始振动。碰撞间隙 $b=0$，初级结构阻尼比 $\zeta=0.005$，对称单侧碰撞轨道非线性能量阱与初级结构之间的阻尼系数为 $\eta=0.01$。

图 10-3 为带有对称单侧碰撞轨道非线性能量阱、单侧碰撞轨道非线性能量阱和非线性能量阱锁住时，系统的时域响应。从图 10-3（a）、(b) 中可以看出，无论是单侧碰撞轨道非线性能量阱还是对称单侧碰撞轨道非线性能量阱，当质量达到碰撞表面时，都会因碰撞导致速度的突然改变，产生不连续非线性回复力。

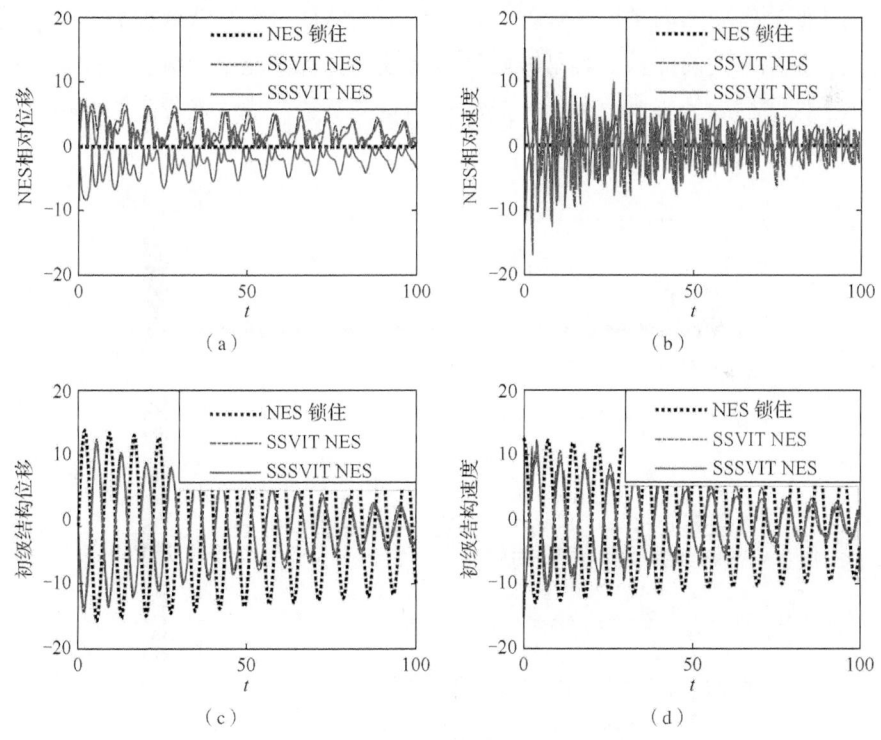

图 10-3 系统时域响应

(a) 非线性能量阱与初级结构之间的相对位移；(b) 非线性能量阱与初级结构之间的相对速度；
(c) 初级结构位移；(d) 初级结构速度

从图 10-3（c）、(d) 中可以看出，对于带有对称单侧碰撞轨道非线性能量阱和单侧碰撞轨道非线性能量阱的系统，初级结构的位移响应和速度响应均迅速衰减,这说明对称单侧碰撞轨道非线性能量阱和单侧碰撞轨道非线性能量阱均能够有效抑制初级结构振动响应。同时观察到,相比于单侧碰撞轨道非线性能量阱,带有对称单侧碰撞轨道非线性能量阱的初级结构的峰值响应降低得更快,说明对称单侧碰撞轨道非线性能量阱能量耗散性能优于单侧碰撞轨道非线性能量阱。

分别对非线性能量阱锁住、带有单侧碰撞轨道非线性能量阱和对称单侧碰撞轨道非线性能量阱的初级结构速度响应进行小波变换,其结果如图10-4所示。可以观察到,当非线性能量阱锁住时,整个系统受到冲击载荷后只存在一种频率的振动;而对于带有对称单侧碰撞轨道非线性能量阱和单侧碰撞轨道非线性能量阱的系统,初级结构的响应中除了能观察到系统固有频率以外,还存在更高频率的振动,说明对称单侧碰撞轨道非线性能量阱和单侧碰撞轨道非线性能量阱均能实现能量从低频振动向高频振动转移。这种能量的转移对于降低结构振动响应是有意义的:高频振动的能量更容易被阻尼等耗散;在同等能量量级下,高频振动的幅值小于低频振动的幅值。因此,对称单侧碰撞轨道非线性能量阱能够快速、有效地抑制结构的振动响应。

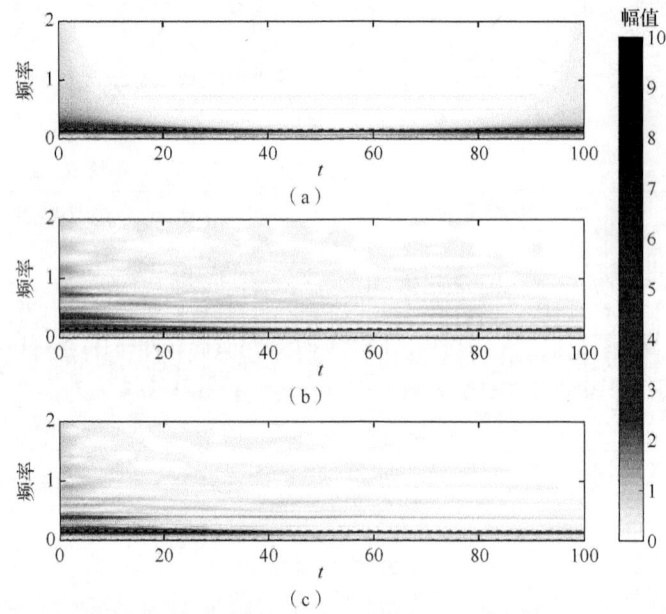

图10-4 初级结构速度响应小波变换(虚线代表初级结构的无量纲固有频率)
(a)非线性能量阱锁住;(b)单侧碰撞轨道非线性能量阱;(c)对称单侧碰撞轨道非线性能量阱

图10-5为在运动过程中对称单侧碰撞轨道非线性能量阱耗散的能量及系统中

剩余的能量随时间的变化。从图 10-5（a）中可以看出，当仿真结束时，带有对称单侧碰撞轨道非线性能量阱的系统中 96%的能量被耗散。其中，60%的能量通过碰撞耗散，而阻尼耗散的能量仅占总耗散能量的 36%。从图 10-5（b）中可以看出，相比于非线性能量阱锁住，单侧碰撞轨道非线性能量阱和对称单侧碰撞轨道非线性能量阱均能迅速耗散系统中的能量，并且对称单侧碰撞轨道非线性能量阱的能量耗散速度略快于单侧碰撞轨道非线性能量阱。

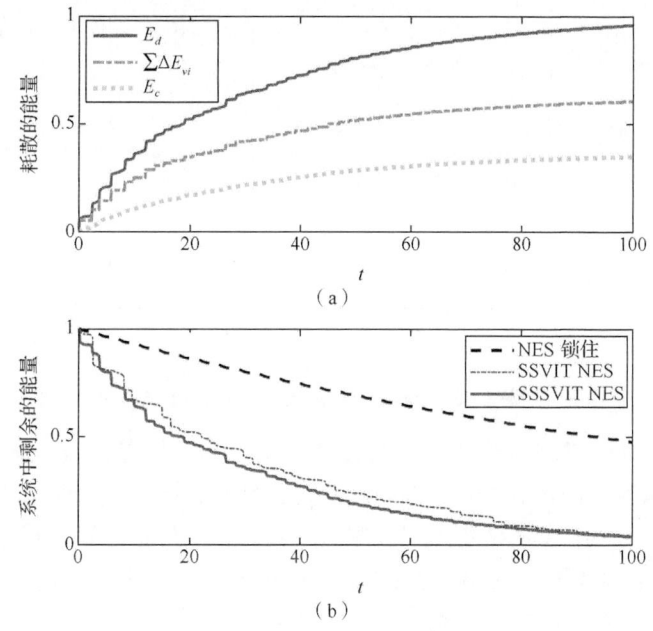

图 10-5　系统中的能量随时间的变化
（a）系统中耗散的能量；（b）系统中剩余的能量

10.3.3　对称单侧碰撞轨道非线性能量阱的鲁棒性分析

在对称单侧碰撞轨道非线性能量阱的实际应用过程中，考虑加工误差和加工成本等因素，若使对称单侧碰撞轨道非线性能量阱参数完全符合设计要求将会导致成本的增加。同时，对称单侧碰撞轨道非线性能量阱在使用过程中会存在损耗，从而导致偏离设计要求。基于这些考虑，检验对称单侧碰撞轨道非线性能量阱参数差异对其性能的影响则显得十分重要。对称单侧碰撞轨道非线性能量阱的设计参数主要体现在轨道形状和质量比两个方面。首先考虑当对称单侧碰撞轨道非线性能量阱质量比为 $\mu_m = 0.355$ 时，轨道形状系数变化对其耗散系统中能量的影响。选

取 $a_{N1}=0.00212$,将 a_{N2} 的变化范围设置为最优值的 0.8～1.2 倍,令 $\mu_a=a_{N2}/a_{N1}$。仿真参数为 $t=50$, $b=0$, $\dot{x}_1(0)=15$, $\zeta=0.005$, $\eta=0.01$。

从图 10-6 中可以看出,随着 μ_a 的增加,碰撞耗散的能量、阻尼耗散的能量和总耗散的能量变化不明显。说明在小范围内改变轨道形状系数对称单侧碰撞轨道非线性能量阱能量耗散性能的影响并不大。因此,可以说明对称单侧碰撞轨道非线性能量阱对轨道形状差异具有很好的鲁棒性。

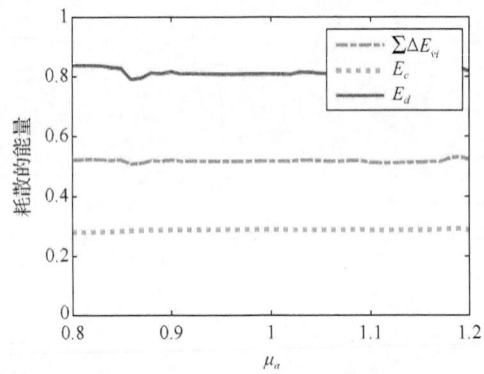

图 10-6　对称单侧碰撞轨道非线性能量阱轨道差异的鲁棒性

为了检验对称单侧碰撞轨道非线性能量阱中两个质量比 μ_{m1} 和 μ_{m2} 之间的差异对其性能的影响,固定 $\mu_{m1}=0.1775$,将 μ_{m2} 的变化范围设置为最优值的 0.8～1.2 倍,令 $\mu_m=\mu_{m2}/\mu_{m1}$。从图 10-7 中可以观察到,对称单侧碰撞轨道非线性能量阱中质量的差异对能量耗散性能影响较大:随着 μ_m 的增大,总耗散的能量和碰撞耗散的能量均增加,而阻尼耗散的能量减少。注意到,当 $\mu_m>1$ 后,总耗散的能量增加并不明显,却导致非线性能量阱的总质量增加,导致较大的附加质量。总体来说,对称单侧碰撞轨道非线性能量阱对于设计参数变化具有较强的鲁棒性。

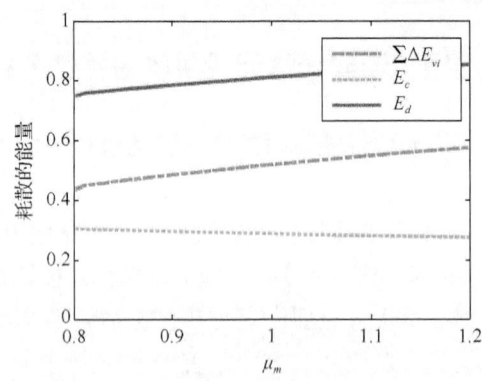

图 10-7　对称单侧碰撞轨道非线性能量阱质量比差异的鲁棒性

10.3.4 对称单侧碰撞轨道非线性能量阱碰撞间隙的影响规律分析

由第 9 章的分析可知，对于轨道非线性能量阱，可以通过合理布置碰撞表面的位置实现能量在垂直方向耗散。本节对对称单侧碰撞轨道非线性能量阱中碰撞间隙选取进行分析。在仿真过程中改变碰撞间隙 b，但始终保持碰撞表面布置在轨道的法线方向。仿真参数为 $t=100$，$\mu_m=0.355$，$a_{N1}=0.00212$，$\eta=0.01$，$\dot{x}_1(0)=15$，$\zeta=0.005$。

从图 10-8 中可以看出，随着碰撞间隙 b 的增加，水平方向耗散的能量逐渐降低，这是因为随着碰撞表面远离轨道最低点，碰撞耗散的能量在水平方向的分量逐渐降低。随着碰撞间隙 b 的增加，垂直方向耗散的能量先升高，当 $b=6$ 时达到最大值，然后随 b 的增加开始下降。这是因为在开始阶段，碰撞耗散的能量在垂直方向的分量逐渐增加，而当 $b>6$ 之后，由于碰撞表面布置位置过高，对称单侧碰撞轨道非线性能量阱中质量克服重力做功，在发生碰撞时相对速度较小，导致低效率的碰撞。注意到，当碰撞间隙 $b>9.5$ 之后，水平方向和垂直方向碰撞耗散的能量全部为 0，说明在给定的初始条件下，对称单侧碰撞轨道非线性能量阱中质量不能运动到碰撞表面，能量全部由阻尼耗散。虽然碰撞在水平方向耗散的能量、碰撞在垂直方向耗散的能量和阻尼耗散的能量受 b 的影响较大，但是总耗散的能量却随着 b 的改变在小范围内波动。注意到，当 $b=4.9$ 时水平方向耗散的能量与垂直方向耗散的能量相等，通过进一步分析发现，$b=4.9$ 对应碰撞表面与轨道之间的夹角为 $\phi=\pi/4$，这与第 9 章的分析结果一致，在此不做过多讨论。

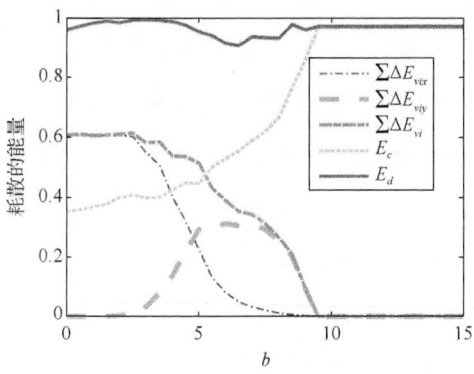

图 10-8　碰撞、阻尼耗散的能量和总耗散的能量随碰撞间隙 b 的变化

10.3.5 地震载荷下对称单侧碰撞轨道非线性能量阱的性能分析

下面对提出的对称单侧碰撞轨道非线性能量阱在地震载荷下的振动控制效果进行检验。地震载荷加速度时间序列如图10-9（a）所示。同样地，为了验证非线性能量阱对结构振动响应的抑制效果，对地震载荷进行时间尺度上的缩放，设置地震载荷的主要能量集中在初级结构水平方向的固有频率，其小波变换如图10-9（b）所示。

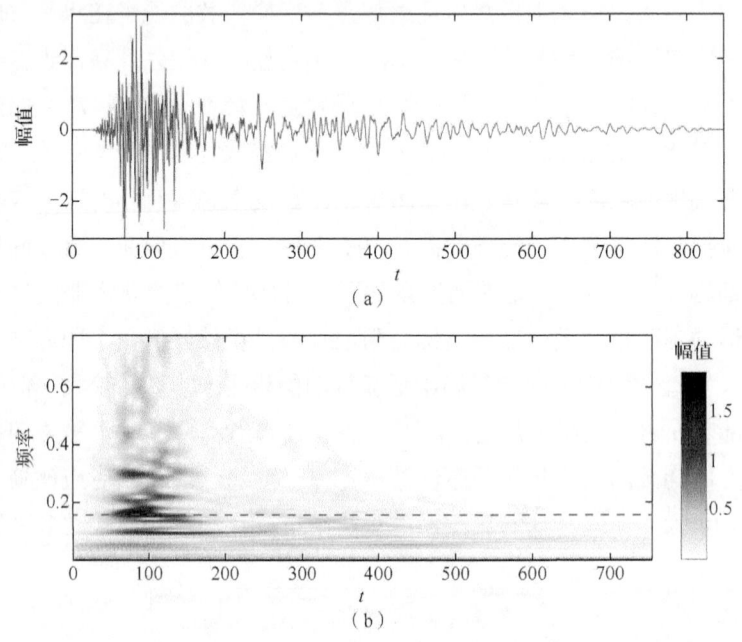

图 10-9　尺度化的地震载荷

（a）地震载荷加速度时间序列；（b）小波变换（虚线代表初级结构的无量纲固有频率）

建筑楼房结构在水平方向上常常更容易发生破坏。考虑到对称单侧碰撞轨道非线性能量阱能够实现能量从水平方向向垂直方向的传递，有效降低结构在水平方向的响应幅值，为了尽量使能量在垂直方向耗散，在本部分将碰撞间隙选取为$b=6$。为了说明对称单侧碰撞轨道非线性能量阱在实际应用中的优越性，将其与单侧碰撞轨道非线性能量阱和非线性能量阱锁住进行对比。用于仿真的参数为

第 10 章 对称单侧碰撞轨道非线性能量阱

$\mu_m = 0.355$,$a_{N1} = 0.00212$,$\eta=0.01$,$\dot{x}_1(0)=15$,$\zeta=0.005$,$a_{\text{SSVIT}} = 0.00196$,$m_{\text{SSVIT}} = 0.334$,$\eta_{\text{SSVIT}} = 0.02$。

从图 10-10（a）中可以看出，与非线性能量阱锁住相比，对称单侧碰撞轨道非线性能量阱和单侧碰撞轨道非线性能量阱均能有效抑制初级结构的响应。并且，对称单侧碰撞轨道非线性能量阱具有最好的振动响应抑制性能，有效抑制初级结构峰值响应。从图 10-10（b）中可以看出，与非线性能量阱锁住相比，带有对称单侧碰撞轨道非线性能量阱和带有单侧碰撞轨道非线性能量阱的系统在地震载荷作用下系统中总能量明显降低。并且带有对称单侧碰撞轨道非线性能量阱的系统中能量耗散得最快。值得注意的是，虽然在 $t=80$ 附近观察到带有对称单侧碰撞轨道非线性能量阱的系统中的能量略高于带有单侧碰撞轨道非线性能量阱的系统中的能量，但初级结构的时域响应却并未观察到明显升高，说明此时能量传递至单侧碰撞轨道非线性能量阱之中并被迅速耗散。

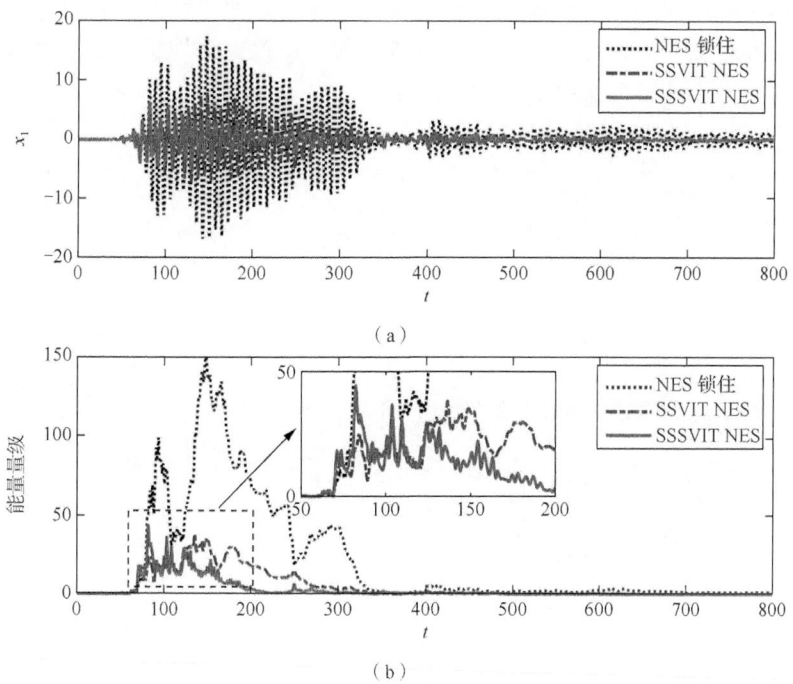

图 10-10 地震载荷作用下系统的响应

（a）初级结构的位移响应；（b）系统中的能量分布

10.4　本章小结

为了克服单侧碰撞轨道非线性能量阱能量耗散性能受到外部冲击载荷方向影响的缺点，本章提出对称单侧碰撞轨道非线性能量阱，并将其应用于一个单自由度振动结构的响应控制之中，主要从以下几个方面开展工作。

（1）本章提出一种对称单侧碰撞轨道非线性能量阱，并将其应用于一个单自由度振动结构的响应控制之中。通过分析单侧碰撞轨道非线性能量阱参数变化对碰撞耗散能量、阻尼耗散能量及总耗散能量的影响，得到单侧碰撞轨道非线性能量阱的最优参数，为其设计应用提供指导。

（2）优化后的单侧碰撞轨道非线性能量阱能够实现能量从低频振动向高频振动转移，并能有效降低初级结构的振动响应。随着轨道形状系数和质量比差异的增大，整个系统中能量的耗散并未发生明显变化，表明单侧碰撞轨道非线性能量阱的响应抑制性能对设计参数差异具有较好的鲁棒性。在地震载荷下检验了对称单侧碰撞轨道非线性能量阱的性能，取得了良好的效果。

第 11 章　非线性能量阱的应用实例

11.1　概　述

非线性能量阱具有区别于传统振动控制技术的诸多优点,在工程中得到广泛应用,主要体现在土木工程、机械工程、航空航天以及能量收集领域[11,158]。大量文献表明,非线性能量阱能够取得良好的控制效果,满足结构响应抑制需求。本章将总结非线性能量阱的典型应用,介绍本领域最新的研究成果。

11.2　非线性能量阱在土木工程领域中的应用

基础设施是现代生活最根本的保证。楼房、高速公路、铁路和桥梁是每一个现代化社会的基本需求。然而,这些基础设施很容易受到自然灾害或人为破坏的威胁,包括但不仅限于地震、飓风、撞击和爆炸等[159]。来自外部的激励常常导致结构产生较大的响应,进而发生结构破坏,如何抑制和消除这些危害具有重要意义。Gourdon 等[160]首次将非线性能量阱应用于楼房的振动控制之中,并取得良好的控制效果。随后,Nucera 等[55]对非线性能量阱抑制地震引起的响应进行了仿真研究,比较了碰撞非线性能量阱单独布置和立方刚度非线性能量阱与碰撞非线性能量阱组合布置对楼房振动的控制效果。结果表明,组合布置的方案更有利于降低结构振动响应。随后,通过实验验证了仿真结果[54],发现碰撞非线性能量阱能够实现能量从低阶模态向高阶模态转移,而立方刚度非线性能量阱能够吸收并局部耗散振动能量。Wierschem 等[161,162]设计了一种金字塔结构以实现非线性刚度,并在六层楼模型上验证了两自由度立方刚度非线性能量阱对地震载荷全局振动的抑制效果。仿真和实验结果均表明,非线性能量阱能够与初级结构的任意模态耦合,从初级结构吸收能量并在非线性能量阱内部耗散,有效降低系统的全局响应。

Luo 等[163-165]对单侧碰撞非线性能量阱在大结构上的应用进行了仿真和实验研究。Luo 等[164]模拟了九层楼房建筑,并在其上安装六个非线性能量阱:其中包含两个单侧碰撞非线性能量阱和四个立方刚度非线性能量阱,如图 11-1 所示。以地震载荷作为激励,检验非线性能量阱对振动响应的抑制情况。为了研究各非线性能量阱之间的相互作用规律,Luo 等比较了单独布置一种非线性能量阱和两种类型非线性能量阱组合布置的控制效果。结果表明,两种非线性能量阱组合方案能够达到更好的振动控制效果。Wierschem 等[166]首次验证了在爆炸载荷作用下,非线性能量阱对大型结构振动响应的抑制情况。Wierschem 等采用了立方刚度非线性能量阱和单侧碰撞非线性能量阱的组合方案,利用多层优化方法对非线性能量阱的布置位置进行了优化设计。实验结果表明,这种方案能够实现能量在不同模态间的传递,迅速降低结构的全局响应。

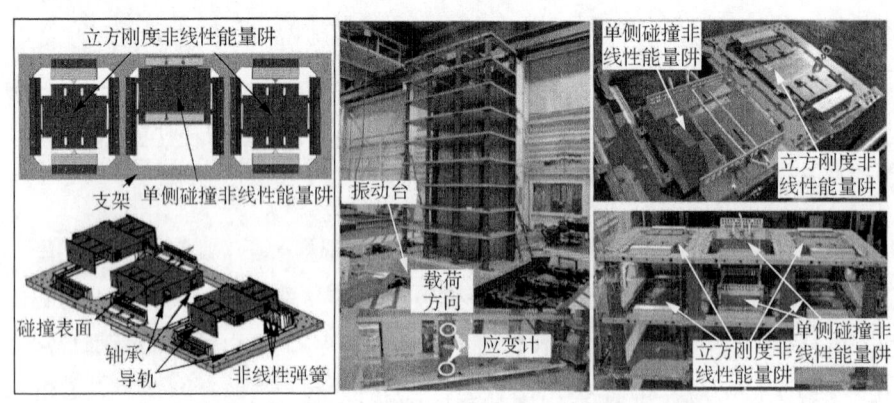

图 11-1　非线性能量阱在楼房结构减振上的应用[164]

陈勇等[167]通过非线性模态揭示了非线性能量阱从高层结构中吸收振动的原理,并引入非线性有限元分析方法优化了设计参数。王菁菁等[168]将传统的调谐质量阻尼器与非线性能量阱相结合,提出一种新型减振器,并将其应用于控制建筑结构在脉冲载荷作用下的振动。仿真分析表明,经过优化的减振器兼备调谐质量阻尼器和非线性能量阱的优点,在具有很强鲁棒性的同时有效抑制结构振动响应。Charalampakis 等[169]提出一种迟滞负刚度非线性能量阱,并将其应用到降低结构在地震载荷作用下响应控制之中。仿真结果表明,该迟滞负刚度非线性能量阱明显优于立方刚度非线性能量阱和调谐质量阻尼器。陈洋洋等[170]将负刚度非线性能量阱应用于结构在地震载荷下振动响应控制之中,通过与立方刚度非线性能量阱和调谐质量阻尼器对比发现,负刚度非线性能量阱具有更优的振动抑制性能和更强的鲁棒性。Vaurigaud 等[171]研究了两自由度耦合大跨度桥梁与立方刚度非线性能量阱之间的靶能量传递问题。通过复变量法和多尺度法求解运动方程,并引入极限相轨迹的概念开展分析,指出非线性能量阱通过与桥梁之间的 1∶1∶1 共振捕获实现对桥梁气动弹性失稳的抑制。Samani 等[172]将非线性能量阱应用到车辆引起的桥梁振动控制之中。Samani 等将桥梁简化为简支梁模型,将车辆简化为移动载荷,比较了立方刚度非线性能量阱、分段非线性能量阱和调谐质量阻尼器对桥梁振动的抑制效果。刘中坡等[173]将轨道非线性能量阱应用于大型楼房结构的抗震之中,如图 11-2 所示。实验结果表明,在多种地震载荷作用下,轨道非线性能量阱均能有效地抑制结构响应,尤其对位移均方根响应控制效果最为突出。随后,刘中坡等[174]又将轨道非线性能量阱应用于高层结构的脉动风振控制之中。结果表明,优化的轨道非线性能量阱能够同时抑制多个模态的振动,提高建筑在脉动风振载荷作用下的舒适程度。轨道非线性能量阱设计参数的研究和分析对实际应用有着重要的指导意义。王菁菁等[175]研究发现,轨道非线性能量阱性能受输入能量的影响较大,但是这种影响可以通过调节阻尼消除。随后,王菁菁等[176]还比较了不同轨道形状对轨道非线性能量阱性能的影响,并从控制效果和物理实现等方面给出了轨道形状的选择建议。Lu 等[48]给出了轨道非线性能量阱参数优化设计的通用方法,并将其应用于大型结构的振动控制之中,实验结果验证了优化策略的有效性。Wang 等[81]通过在轨道非线性能量阱上增加一个单侧的碰撞表面,将其扩展成单侧碰撞轨道非线性能量阱。该装置在运动过程中会产生光滑和非光滑非线性回复力,通过碰撞进一步增强能量从低频振动向高频振动的转移,实现在更宽的范围内抑制结构振动响应的效果。为了增强靶能量传递,Chen 等[177]提出了一种负刚度非线性能量阱,通过与线性调谐质量阻尼器和立方刚度非线性能量阱比较发现,负刚度非线性能量阱具有最优的性能,并且对楼房结构刚度的变化具有很强的鲁棒性。Saeed 等[178]将旋转非线性能量阱应用到楼房振动控制之中。仿真结果表明,优化后的旋转非线性能量阱可将能量在初级结构的各阶模态上重新分配,显著提升振动抑制性能。

图 11-2　带有轨道非线性能量阱的楼房结构[173]

Fang 等[179]通过实验分析了带有双稳态非线性能量阱的欧拉-伯努利梁系统的动力学特性，发现双稳态非线性能量阱能在宽频范围内实现高效的靶能量传递。Parseh 等[180]比较了非线性能量阱和调谐质量阻尼器对于梁稳态振动的控制效果，发现非线性能量阱的振动抑制性能随着外力幅值的增加而降低。对于小幅值振动，非线性能量阱性能优于调谐质量阻尼器；而对于大幅值振动，调谐质量阻尼器具有更好的性能。Zhang 等[157]将非线性能量阱引入到梁的热激振动控制之中。在选择合适参数条件下，非线性能量阱可以较好地控制梁的热激振动，快速抑制结构振动响应。陈建恩等[181]利用并联型非线性能量阱抑制一个固有频率随温度变化的简支梁结构，讨论了非线性能量阱的设计参数及安装位置对减振性能的影响。结果表明，并联多个非线性能量阱能够在温度变化强烈的环境下高效地吸收振动能量。Chen 等[182]将两个立方刚度非线性能量阱平行布置在简支梁上，发现这种布置形式不仅具有更高的能量吸收性能，且在同等质量的条件下，并联型非线性能量阱能够吸收更高阶的振动。尽管已有文献[157]、[179]～[182]对非线性能量阱在梁振动控制中的应用进行深入分析，并给出了带有碰撞的梁的建模方法[183-185]，但是对带有碰撞非线性能量阱的连续体系统建模及分析仍然是一个难点，主要表现在碰撞前后速度发生突变，对这种速度突变的分析缺少解析的方法。

11.3 非线性能量阱在机械领域中的应用

机械设备在使用过程中常常伴有强烈的振动，这将严重影响设备的正常运行，甚至导致设备被破坏，造成严重的经济损失乃至人员伤亡。利用非线性能量阱抑制机械设备运转过程中产生的振动受到广泛关注[158]。目前，非线性能量阱在机械领域中的应用主要体现在三个方面：切削过程中的刀具的颤振抑制，流体经过管路而产生的涡致振动抑制，轴系旋转过程中不平衡力导致的振动的消除。

机械加工中的颤振严重影响加工精度，增加刀具磨损，降低车床主轴的使用寿命。为了解决切削加工过程中的颤振问题，Gourc 等[186]将一个立方刚度非线性能量阱安装在柔性刀具上，如图 11-3（a）所示。Gourc 等采用多尺度法和谐波平衡法对系统运动方程求解，揭示了周期响应和强调制响应的响应机制。理论结果和仿真结果均表明非线性能量阱能够有效抑制切削过程中的颤振。随后，Gourc 等[187]将碰撞非线性能量阱应用到切削刀具的颤振失稳控制之中，如图 11-3（b）所示。利用多尺度法得到系统的二阶近似、定点和不变中心流形，通过对响应域的分析，揭示了共振捕获等能量传递规律。Li 等[188]针对碰撞非线性能量阱抑制切削过程中的颤振问题，提出一种参数优化设计方法。理论分析和实验验证了该方案能够在宽频范围内有效。

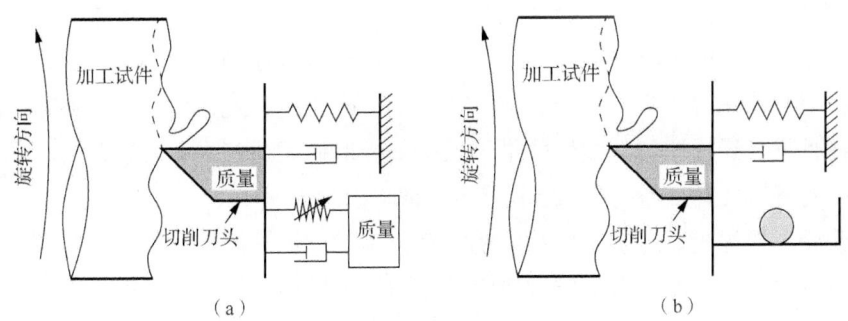

图 11-3 非线性能量阱在切削机械减振上的应用

（a）立方刚度非线性能量阱[186]；（b）碰撞非线性能量阱[187]

在机械、船舶、航天等领域中，管路系统常常浸没在流体中。当流体流过管路时，会导致涡的产生及交替脱落，从而在流速方向上产生脉动激励。如果管路为弹性支撑，并且涡的脱落频率接近或者等于管路系统的固有频率时，管路系统会产生强烈的涡致振动[189]。因此，对涡致振动的研究及控制具有重要的实用价值。Dai 等[190]将立方刚度非线性能量阱应用到涡致振动控制之中，如图 11-4（a）所示。分析表明，非线性能量阱的质量和阻尼对耦合频率和气动弹性系统的阻尼影响较大。Blanchard 等[191]将立方刚度非线性能量阱用于圆柱体的横向涡致振动控制之中，利用复变量-平均法得到流形的快慢划分，揭示了系统内部的涡致振动、弛豫循环、Hopf 分岔和 Shilnikov 分岔现象。Tumkur 等[192]研究了在雷诺数 Re=100 附近，圆柱体的横向涡致振动控制问题。结果表明，非线性能量阱通过靶能量传递可以显著抑制圆柱体的横向涡致振动。随后，Tumkur 等[193]首次将旋转非线性能量阱应用到涡致振动控制之中，如图 11-4（b）所示。研究表明，旋转非线性能量阱不仅能抑制管路振动，还会对系统的拓扑结构产生重要影响，甚至会导致混沌现象。Blanchard 等[194]研究了旋转非线性能量阱对涡致振动的控制问题，分析了从气缸向非线性能量阱的靶能量传递。随后，Blanchard 等[195]考虑三维情形，验证了旋转非线性能量阱能够从圆柱的直线运动中吸收动能，明显抑制圆柱振荡。Chen 等[196]研究了中等雷诺数情况下的涡致振动控制问题。仿真结果表明，在考虑管路两个方向的振动及两个管路系统在流场中相互影响的情况下，虽然非线性能量阱能够有效抑制振动幅值，但其性能受速度影响较大。Blanchard 等[197]将非线性能量阱应用于一个二维圆柱气缸的涡致振动控制之中，发现除了存在稳定解外，还存在多达三个不同的非稳态解。Mamaghani 等[198]研究了非线性能量阱对流体经过管路引起的振动的控制情况，如图 11-4（c）所示，分析了系统中的鞍结分岔、Hopf 分岔和强调制响应现象，讨论了非线性能量阱阻尼、布置位置、外部激励力幅值和流速等的影响。Yang 等[199]考虑流体-管道相互作用，将管路简化成一个非线性梁，通过附加非线性能量阱来抑制管道的振动。仿真结果表明，非线性能量阱对管道振动能量有很强的吸收和耗散能力。

涡轮、压缩机、船舶主机和航空发动机等工业机械设备的正常运转都离不开转子轴承系统。作为设备运转过程中重要的机械机构，保证转子轴承系统正常运行对整个系统的稳定和安全有着重要的意义。然而，在转子轴承系统中存在十分复杂的激励，如质量偏心力和油膜引起的非线性力等，导致转子轴承系统产生严重的扭转振动。为了解决该问题，Bab 等[200]将立方刚度非线性能量阱布置在转子系统中，以控制偏心力激励下产生的振动。结果表明，当中等幅值激励力时，系统参数域中强调制响应发生的区域变大。随后，Bab 等[201]考虑了离心刚化效应，通过复变量-平均法得到了发生 Hopf 分岔、鞍结分岔和强调制响应的条件。Bab 等[202]进一步扩展了之前的研究，考虑非线性能量阱对转子、轴颈轴承、叶片和圆盘构成系统的振动抑制，利用分岔图、庞加莱图、李雅普诺夫指数等分析了系统的动力学响应。Tehrani 等[203]提出了一种非线性能量阱最优参数设计方法，讨论了轴的旋转速度、刚度、间隙等对吸振器性能的影响。通过对系统参数的分析，Sun 等[204]揭示了带有非线性能量阱的飞轮系统中存在的鞍结分岔、Hopf 分岔等现象。Tehrani 等[205]将调谐质量阻尼器布置在转盘上，非线性能量阱布置在叶片的前端，以控制圆盘偏心力导致的柔性转子系统振动，通过双频图和李雅普诺夫指数分析了吸振效率。结果表明，在较大的叶片间隙和定子间隙下，非线性能量阱可以有效降低转子系统的振动。随后，Tehrani 等[206]将非线性能量阱布置在叶片前端，以降低圆盘偏心力的影响。结果表明，在较大的叶片间隙和定子间隙下，非线性能量阱可显著降低转子系统的振动。Yao 等[207]提出了一种双稳态非线性能量阱，并将其应用于转子系统的瞬态和稳态响应控制之中。通过实验研究了双稳态非线性能量阱的振动抑制能力和频率抑制范围。Yao 等[208]利用永磁体产生负刚度，用弹性梁产生分段线性刚度，提出了一种三稳态非线性能量阱。通过仿真和实验验证了该装置的振动抑制性能。随后，Yao 等[209,210]将分段刚度非线性能量阱用于抑制旋转机械宽频振动之中，研究了转子系统的振动抑制效果，并在实验平台上验证了分段刚度非线性能量阱的振动抑制性能。

Haris 等[211]提出一种扭转式非线性能量阱，并将其应用于前驱三缸机轴系的振动控制之中。通过与立方刚度非线性能量阱、五阶刚度非线性能量阱、碰撞非线性能量阱进行对比发现，该非线性能量阱具有很好的宽频振动抑制效果。随后，Motato 等[212]将该非线性能量阱应用到转子机械的扭振控制之中发现，经过优化的非线性能量阱能够显著地将振动能量重新分配，从而有效抑制轴系的转速波动。Guo 等[213]将非线性能量阱应用到在临界转速下转子不平衡力引起的振动控制之中。通过数值方法对参数进行优化设计，分析了临界参数的影响规律。通过与调谐质量阻尼器比较发现，非线性能量阱克服了调谐质量阻尼器需要预先知道轴系不平衡参数的缺点，具有明显的优势。Ahmadabadi[214]将非线性能量阱应用于抑制发动机曲轴振动之中，通过对强非线性瞬态动力系统的分析，揭示了靶能量传递现象的机制。理论分析表明，经过优化的非线性能量阱能够实现高达 38%的振动能量耗散，显著改善系统性能。

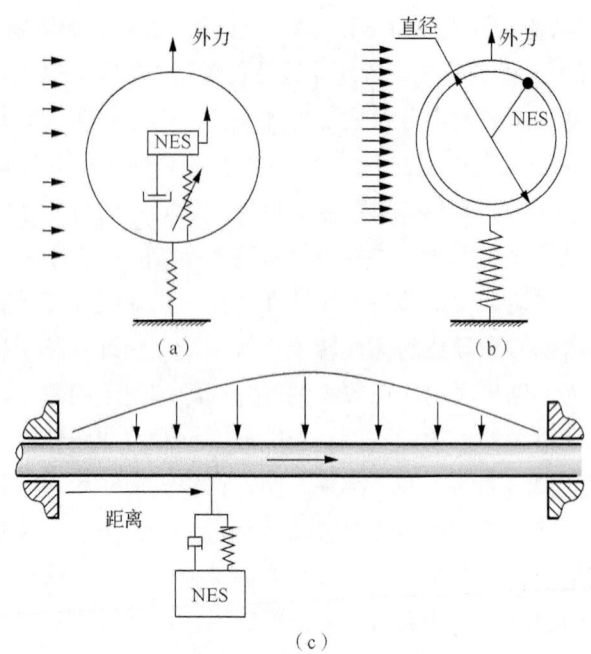

图 11-4　非线性能量阱在涡致振动控制中的应用

（a）带有立方刚度非线性能量阱的管路系统[190]；（b）带有旋转非线性能量阱的管路系统[193]；
（c）带有立方刚度非线性能量阱的管路[198]

11.4　非线性能量阱在航空航天领域中的应用

飞机在高速飞行过程中，机翼上会不断有涡产生及脱落，这会带来持续不断的扰动，限制飞行速度，甚至危害飞行安全。这种由气动扰动带来的不稳定性被称为气动弹性失稳。Lee 等[215]考虑一个立方刚度弹簧支撑的二自由度机翼模型，分析了引起机翼气动弹性失稳的极限环振荡触发机制。仿真分析结果表明，极限环振荡的触发机制主要包括三个阶段：瞬态谐振捕获、逃逸和永久谐振捕获。随后，Lee 等[216,217]将立方刚度非线性能量阱应用到刚体机翼模型的振动控制之中。理论分析和实验结果均表明，非线性能量阱通过单向、不可逆地吸收机翼的振动能量，有效抑制机翼的气动弹性失稳。Hubbard 等[218]将旋转非线性能量阱应用到飞机机翼的控制之中，实验表明这种非线性能量阱能够有效抑制结构振动响应，消除极限环振子所导致的结构不稳定性,尤其对二阶弯曲模态具有很好的抑制效果。Lee 等[219]分别考虑接地非线性能量阱和不接地非线性能量阱对范德波尔振子极限环振荡的抑制效果,并分析了该系统的瞬态运动和稳态运动。Luongo 等[220]将非线性能量阱应用到一类具有 Hopf 分岔的非线性系统的气动弹性失稳控制之中。结果表明,在特定的条件下,非线性能量阱能使分岔点发生移动,减小极限环振动的幅值。Zhang 等[221]用数值方法研究了自由流场下,两个非线性能量阱对二维机翼的涡致振动控制问题。仅考虑机翼的浮沉模态和俯仰模态,将非线性能量阱分别布置在机翼的前缘和后缘。结果表明,非线性能量阱不仅能有效地从机翼的各阶模态中吸收能量,还能实现各阶模态的耦合。Yan 等[222]在 Open FOAM 软件中模拟了跨声速流场中非线性能量阱对机翼模型振动的控制效果,讨论了质量、阻尼、立方刚度以及非线性能量阱布置位置对控制效果的影响。陈恒等[223]将刚性机翼结构简化为三自由度系统,利用非线性能量阱的靶能量传递机制抑制机翼颤振;同时,还分析了系统中存在的极限环振动、准周期振动和 Hopf 分岔。Guo 等[224]将立方刚度非线性能量阱应用到翼型气动弹性振动的控制之中,通过谐波平衡法分析了系统的极限环振动,研究了非线性能量阱参数对响应抑制性能的影响。Tian 等[225]将非线性能量阱应用到梯形机翼在超音速飞行中的气动弹性不稳定控制之中。非线性能量阱通过共振捕获吸收并耗散气流产生的能量,翼形板的非线性响应在后屈曲状态下可以被完全抑制。在较高的动压下,非线性系统的被动控制性能会下降,甚至无法长期抑制气动弹性响应,特别是发生混沌运动的气动弹性响应。

当直升机起飞时,由于机身运动与机翼转子运动之间的耦合,在地面和机翼之间可能发生一种破坏机翼稳定性的振动,称为地面共振。为了解决该问题,Bergeot 等[226]通过连续 Coleman 变换和双正规变换,得到了直升机地面共振失稳的最小自由度模型,分析了非接地状态下安装非线性能量阱时的稳态响应,通过多叶坐标变换将地面共振不稳定性转化为时变非线性系统。结合复变量-平均法和几何奇异摄动法得到稳态响应的可靠描述[227]。结果表明,在适当的条件下,非线性能量阱可完全抑制地面共振不稳定性。Ebrahimzade 等[228]研究了悬停飞行气动条件下,非线性能量阱对直升机旋翼桨叶的振动控制问题,比较了调谐质量阻尼器、Maxwell-Voigt 吸振器、立方刚度非线性能量阱和两自由度立方刚度非线性能量阱在该气动弹性系统中的减振性能。通过响应分析和稳定性分析,发现线性减振器和非线性能量阱均能有效抑制旋翼桨叶的振颤,且带有非线性能量阱的桨叶在一定区域内发生准周期运动和混沌。

复合材料常常具有区别于传统材料的特殊动力学特性,因而在航空航天领域得到广泛应用。由于航空航天环境恶劣,导致复合材料产生强烈的振动,影响其正常使用。为了解决该问题,有学者将非线性能量阱应用于复合材料的振动控制之中。Chen 等[229]分析了带有非线性能量阱的桁架三明治板的振动,发现对于半正弦小幅值激励,非线性能量阱能够有效吸收振动能量;而对于大幅值激励,非线性能量阱的振动抑制性能严重下降。Guo 等[230]研究了沙漏型三明治材料的结构振动控制问题,比较了主动控制和非线性能量阱对结构响应的抑制性能。Zhang 等[231]将非线性能量阱应用于复合材料层压板振动抑制之中。仿真结果表明,非线性能量阱能显著抑制复合材料层合板在风载作用下的剧烈振动。Zhang 等[232]研究了带有夹芯梁、非线性能量阱和超磁致伸缩材料的多功能格子夹芯结构的动力学特性。结果表明,多功能格子夹芯结构具有减振和储能的功能,为振动控制和能量提供了新思路。Chen 等[233]将惯容型非线性能量阱应用于消除复合材料板的多模共振之中。与其他非线性能量阱不同,惯容型非线性能量阱能有效减轻附加质量效应。Chen 等采用伽辽金法建模,采用谐波平衡法求解,揭示出在不影响初级结构谐振频率的情况下,惯容型非线性能量阱对低阶和高阶谐振均具有良好的消振效果。Liu 等[234]将非线性能量阱应用到悬臂矩形板的振动控制之中。建立了薄板与非线性能量阱的耦合动力学方程,并用模态截断法研究了结构在一阶横向弯曲下的响应。

在航天工业中,发射阶段恶劣的振动环境通常是导致航天器故障的主要原因。过大的动载荷和冲击载荷会对光学、电子等敏感设备造成永久性损伤。因此,对整个航天器系统的减振具有重要意义。为了解决该问题,Yang 等[235]提出一种控制航天器整体振动的非线性能量阱。通过理论分析、数值和实验研究发现,非线性能量阱的减振性能随着质量、黏滞阻尼和激励力幅值的增加而提高,而随着非线性刚度的增加而降低。Zhang 等[236]从功率流的角度分析非线性能量阱对整个航天器的减振性能,也得出了相同的结论。在考虑重力的情况下,Chen 等[123]发现系统的自由振动频率大于结构的固有频率。通过谐波平衡法分析发现,初级结构的稳态响应比忽略重量情况下的稳态响应小,但差异随激励力幅值的增加而减小。实验结果表明,考虑重量可得到更准确的预测结果。Yang 等[237]提出一种非对称非线性能量阱,并将航天器简化为悬臂梁结构,通过伽辽金法分析了系统在瞬态载荷作用下的动力学响应。结果表明,非线性能量阱具有很好的抑振效果,进而提高空间系统的可靠性。Zhang 等[238]提出一种镍钛钢丝绳非线性能量阱,通过非线性频响函数分析了整个航天器系统的动力学特性,从能量吸收的角度分析非线性能量阱参数对振动抑制效果的影响。结果表明,采用该非线性能量阱的隔振系统可以在不改变固有频率的情况下,减小整个航天器系统的振动。

除此以外,非线性能量阱在其他航空设备的振动控制中也得到广泛应用。刘海平等[239-241]将非线性能量阱应用到星载飞轮在运行和姿态调整时的瞬态振动响应抑制之中。通过仿真和实验,分析了能量在飞轮、非线性能量阱和支撑结构之间的传递规律。Dai 等[242]将立方刚度非线性能量阱应用到弹性支撑方形棱镜结构的驰振控制之中。结果表明,增加非线性能量阱质量不利于降低结构驰振响应,而增加阻尼可以迅速降低结构驰振响应。孙斌等[243]将非线性能量阱应用到双转子航空发动机双频带激励导致的振动控制之中。仿真结果表明,非线性能量阱在较宽的频带范围内取得很好控制效果。

11.5 非线性能量阱在能量收集领域中的应用

自然界中存在风能、潮汐能等各种各样形式的能量,将这些能量收集起来并加以利用是能量收集的主要任务。目前,常用的振动能量收集方法主要有两种:一种是通过材料的压电效应实现能量的转化;另一种是利用电磁耦合将振动转化成电能。

对于线性能量收集装置,通常将装置的固有频率与外部激励力频率设置为相同,以实现最大能量转化效率。因此,线性能量收集装置仅在窄带范围有效。为了实现宽频能量收集,Ramlan 等[244]将非线性引入能量收集装置之中,分析了双稳非线性刚度和渐硬非线性刚度对能量收集的影响。结果表明,具有双稳非线性刚度的能量收集装置所获得的功率比调谐线性装置所获得的功率大;具有渐硬刚度的能量收集装置的有效带宽与阻尼比和激励幅值有关。Ahmadabadi 等[245]对带有非线性能量阱和压电式振动能量收集装置进行了优化设计,使得非线性能量阱耗散能量最大化的同时,压电元件获取的能量增加。结果表明,两种配置方式都获得了令人满意的振动抑制效果和能量收集效率。为了克服传统的压电振动能量收集器仅能在窄频带范围内工作的问题，Xiong 等[246]在系统中引入非线性能量阱以实现宽频带能量收集。结果表明，基于非线性能量阱的压电振动能量收集器能够在较宽的频率范围内吸收振动能量。为了同时实现宽频能量收集和振动抑制，Zhang 等[247]将非线性能量阱引入压电能量收集装置之中，通过仿真和实验研究了该系统在瞬态响应下的振动抑制和能量收集性能。Li 等[248]提出了一种新型的带有非线性能量阱的能量收集装置。仿真和实验均观察到该装置内部的 1∶1 共振捕获和靶能量传递现象。为了捕获非平稳振动环境中能量，延长能量转换时间，Darabi 等[249]提出一种带有间隙型非线性能量阱的能量收集装置。理论分析、仿真计算和实验均证明该设计的有效性。Raj 等[250]分析了在简谐激励下，带有非线性能量阱的压电能量收集系统的性能，通过谐波平衡法得到了系统的频响函数，采用遗传算法得到了使初级结构振动幅值最小且能量收集性能最佳的设计参数。

Fang 等[251]将非线性能量阱和巨型磁致伸缩材料相结合，提出一种基于非线性能量阱的抑振-能量收集装置。结果表明，该装置能在抑制振动的同时实现能量收集。随后，Fang 等[252]用复变量-平均法研究了该装置的动力学特性，揭示了系统中存在的鞍结分岔和 Hopf 分岔。Kremer 等[253]利用非线性能量阱从初级结构吸收振动能量，再通过电磁耦合将振动能量转化为电能，分析了系统在瞬态响应下的减振和能量收集性能，并通过实验验证了仿真结果。Remick 等[254]提出一种电磁非线性能量阱，发现在冲击载荷作用下，非线性能量阱的高频振动幅值较大，进而产生较高的能量收集效率。随后，Chiacchiari 等[255]拓展了该研究，考虑非线性能量阱具有立方刚度和负线性刚度的情形，提出了双稳态非线性能量收集装置。Chiacchiari 等通过灵敏度分析，揭示了能量收集的实现机理。Li 等[256]利用复变量-平均法分析了谐波激励下，带有非线性能量阱的能量收集系统参数对鞍结分岔、Hopf 分岔和全局分岔的影响规律。Zhang 等[257]提出一种超磁致伸缩压电材料非线性能量阱，用于整个航天器减振系统的能量收集。Zhang 等采用谐波平衡法，得到了能量收集系统的稳态周期解。在一定范围内，数值结果与解析结果一致，证明了理论分析的准确性和可靠性。

11.6 本章小结

本章总结了非线性能量阱的工程应用现状。虽然非线性能量阱能够在宽频带内耗散振动能量，但其性能受设计参数和激励条件影响较大，即使参数存在微小差异，也可能引起减振性能的严重下降。例如，为了实现从初级结构向立方刚度非线性能量阱的靶能量传递，输入到系统中的能量必须在一定范围内，立方刚度非线性能量阱才能正常发挥作用。超过此范围时，立方刚度非线性能量阱的性能将严重下降。因此，非线性能量阱的设计应充分考虑激励条件的不确定性。同时，非线性能量阱的设计参数对外部不确定因素的鲁棒性也是评价其性能的重要指标。

在实际工程应用中，根据特定要求，合理选择非线性能量阱是非常重要的。多个非线性能量阱串联对振动响应的控制效果通常优于多个非线性能量阱并联。另外，不同类型的非线性能量阱组合布置可能会产生更好的结构响应控制效果，但会导致十分复杂的动力学现象，给系统的理论分析带来困难。

虽然非线性能量阱在工程应用过程中取得了令人满意的效果，但依然面临诸多问题亟待解决。目前多针对简单初级结构的振动控制问题开展研究，而在实际工程中，初级结构通常比较复杂。因此，对于非线性能量阱应用于复杂结构的分析有必要进行深入讨论。实际工程中的环境常常十分复杂，设计出可调刚度、可调阻尼和可调质量的非线性能量阱以适应复杂多变的应用场景值得进一步研究。考虑载荷的多方向性，设计出能在多个方向控制结构响应的非线性能量阱也具有重要的意义。

参 考 文 献

[1] 顾仲权, 马扣根, 陈卫东. 振动主动控制[M]. 北京: 国防工业出版社, 1997.

[2] 杨铁军, 靳国永, 刘志刚. 船舶动力装置振动的主动控制[M]. 哈尔滨: 哈尔滨工程大学出版社, 2011.

[3] 丁文镜. 减振理论[M]. 2 版. 北京: 清华大学出版社, 2014.

[4] 闻邦椿, 李以农, 韩清凯. 非线性振动理论中的解析方法及工程应用[M]. 沈阳: 东北大学出版社, 2001.

[5] 胡海岩. 应用非线性动力学[M]. 北京: 航空工业出版社, 2000.

[6] 刘延柱, 陈立群. 非线性振动[M]. 北京: 高等教育出版社, 2001.

[7] Gatti G, Brennan M J, Tang B. Some diverse examples of exploiting the beneficial effects of geometric stiffness nonlinearity[J]. Mechanical Systems and Signal Processing, 2018, 125: 4-20.

[8] Vakakis A F. Inducing passive nonlinear energy sinks in vibrating systems[J]. Journal of Vibration and Acoustics, 2001, 123(3): 324-332.

[9] Gendelman O V, Manevitch L I, Vakakis A F, et al. Energy pumping in nonlinear mechanical oscillators: Part I—Dynamics of the underlying Hamiltonian systems[J]. Journal of Applied Mechanics, 2001, 68(1): 34-41.

[10] Vakakis A F, Gendelman O V. Energy pumping in nonlinear mechanical oscillators: Part II—Resonance capture[J]. Journal of Applied Mechanics, 2001, 68(1): 42-48.

[11] Lu Z, Wang Z X, Zhou Y, et al. Nonlinear dissipative devices in structural vibration control: A review[J]. Journal of Sound and Vibration, 2018, 423(9): 18-49.

[12] 鲁正, 王自欣, 吕西林. 非线性能量阱技术研究综述[J]. 振动与冲击, 2020, 39(4): 1-17.

[13] Ding H, Chen L Q. Designs, analysis, and applications of nonlinear energy sinks[J]. Nonlinear Dynamics, 2020, 100(4): 3061-3107.

[14] Lee Y S, Vakakis A F, Bergman L A, et al. Passive non-linear targeted energy transfer and its applications to vibration absorption: A review[J]. Proceedings of the Institution of Mechanical Engineers, Part K: Journal of Multi-body Dynamics, 2008, 222(2): 77-134.

[15] Kopidakis G, Aubry S, Tsironis G P. Targeted energy transfer through discrete breathers in nonlinear systems[J]. Physical Review Letters, 2001, 87(16): 165501.

[16] Aubry S, Kopidakis G, Morgante A M, et al. Analytic conditions for targeted energy transfer between nonlinear oscillators or discrete breathers[J]. Physica B: Condensed Matter, 2001, 296(1-3): 222-236.

[17] Viguié R, Kerschen G. On the functional form of a nonlinear vibration absorber[J]. Journal of Sound and Vibration, 2010, 329(25): 5225-5232.

[18] Gendelman O V. Transition of energy to a nonlinear localized mode in a highly asymmetric system of two oscillators[J]. Nonlinear Dynamics, 2001, 25(1): 237-253.

[19] Gendelman O V, Vakakis A F. Transitions from localization to nonlocalization in strongly nonlinear damped oscillators[J]. Chaos, Solitons and Fractals, 2000, 11(10): 1535-1542.

[20] Al-Shudeifat M A. Highly efficient nonlinear energy sink[J]. Nonlinear Dynamics, 2014, 76(4): 1905-1920.

[21] Iurasov V, Mattei P O. Bistable nonlinear damper based on a buckled beam configuration[J]. Nonlinear Dynamics, 2019, 99(3): 1801-1822.

[22] Foroutan K, Jalali A, Ahmadi H. Investigations of energy absorption using tuned bistable nonlinear energy sink with local and global potentials[J]. Journal of Sound and Vibration, 2019, 447: 155-169.

[23] Ramsey J R, Wierschem N E. A numerical investigation of a gravity-compensated nonlinear energy sink for the passive control of flooring systems[G]. Cham: Springer International Publishing, 2019, 2: 329-332.

[24] Feudo S L, Touzé C, Boisson J, et al. Nonlinear magnetic vibration absorber for passive control of a multi-storey structure[J]. Journal of Sound and Vibration, 2019, 438: 33-53.

[25] Starosvetsky Y, Gendelman O V. Vibration absorption in systems with a nonlinear energy sink: Nonlinear damping[J]. Journal of Sound and Vibration, 2009, 324(3-5): 916-939.

[26] Al-Shudeifat M A. Nonlinear energy sinks with nontraditional kinds of nonlinear restoring forces[J]. Journal of Vibration and Acoustics, 2017, 139(2): 024503.

[27] Jahn M, Scheidt L P, Wallaschek J. Parameter variation on nonlinear energy sink attached to multiple degree of freedom system[J]. Proceedings in Applied Mathematics and Mechanics, 2019, 19(1): e201900272.

[28] 张也弛, 孔宪仁, 杨正贤, 等. 非线性吸振器的靶能量传递及参数设计[J]. 振动工程学报, 2011, 24(2): 111-117.

[29] Gendelman O V, Sapsis T, Vakakis A F, et al. Enhanced passive targeted energy transfer in strongly nonlinear mechanical oscillators[J]. Journal of Sound and Vibration, 2011, 330(1): 1-8.

[30] Sapsis T P, Quinn D D, Vakakis A F, et al. Effective stiffening and damping enhancement of structures with strongly nonlinear local attachments[J]. Journal of Vibration and Acoustics, 2012, 134(1): 011016.

[31] Hubbard S A, Vakakis A F, Bergman L A, et al. Construction and use of the frequency-energy plot for a system with two essential nonlinearities[C]. ASME 2011 International Design Engineering Technical Conferences and Computers and Information in Engineering Conference, American Society of Mechanical Engineers, Washington, 2011: 449-456.

[32] 孔宪仁, 张也弛. 两自由度非线性吸振器在简谐激励下的振动抑制[J]. 航空学报, 2012, 33(6): 1020-1029.

[33] Wierschem N E, Quinn D D, Hubbard S A, et al. Passive damping enhancement of a two-degree-of-freedom system through a strongly nonlinear two-degree-of-freedom attachment[J]. Journal of Sound and Vibration, 2012, 331(25): 5393-5407.

[34] Taghipour J, Dardel M. Steady state dynamics and robustness of a harmonically excited essentially nonlinear oscillator coupled with a two-DOF nonlinear energy sink[J]. Mechanical Systems and Signal Processing, 2015, 62-63: 164-182.

[35] Bergeot B, Bellizzi S. Asymptotic analysis of passive mitigation of dynamic instability using a nonlinear energy sink network[J]. Nonlinear Dynamics, 2018, 94(4): 3157-3159.

[36] 孙敏, 陈建恩, 陈焕林. 并联和串联非线性能量阱的吸振效能对比研究[J]. 哈尔滨工程大学学报, 2018, 39(10): 1727-1732.

[37] Sigalov G, Gendelman O V, Al-Shudeifat M A, et al. Resonance captures and targeted energy transfers in an inertially-coupled rotational nonlinear energy sink[J]. Nonlinear Dynamics, 2012, 69(4): 1693-1704.

[38] Al-Shudeifat M A, Wierschem N E, Bergman L A, et al. Numerical and experimental investigations of a rotating nonlinear energy sink[J]. Meccanica, 2017, 52(4-5): 763-779.

[39] Vorotnikov K, Starosvetsky Y. Nonlinear energy channeling in the two-dimensional, locally resonant, unit-cell model. I. High energy pulsations and routes to energy localization[J]. Chaos: An Interdisciplinary Journal of Nonlinear Science, 2015, 25(7): 073106.

[40] Vorotnikov K, Starosvetsky Y. Nonlinear energy channeling in the two-dimensional, locally resonant, unit-cell model. II. Low energy excitations and unidirectional energy transport[J]. Chaos: An Interdisciplinary Journal of Nonlinear Science, 2015, 25(7): 073107.

[41] Vorotnikov K. Bifurcation structure of the special class of nonstationary regimes emerging in the 2D inertially coupled, unit-cell model: Analytical study[J]. Journal of Sound and Vibration, 2016, 377(1): 226-242.

[42] Vorotnikov K, Kovaleva M, Starosvetsky Y. Emergence of non-stationary regimes in one- and two-dimensional models with internal rotators[J]. Philosophical Transactions of the Royal Society A: Mathematical, Physical and Engineering Sciences, 2018, 376(2127): 20170134.

[43] Jayaprakash K R, Starosvetsky Y. Three-dimensional energy channeling in the unit-cell model coupled to a spherical rotator I: Bidirectional energy channeling[J]. Nonlinear Dynamics, 2017, 89(3): 2013-2040.

[44] Jayaprakash K R, Starosvetsky Y. Three-dimensional energy channeling in the unit-cell model coupled to a spherical rotator II: Unidirectional energy channeling[J]. Nonlinear Dynamics, 2017, 89(4): 2311-2327.

[45] Wu S T, Chen Y R, Wang S S. Two-degree-of-freedom rotational-pendulum vibration absorbers[J]. Journal of Sound and Vibration, 2011, 330(6): 1052-1064.

[46] Wang J, Wierschem N E, Spencer B F, et al. Track nonlinear energy sink for rapid response reduction in building structures[J]. Journal of Engineering Mechanics, 2014, 141(1): 04014104.

[47] Wang J, Wierschem N E, Spencer B F, et al. Experimental study of track nonlinear energy sinks for dynamic response reduction[J]. Engineering Structures, 2015, 94(1): 9-15.

[48] Lu X L, Liu Z P, Lu Z. Optimization design and experimental verification of track nonlinear energy sink for vibration control under seismic excitation[J]. Structural Control and Health Monitoring, 2017, 24(12): e2033.

[49] Viet L D, Nghi N B. On a nonlinear single-mass two-frequency pendulum tuned mass damper to reduce horizontal vibration[J]. Engineering Structures, 2014, 81: 175-180.

[50] Zhang Y W, Lu Y N, Zhang W, et al. Nonlinear energy sink with inerter[J]. Mechanical Systems and Signal Processing, 2019, 125: 52-64.

[51] Zhang Z, Lu Z Q, Ding H, et al. An inertial nonlinear energy sink[J]. Journal of Sound and Vibration, 2019, 450: 199-213.

[52] Zang J, Yuan T C, Lu Z Q, et al. A lever-type nonlinear energy sink[J]. Journal of Sound and Vibration, 2018, 437: 119-134.

[53] Nucera F, Vakakis A F, McFarland D M, et al. Targeted energy transfers in vibro-impact oscillators for seismic mitigation[J]. Nonlinear Dynamics, 2007, 50(3): 651-677.

[54] Nucera F, Iacono F L, McFarland D M, et al. Application of broadband nonlinear targeted energy transfers for seismic mitigation of a shear frame: Experimental results[J]. Journal of Sound and Vibration, 2008, 313(1-2): 57-76.

[55] Nucera F, McFarland D M, Bergman L A, et al. Application of broadband nonlinear targeted energy transfers for seismic mitigation of a shear frame: Computational results[J]. Journal of Sound and Vibration, 2010, 329(15): 2973-2994.

[56] Karayannis I, Vakakis A F, Georgiades F. Vibro-impact attachments as shock absorbers[J]. Proceedings of the Institution of Mechanical Engineers, Part C: Journal of Mechanical Engineering Science, 2008, 222(10): 1899-1908.

[57] Lee Y S, Nucera F, Vakakis A F, et al. Periodic orbits, damped transitions and targeted energy transfers in oscillators with vibro-impact attachments[J]. Physica D: Nonlinear Phenomena, 2009, 238(18): 1868-1896.

[58] Al-Shudeifat M A, Wierschem N E, Quinn D D, et al. Numerical and experimental investigation of a highly effective single-sided vibro-impact non-linear energy sink for shock mitigation[J]. International Journal of Non-Linear Mechanics, 2013, 52: 96-109.

[59] Masri S F. General motion of impact dampers[J]. The Journal of the Acoustical Society of America, 1970, 47(1B): 229-237.

[60] Friend R D, Kinra V K. Particle impact damping[J]. Journal of Sound and Vibration, 2000, 233(1): 93-118.

[61] Marhadi K S, Kinra V K. Particle impact damping: Effect of mass ratio, material, and shape[J]. Journal of Sound and Vibration, 2005, 283(1-2): 433-448.

[62] Gendelman O V. Analytic treatment of a system with a vibro-impact nonlinear energy sink[J]. Journal of Sound and Vibration, 2012, 331(21): 4599-4608.

[63] Gendelman O V, Alloni A. Forced system with vibro-impact energy sink: Chaotic strongly modulated responses[J]. Procedia IUTAM, 2016, 19: 53-64.

[64] Li T, Seguy S, Berlioz A. On the dynamics around targeted energy transfer for vibro-impact nonlinear energy sink[J]. Nonlinear Dynamics, 2017, 87(3): 1453-1466.

[65] Li T, Seguy S, Berlioz A. Optimization mechanism of targeted energy transfer with vibro-impact energy sink under periodic and transient excitation[J]. Nonlinear Dynamics, 2017, 87(4): 2415-2433.

[66] Li T, Gourc E, Seguy S, et al. Dynamics of two vibro-impact nonlinear energy sinks in parallel under periodic and transient excitations[J]. International Journal of Non-Linear Mechanics, 2017, 90: 100-110.

[67] Pennisi G, Stephan C, Gourc E, et al. Experimental investigation and analytical description of a vibro-impact NES coupled to a single-degree-of-freedom linear oscillator harmonically forced[J]. Nonlinear Dynamics, 2017, 88(3): 1769-1784.

[68] Afsharfard A. Suppressing forced vibrations of structures using smart vibro-impact systems[J]. Nonlinear Dynamics, 2016, 83(3): 1643-1652.

[69] Georgiadis F, Vakakis A F, Mcfarland D M, et al. Shock isolation through passive energy pumping caused by nonsmooth nonlinearities[J]. International Journal of Bifurcation and Chaos, 2005, 15(6): 1989-2001.

[70] Lamarque C H, Gendelman O V, Savadkoohi A T, et al. Targeted energy transfer in mechanical systems by means of non-smooth nonlinear energy sink[J]. Acta Mechanica, 2011, 221(2011): 175-200.

[71] Al-Shudeifat M A. Piecewise nonlinear energy sink[C]. Proceedings of the ASME 2015 International Design Engineering Technical Conferences and Computers and Information in Engineering Conference, Boston, 2015.

[72] Savadkoohi A T, Lamarque C H, Dimitrijevic Z. Vibratory energy exchange between a linear and a nonsmooth system in the presence of the gravity[J]. Nonlinear Dynamics, 2012, 70(2): 1473-1483.

[73] Yao H L, Cao Y B, Zhang S J, et al. A novel energy sink with piecewise linear stiffness[J]. Nonlinear Dynamics, 2018, 94(3): 2265-2275.

[74] Silva T M P, Clementino M A, De Marqui C, et al. An experimentally validated piezoelectric nonlinear energy sink for wideband vibration attenuation[J]. Journal of Sound and Vibration, 2018, 437: 68-78.

[75] Aguiar R R, Weber H I. Mathematical modeling and experimental investigation of an embedded vibro-impact system[J]. Nonlinear Dynamics, 2011, 65(3): 317-334.

[76] Aguiar R R, Weber H I. Impact force magnitude analysis of an impact pendulum suspended in a vibrating structure[J]. Shock and Vibration, 2012, 19(6): 1359-1372.

[77] Wei Y M, Dong X J, Guo P F, et al. Enhanced targeted energy transfer by vibro impact cubic nonlinear energy sink[J]. International Journal of Applied Mechanics, 2018, 10(06): 1850061.

[78] Al-Shudeifat M A. Nonlinear energy sinks with piecewise-linear nonlinearities[J]. Journal of Computational and Nonlinear Dynamics, 2019, 14(12): 124501.

[79] Bellizzi S, Chung K W, Sampaio R. Response regimes of a linear oscillator with a nonlinear energy sink involving an active damper with delay[J]. Nonlinear Dynamics, 2019, 97(2): 1667-1684.

[80] Saeed A S, Al-Shudeifat M A, Vakakis A F, et al. Rotary-impact nonlinear energy sink for shock mitigation: Analytical and numerical investigations[J]. Archive of Applied Mechanics, 2020, 90(3): 495-521.

[81] Wang J, Wierschem N E, Spencer B F, et al. Numerical and experimental study of the performance of a single-sided vibro-impact track nonlinear energy sink[J]. Earthquake Engineering and Structural Dynamics, 2016, 45(4): 635-652.

[82] 王菁菁, 李浩博, 刘志彬. 单边碰振轨道非线性能量阱减震性能研究[J]. 湖南工业大学学报, 2018, 32(5): 12-18.

[83] 王菁菁, 李浩博, 刘志彬, 等. 单边碰振轨道非线性能量阱减振性能数值研究[J]. 湖南工业大学学报, 2019, 33(1): 1-5.

[84] Starosvetsky Y, Gendelman O V. Response regimes of linear oscillator coupled to nonlinear energy sink with harmonic forcing and frequency detuning[J]. Journal of Sound and Vibration, 2008, 315(3): 746-765.

[85] 熊怀, 孔宪仁, 刘源. 阻尼对耦合非线性能量阱系统影响研究[J]. 振动与冲击, 2015, 34(11): 116-121.

[86] 熊怀, 孔宪仁, 刘源. 一类立方非线性吸振器的能量传递和耗散研究及参数设计[J]. 振动工程学报, 2015, 28(5): 785-792.

[87] 张也弛. 基于非线性能量阱的双共振峰振动抑制的力学特性研究[J]. 航天器环境工程, 2015, 32(5): 477-483.

[88] Gendelman O V, Gourdon E, Lamarque C H. Quasiperiodic energy pumping in coupled oscillators under periodic forcing[J]. Journal of Sound and Vibration, 2006, 294(4-5): 651-662.

[89] Gendelman O V. Targeted energy transfer in systems with non-polynomial nonlinearity[J]. Journal of Sound and Vibration, 2008, 315(3): 732-745.

[90] McFarland D M, Kerschen G, Kowtko J J, et al. Experimental investigation of targeted energy transfers in strongly and nonlinearly coupled oscillators[J]. The Journal of the Acoustical Society of America, 2005, 118(2): 791-799.

[91] Chen L Q, Zang J. Bifurcation and chaos of a linear structure with a nonlinear energy sink[C]. 24th International Congress on Sound and Vibration, London, 2017.

[92] Vaurigaud B, Savadkoohi A T, Lamarque C H. Targeted energy transfer with parallel nonlinear energy sinks. Part I: Design theory and numerical results[J]. Nonlinear Dynamics, 2011, 66(4): 763-780.

[93] Savadkoohi A T, Vaurigaud B, Lamarque C H, et al. Targeted energy transfer with parallel nonlinear energy sinks, Part II: Theory and experiments[J]. Nonlinear Dynamics, 2012, 67(1): 37-46.

[94] Zulli D, Luongo A. Control of primary and subharmonic resonances of a Duffing oscillator via non-linear energy sink[J]. International Journal of Non-Linear Mechanics, 2016, 80: 170-182.

[95] Xiong H, Kong X, Yang Z, et al. Response regimes of narrow-band stochastic excited linear oscillator coupled to nonlinear energy sink[J]. Chinese Journal of Aeronautics, 2015, 28(2): 457-468.

[96] 谭平, 刘良坤, 陈洋洋, 等. 非线性能量阱减振系统受基底简谐激励的分岔特性分析[J]. 工程力学, 2017, 34(12): 67-74.

[97] Gourdon E, Lamarque C H. Nonlinear energy sink with uncertain parameters[J]. Journal of Computational and Nonlinear Dynamics, 2006, 1(3): 187-195.

[98] Yang K, Zhang Y W, Ding H, et al. The transmissibility of nonlinear energy sink based on nonlinear output frequency-response functions[J]. Communications in Nonlinear Science and Numerical Simulation, 2017, 44: 184-192.

[99] Zang J, Zhang Y W, Ding H, et al. The evaluation of a nonlinear energy sink absorber based on the transmissibility[J]. Mechanical Systems and Signal Processing, 2018, 125: 99-122.

[100] Chouvion B. A wave approach to show the existence of detached resonant curves in the frequency response of a beam with an attached nonlinear energy sink[J]. Mechanics Research Communications, 2019, 95: 16-22.

[101] 刘良坤, 谭平, 陈洋洋, 等. 非线性能量阱减振系统受基底简谐激励的强调制反应分析[J]. 北京工业大学学报, 2019, 45(2): 177-185.

[102] 刘涛, 张勇, 陈沛芝, 等. 基于增维精细积分法非线性能量陷减振系统分析[J]. 噪声与振动控制, 2018, 38(5): 215-219.

[103] Liu Y, Mojahed A, Bergman L A, et al. A new way to introduce geometrically nonlinear stiffness and damping with an application to vibration suppression[J]. Nonlinear Dynamics, 2019, 96(3): 1819-1845.

[104] Zang J, Zhang Y W. Responses and bifurcations of a structure with a lever-type nonlinear energy sink[J]. Nonlinear Dynamics, 2019, 98(2): 889-906.

[105] Avramov K V. Application of nonsmooth transformations to analyze a vibroimpact duffing system[J]. International Applied Mechanics, 2008, 44(10): 1173-1179.

[106] Li T, Lamarque C H, Seguy S, et al. Chaotic characteristic of a linear oscillator coupled with vibro-impact nonlinear energy sink[J]. Nonlinear Dynamics, 2017, 91(4): 2319-2330.

[107] Li T, Seguy S, Berlioz A. Dynamics of cubic and vibro-impact nonlinear energy sink: Analytical, numerical, and experimental analysis[J]. Journal of Vibration and Acoustics, 2016, 138(3): 031010.

[108] Moore K J, Kurt M, Eriten M, et al. Wavelet-bounded empirical mode decomposition for vibro-impact analysis[J]. Nonlinear Dynamics, 2018, 93(3): 1559-1577.

[109] Vakakis A F, Manevitch L I, Gendelman O V, et al. Dynamics of linear discrete systems connected to local, essentially non-linear attachments[J]. Journal of Sound and Vibration, 2003, 264(3): 559-577.

[110] 张也驰, 孔宪仁, 张红亮. 非线性耦合振子间的靶能量传递研究: 保守系统中的完全能量传递[J]. 振动与冲击, 2012, 33(6): 150-155.

[111] Tsakirtzis S, Panagopoulos P N, Kerschen G, et al. Complex dynamics and targeted energy transfer in linear oscillators coupled to multi-degree-of-freedom essentially nonlinear attachments[J]. Nonlinear Dynamics, 2007, 48(3): 285-318.

[112] Quinn D D, Gendelman O V, Kerschen G, et al. Efficiency of targeted energy transfers in coupled nonlinear oscillators associated with 1∶1 resonance captures: Part I[J]. Journal of Sound and Vibration, 2008, 311(3-5): 1228-1248.

[113] Sapsis T P, Vakakis A F, Gendelman O V, et al. Efficiency of targeted energy transfers in coupled nonlinear oscillators associated with 1∶1 resonance captures: Part II, analytical study[J]. Journal of Sound and Vibration, 2009, 325(1-2): 297-320.

[114] Sapsis T P, Vakakis A F, Bergman L A. Effect of stochasticity on targeted energy transfer from a linear medium to a strongly nonlinear attachment[J]. Probabilistic Engineering Mechanics, 2011, 26(2): 119-133.

[115] Ahmadabadi Z N, Khadem S E. Nonlinear vibration control of a cantilever beam by a nonlinear energy sink[J]. Mechanism and Machine Theory, 2012, 50: 134-149.

[116] Zhang Y, Liu K F, Xiong L Y, et al. Energy transfer in nonlinear vibration absorbers[C]. 24th International Congress on Sound and Vibration, London, 2017.

[117] Lee Y S, Kerschen G, Vakakis A F, et al. Complicated dynamics of a linear oscillator with a light, essentially nonlinear attachment[J]. Physica D: Nonlinear Phenomena, 2005, 204(1-2): 41-69.

[118] Kerschen G, Lee Y S, Vakakis A F, et al. Irreversible passive energy transfer in coupled oscillators with essential nonlinearity[J]. SIAM Journal on Applied Mathematics, 2005, 66(2): 648-679.

[119] Gourdon E, Lamarque C H, Pernot S. Contribution to efficiency of irreversible passive energy pumping with a strong nonlinear attachment[J]. Nonlinear Dynamics, 2007, 50(4): 793-808.

[120] Kerschen G, Kowtko J J, Mcfarland D M, et al. Theoretical and experimental study of multimodal targeted energy transfer in a system of coupled oscillators[J]. Nonlinear Dynamics, 2006, 47(1-3): 285-309.

[121] Starosvetsky Y, Gendelman O V. Interaction of nonlinear energy sink with a two degrees of freedom linear system: Internal resonance[J]. Journal of Sound and Vibration, 2010, 329(10): 1836-1852.

[122] Qiu D, Li T, Seguy S, et al. Efficient targeted energy transfer of bistable nonlinear energy sink: Application to optimal design[J]. Nonlinear Dynamics, 2018, 92(2): 443-461.

[123] Chen L Q, Li X, Lu Z Q, et al. Dynamic effects of weights on vibration reduction by a nonlinear energy sink moving vertically[J]. Journal of Sound and Vibration, 2019, 451: 99-119.

[124] Dekemele K, van Torre P, Loccufier M. Performance and tuning of a chaotic bi-stable NES to mitigate transient vibrations[J]. Nonlinear Dynamics, 2019, 98(3): 1831-1851.

[125] Xue J, Zhang Y W, Ding H, et al. Vibration reduction evaluation of a linear system with a nonlinear energy sink under a harmonic and random excitation[J]. Applied Mathematics and Mechanics, 2020, 41(1): 1-14.

[126] Gendelman O V, Starosvetsky Y, Feldman M. Attractors of harmonically forced linear oscillator with attached nonlinear energy sink I: Description of response regimes[J]. Nonlinear Dynamics, 2007, 51(1-2): 31-46.

[127] Starosvetsky Y, Gendelman O V. Attractors of harmonically forced linear oscillator with attached nonlinear energy sink. II: Optimization of a nonlinear vibration absorber[J]. Nonlinear Dynamics, 2007, 51(1-2): 47-57.

[128] Manevitch L I, Gourdon E, Lamarque C H. Towards the design of an optimal energetic sink in a strongly inhomogeneous two-degree-of-freedom system[J]. Journal of Applied Mechanics, 2007, 74(6): 1078.

[129] Manevitch L I, Gourdon E, Lamarque C H. Parameters optimization for energy pumping in strongly nonhomogeneous 2DOF system[J]. Chaos, Solitons and Fractals, 2007, 31(4): 900-911.

[130] Ahmadi M, Attari N K A, Shahrouzi M. Structural seismic response mitigation using optimized vibro-impact nonlinear energy sinks[J]. Journal of Earthquake Engineering, 2015, 19(2): 193-219.

[131] Bab S, Khadem S E, Shahgholi M. Vibration attenuation of a rotor supported by journal bearings with nonlinear suspensions under mass eccentricity force using nonlinear energy sink[J]. Meccanica, 2015, 50(9): 2441-2460.

[132] Kani M, Khadem S E, Pashaei M H, et al. Vibration control of a nonlinear beam with a nonlinear energy sink[J]. Nonlinear Dynamics, 2016, 83(1-2): 1-22.

[133] 刘中坡, 吕西林, 王栋, 等. 非线性能量阱刚度优化计算与振动台试验[J]. 振动与冲击, 2016, 35(20): 77-84.

[134] Oliva M, Barone G, Navarra G. Optimal design of nonlinear energy sinks for SDOF structures subjected to white noise base excitations[J]. Engineering Structures, 2017, 145(2017): 135-152.

[135] Oliva M, Barone G, Iacono F L, et al. Simplified design of nonlinear energy sinks for MDOF structures excited by white noise base excitations[C]. Proceedings of the XXIII Conference of the Italian Association of Theoretical and Applied Mechanics, Salerno, 2017: 2372-2384.

[136] Tripathi A, Grover P, Kalmár N T. On optimal performance of nonlinear energy sinks in multiple-degree-of-freedom systems[J]. Journal of Sound and Vibration, 2017, 388: 272-297.

[137] Habib G, Romeo F. The tuned bistable nonlinear energy sink[J]. Nonlinear Dynamics, 2017, 89(1): 179-196.

[138] Boroson E, Missoum S, Mattei P O, et al. Optimization under uncertainty of parallel nonlinear energy sinks[J]. Journal of Sound and Vibration, 2017, 394(28): 451-464.

[139] Qiu D, Seguy S, Paredes M. Design criteria for optimally tuned vibro-impact nonlinear energy sink[J]. Journal of Sound and Vibration, 2019, 442: 497-513.

[140] Huang D M, Li R H, Yang G D. On the dynamic response regimes of a viscoelastic isolation system integrated with a nonlinear energy sink[J]. Communications in Nonlinear Science and Numerical Simulation, 2019, 79: 104916.

[141] 胡广书. 数字信号处理: 理论、算法与实现[M]. 3 版. 北京: 清华大学出版社, 2012.

[142] 樊启斌. 小波分析[M]. 湖北: 武汉大学出版社, 2008.

[143] Mallat S G. A Wavelet Tour of Signal Processing: The Sparse Way[M]. Boston: Elsevier Academic Press, 2009.

[144] Daubechies I. Ten Lectures on Wavelets[M]. Philadelphia: Society for Industrial and Applied Mathematics, 1992.

[145] Huang N E, Shen S S. Hilbert-Huang Transform and Its Applications[M]. New Jersey: World Scientific, 2014.

[146] Rega G, Daqaq M F, Hajj M, et al. In memory of Professor Ali H. Nayfeh[J]. Nonlinear Dynamics, 2020, 99(1): 1-9.

[147] Manevitch L I, Musienko A I, Lamarque C H. New analytical approach to energy pumping problem in strongly nonhomogeneous 2DOF systems[J]. Meccanica, 2007, 42(1): 77-83.

[148] 张也弛. 非线性能量阱的力学特性与振动抑制效果研究[D]. 哈尔滨: 哈尔滨工业大学, 2012.

[149] 陈予恕. 非线性振动[M]. 北京: 高等教育出版社, 2002.

[150] Starosvetsky Y, Gendelman O V. Strongly modulated response in forced 2DOF oscillatory system with essential mass and potential asymmetry[J]. Physica D: Nonlinear Phenomena, 2008, 237(13): 1719-1733.

[151] Qiu D, Paredes M, Seguy S. Variable pitch spring for nonlinear energy sink: Application to passive vibration control[J]. Proceedings of the Institution of Mechanical Engineers, Part C: Journal of Mechanical Engineering Science, 2018, 233(2): 611-622.

[152] Gendelman O V, Starosvetsky Y. Quasi-periodic response regimes of linear oscillator coupled to nonlinear energy sink under periodic forcing[J]. Journal of Applied Mechanics, 2007, 74(2): 325-331.

[153] Charlemagne S, Lamarque C H, Ture Savadkoohi A. Vibratory control of a linear system by addition of a chain of nonlinear oscillators[J]. Acta Mechanica, 2017, 228(9): 3111-3133.

[154] Vorotnikov K, Starosvetsky Y. Nonlinear mechanisms of two-dimensional wave-wave transformations in the initially coupled acoustic structure[J]. Journal of Applied Physics, 2018, 123(2): 024904.

[155] Gourc E, Michon G, Seguy S, et al. Targeted energy transfer under harmonic forcing with a vibro-impact nonlinear energy sink: Analytical and experimental developments[J]. Journal of Vibration and Acoustics, 2015, 137(3): 031008.

[156] Ding H, Chen L Q, Yang S P. Convergence of Galerkin truncation for dynamic response of finite beams on nonlinear foundations under a moving load[J]. Journal of Sound and Vibration, 2012, 331(10): 2426-2442.

[157] Zhang Y W, Yuan B, Fang B, et al. Reducing thermal shock-induced vibration of an axially moving beam via a nonlinear energy sink[J]. Nonlinear Dynamics, 2017, 87(2): 1159-1167.

[158] Vakakis A F, Gendelman O V, Bergman L, et al. Nonlinear Targeted Energy Transfer in Mechanical and Structural Systems[M]. Dordrecht, London: Springer Netherlands, 2009.

[159] Wierschem N E. Targeted energy transfer using nonlinear energy sinks for the attenuation of transient loads on building structures[D]. Illinois: University of Illinois at Urbana Champaign, 2014.

[160] Gourdon E, Lamarque C H. Energy pumping with various nonlinear structures: Numerical evidences[J]. Nonlinear Dynamics, 2005, 40(3): 281-307.

[161] Wierschem N E, Luo J, Al-Shudeifat M A, et al. Simulation and testing of a 6-story structure incorporating a coupled two mass nonlinear energy sink[C]. Proceedings of the ASME 2012 International Design Engineering Technical Conferences & Computers and Information in Engineering Conference, Chicago, 2012: 1-8.

[162] Wierschem N E, Luo J, Al-Shudeifat M A, et al. Experimental testing and numerical simulation of a six-story structure incorporating two-degree-of-freedom nonlinear energy sink[J]. Journal of Structural Engineering, 2014, 140(6): 04014027.

[163] Luo J, Wierschem N E, Hubbard S A, et al. Seismic mitigation performance of multiple nonlinear energy sinks attached to a large-scale nine-story test structure[C]. Proceedings in Vienna Congress on Recent Advances in Earthquake Engineering and Structural Dynamics, Vienna, Austria, 2013: 1-10.

[164] Luo J, Wierschem N E, Hubbard S A, et al. Large-scale experimental evaluation and numerical simulation of a system of nonlinear energy sinks for seismic mitigation[J]. Engineering Structures, 2014, 77: 34-48.

[165] Luo J, Wierschem N E, Fahnestock L A, et al. Design, simulation, and large-scale testing of an innovative vibration mitigation device employing essentially nonlinear elastomeric springs[J]. Earthquake Engineering and Structural Dynamics, 2014, 43(12): 1829-1851.

[166] Wierschem N E, Hubbard S A, Luo J, et al. Response attenuation in a large-scale structure subjected to blast excitation utilizing a system of essentially nonlinear vibration absorbers[J]. Journal of Sound and Vibration, 2017, 389(17): 52-72.

[167] 陈勇, 徐羿. 基于非线性能量吸振器的高耸结构减振分析[J]. 振动与冲击, 2014, 33(9): 27-32.

[168] 王菁菁, 刘志彬, 浩文明, 等. 线性-非线性联合质量阻尼器减震性能分析[J]. 结构工程师, 2018, 34(S1): 67-75.

[169] Charalampakis A E, Tsiatas G C. Effects of hysteresis and negative stiffness on seismic response reduction: A case study based on the 1999 Athens, Greece earthquake[J]. Frontiers in Built Environment, 2018, 4(23): 1-10.

[170] 陈洋洋, 陈凯, 谭平, 等. 负刚度非线性能量阱减震控制性能研究[J]. 工程力学, 2019, 36(3): 149-158.

[171] Vaurigaud B, Manevitch L I, Lamarque C H. Passive control of aeroelastic instability in a long span bridge model prone to coupled flutter using targeted energy transfer[J]. Journal of Sound and Vibration, 2011, 330(11): 2580-2595.

[172] Samani F S, Pellicano F, Masoumi A. Performances of dynamic vibration absorbers for beams subjected to moving loads[J]. Nonlinear Dynamics, 2013, 73(1-2): 1065-1079.

[173] 刘中坡, 吕西林, 鲁正, 等. 轨道型非线性能量阱振动控制的振动台试验研究[J]. 建筑结构学报, 2016, 37(11): 1-9.

[174] 刘中坡, 乌建中, 王菁菁, 等. 轨道型非线性能量阱对高层结构脉动风振的控制仿真[J]. 振动工程学报, 2016, 29(6): 1088-1096.

[175] 王菁菁, 浩文明, 吕西林. 轨道非线性能量阱阻尼对其减振性能的影响[J]. 振动与冲击, 2017, 36(24): 30-34.

[176] 王菁菁, 浩文明, 刘志彬. 采用不同轨道形状的轨道非线性能量阱减震性能研究[J]. 防灾减灾学报, 2018, 34(1): 39-45.

[177] Chen Y Y, Qian Z C, Chen K, et al. Seismic performance of a nonlinear energy sink with negative stiffness and sliding friction[J]. Structural Control and Health Monitoring, 2019, 26(11): e2437.

[178] Saeed A S, Al-Shudeifat M A, Vakakis A F. Rotary-oscillatory nonlinear energy sink of robust performance[J]. International Journal of Non-Linear Mechanics, 2019, 117(2019): 103249.

[179] Fang X, Wen J H, Yin J F, et al. Highly efficient continuous bistable nonlinear energy sink composed of a cantilever beam with partial constrained layer damping[J]. Nonlinear Dynamics, 2017, 87(4): 2677-2695.

[180] Parseh M, Dardel M, Ghasemi M H. Performance comparison of nonlinear energy sink and linear tuned mass damper in steady-state dynamics of a linear beam[J]. Nonlinear Dynamics, 2015, 81(4): 1981-2002.

[181] 陈建恩, 何伟, 葛为民, 等. 并联非线性能量阱吸振效能仿真研究[J]. 系统仿真学报, 2018, 30(9): 3411-3419.

[182] Chen J E, He W, Zhang W, et al. Vibration suppression and higher branch responses of beam with parallel nonlinear energy sinks[J]. Nonlinear Dynamics, 2018, 91(2): 885-904.

[183] Azeez M F A, Vakakis A F. Proper orthogonal decomposition(POD) of a class of vibroimpact oscillations[J]. Journal of Sound and Vibration, 2001, 240(5): 859-889.

[184] Ritto T G, Buezas F S, Sampaio R. A new measure of efficiency for model reduction: Application to a vibroimpact system[J]. Journal of Sound and Vibration, 2011, 330(9): 1977-1984.

[185] Ritto T G, Buezas F S, Sampaio R. Proper orthogonal decomposition for model reduction of a vibroimpact system[J]. Journal of the Brazilian Society of Mechanical Sciences and Engineering, 2012, 34(3): 330-340.

[186] Gourc E, Seguy S, Michon G, et al. Chatter control in turning process with a nonlinear energy sink[J]. Advanced Materials Research, 2013, 698: 89-98.

[187] Gourc E, Seguy S, Michon G, et al. Quenching chatter instability in turning process with a vibro-impact nonlinear energy sink[J]. Journal of Sound and Vibration, 2015, 355(27): 392-406.

[188] Li T, Qiu D, Seguy S, et al. Activation characteristic of a vibro-impact energy sink and its application to chatter control in turning[J]. Journal of Sound and Vibration, 2017, 405: 1-18.

[189] Blanchard A. Vortex-induced vibration of a linearly-sprung cylinder with nonlinear energy sinks[D]. Illinois: University of Illinois at Urbana-Champaign, 2017.

[190] Dai H L, Abdelkefi A, Wang L. Vortex-induced vibrations mitigation through a nonlinear energy sink[J]. Communications in Nonlinear Science and Numerical Simulation, 2017, 42: 22-36.

[191] Blanchard A, Bergman L A, Vakakis A F. Passive suppression mechanisms in laminar vortex-induced vibration of a sprung cylinder with a strongly nonlinear, dissipative oscillator[J]. Journal of Applied Mechanics, 2017, 84(8): 081003.

[192] Tumkur R K R, Calderer R, Masud A, et al. Computational study of vortex-induced vibration of a sprung rigid circular cylinder with a strongly nonlinear internal attachment[J]. Journal of Fluids and Structures, 2013, 40: 214-232.

[193] Tumkur R K R, Pearlstein A J, Masud A, et al. Effect of an internal nonlinear rotational dissipative element on vortex shedding and vortex-induced vibration of a sprung circular cylinder[J]. Journal of Fluid Mechanics, 2017, 828: 196-235.

[194] Blanchard A, Bergman L A, Vakakis A F. Targeted energy transfer in laminar vortex-induced vibration of a sprung cylinder with a nonlinear dissipative rotator[J]. Physica D: Nonlinear Phenomena, 2017, 350(1): 26-44.

[195] Blanchard A, Bergman L A, Vakakis A F. Vortex-induced vibration of a linearly sprung cylinder with an internal rotational nonlinear energy sink in turbulent flow[J]. Nonlinear Dynamics, 2019, 99(1): 593-609.

[196] Chen D Y, Abbas L K, Wang G P, et al. Numerical study of flow-induced vibrations of cylinders under the action of nonlinear energy sinks(NESs)[J]. Nonlinear Dynamics, 2018, 94(2): 925-957.

[197] Blanchard A B, Bergman L A, Vakakis A F, et al. Coexistence of multiple long-time solutions for two-dimensional laminar flow past a linearly sprung circular cylinder with a rotational nonlinear energy sink[J]. Physical Review Fluids, 2019, 4(5): 054401.

[198] Mamaghani A E, Khadem S E, Bab S. Vibration control of a pipe conveying fluid under external periodic excitation using a nonlinear energy sink[J]. Nonlinear Dynamics, 2016, 86(3): 1761-1795.

[199] Yang T Z, Yang X D, Li Y, et al. Passive and adaptive vibration suppression of pipes conveying fluid with variable velocity[J]. Journal of Vibration and Control, 2014, 20(9): 1293-1300.

[200] Bab S, Khadem S E, Shahgholi M. Lateral vibration attenuation of a rotor under mass eccentricity force using non-linear energy sink[J]. International Journal of Non-Linear Mechanics, 2014, 67: 251-266.

[201] Bab S, Khadem S, Mahdiabadi M, et al. Vibration mitigation of a rotating beam under external periodic force using a nonlinear energy sink(NES)[J]. Journal of Vibration and Control, 2017, 23(6): 1001-1025.

[202] Bab S, Khadem S E, Shahgholi M, et al. Vibration attenuation of a continuous rotor-blisk-journal bearing system employing smooth nonlinear energy sinks[J]. Mechanical Systems and Signal Processing, 2017, 84: 128-157.

[203] Tehrani G G, Dardel M. Mitigation of nonlinear oscillations of a Jeffcott rotor system with an optimized damper and nonlinear energy sink[J]. International Journal of Non-Linear Mechanics, 2018, 98: 122-136.

[204] Sun Y H, Zhang Y W, Ding H, et al. Nonlinear energy sink for a flywheel system vibration reduction[J]. Journal of Sound and Vibration, 2018, 429: 305-324.

[205] Tehrani G G, Dardel M. Vibration mitigation of a flexible bladed rotor dynamic system with passive dynamic absorbers[J]. Communications in Nonlinear Science and Numerical Simulation, 2019, 69: 1-30.

[206] Tehrani G G, Dardel M, Pashaei M H. Passive vibration absorbers for vibration reduction in the multi-bladed rotor with rotor and stator contact[J]. Acta Mechanica, 2019, 231(2): 597-623.

[207] Yao H L, Wang Y W, Xie L Q, et al. Bi-stable buckled beam nonlinear energy sink applied to rotor system[J]. Mechanical Systems and Signal Processing, 2020, 138: 106546.

[208] Yao H L, Cao Y B, Wang Y W, et al. A tri-stable nonlinear energy sink with piecewise stiffness[J]. Journal of Sound and Vibration, 2019, 463: 114971.

[209] Yao H L, Cao Y B, Ding Z Y, et al. Using grounded nonlinear energy sinks to suppress lateral vibration in rotor systems[J]. Mechanical Systems and Signal Processing, 2019, 124: 237-253.

[210] Yao H L, Wang Y W, Cao Y B, et al. Multi-stable nonlinear energy sink for rotor system[J]. International Journal of Non-Linear Mechanics, 2020, 118: 103273.

[211] Haris A, Motato E, Theodossiades S, et al. A study on torsional vibration attenuation in automotive drivetrains using absorbers with smooth and non-smooth nonlinearities[J]. Applied Mathematical Modelling, 2017, 46: 674-690.

[212] Motato E, Haris A, Theodossiades S, et al. Targeted energy transfer and modal energy redistribution in automotive drivetrains[J]. Nonlinear Dynamics, 2017, 87(1): 169-190.

[213] Guo C, Al-Shudeifat M A, Vakakis A F, et al. Vibration reduction in unbalanced hollow rotor systems with nonlinear energy sinks[J]. Nonlinear Dynamics, 2015, 79(1): 527-538.

[214] Ahmadabadi Z N. Nonlinear energy transfer from an engine crankshaft to an essentially nonlinear attachment[J]. Journal of Sound and Vibration, 2019, 443: 139-154.

[215] Lee Y S, Vakakis A F, Bergman L A, et al. Triggering mechanisms of limit cycle oscillations in a two degree-of-freedom wing flutter model[C]. 20th Biennial Conference on Mechanical Vibration and Noise, Parts A, B, and C, Long Beach, California, 2005: 1863-1872.

[216] Lee Y S, Vakakis A F, Bergman L, et al. Suppression aeroelastic instability using broadband passive targeted energy transfers, Part 1: Theory[J]. AIAA Journal, 2007, 45(3): 693-711.

[217] Lee Y S, Kerschen G, McFarland D M, et al. Suppressing aeroelastic instability using broadband passive targeted energy transfers, Part 2: Experiments[J]. AIAA Journal, 2007, 45(10): 2391-2400.

[218] Hubbard S A, McFarland D M, Bergman L A, et al. Experimental targeted energy transfer to a rotary nonlinear energy sink[C]. 51st AIAA/ASME/ASCE/AHS/ASC Structures, Structural Dynamics, and Materials Conference, Orlando, Florida, 2010: 3045.

[219] Lee Y S, Vakakis A F, Bergman L A, et al. Suppression of limit cycle oscillations in the van der Pol oscillator by means of passive non-linear energy sinks[J]. Structural Control and Health Monitoring, 2006, 13(1): 41-75.

[220] Luongo A, Zulli D. Aeroelastic instability analysis of NES-controlled systems via a mixed multiple scale/harmonic balance method[J]. Journal of Vibration and Control, 2014, 20(13): 1985-1998.

[221] Zhang W F, Liu Y, Cao S L, et al. Targeted energy transfer between 2-D wing and nonlinear energy sinks and their dynamic behaviors[J]. Nonlinear Dynamics, 2017, 90(3): 1841-1850.

[222] Yan Z, Ragab S A, Hajj M R. Passive control of transonic flutter with a nonlinear energy sink[J]. Nonlinear Dynamics, 2018, 91(1): 577-590.

[223] 陈恒, 王扬渝, 金江明. 带控制截面机翼结构基于非线性能量阱的颤振抑制[J]. 动力学与控制学报, 2017, 15(5): 459-466.

[224] Guo H L, Cao S Q, Yang T Z, et al. Aeroelastic suppression of an airfoil with control surface using nonlinear energy sink[J]. Nonlinear Dynamics, 2018, 94(2): 857-872.

[225] Tian W, Li Y M, Li P, et al. Passive control of nonlinear aeroelasticity in hypersonic 3-D wing with a nonlinear energy sink[J]. Journal of Sound and Vibration, 2019, 462: 114942.

[226] Bergeot B, Bellizzi S, Cochelin B. Analysis of steady-state response regimes of a helicopter ground resonance model including a non-linear energy sink attachment[J]. International Journal of Non-Linear Mechanics, 2016, 78: 72-89.

[227] Bergeot B, Bellizzi S, Cochelin B. Passive suppression of helicopter ground resonance using nonlinear energy sinks attached on the helicopter blades[J]. Journal of Sound and Vibration, 2017, 392: 41-55.

[228] Ebrahimzade N, Dardel M, Shafaghat R. Investigating the aeroelastic behaviors of rotor blades with nonlinear energy sinks[J]. AIAA Journal, 2018, 56(7): 2856-2869.

[229] Chen J N, Zhang W, Yao M H, et al. Vibration reduction in truss core sandwich plate with internal nonlinear energy sink[J]. Composite Structures, 2018, 193: 180-188.

[230] Guo Z K, Yang X D, Zhang W. Dynamic analysis, active and passive vibration control of double-layer hourglass lattice truss structures[J]. Journal of Sandwich Structures and Materials, 2020, 22(5): 1329-1356.

[231] Zhang Y W, Zhang H, Hou S, et al. Vibration suppression of composite laminated plate with nonlinear energy sink[J]. Acta Astronautica, 2016, 123: 109-115.

[232] Zhang Y W, Su C, Ni Z Y, et al. A multifunctional lattice sandwich structure with energy harvesting and nonlinear vibration control[J]. Composite Structures, 2019, 221: 110875.

[233] Chen H Y, Mao X Y, Ding H, et al. Elimination of multimode resonances of composite plate by inertial nonlinear energy sinks[J]. Mechanical Systems and Signal Processing, 2020, 135: 106383.

[234] Liu G, Zhang W. Vibration suppression of cantilever plate using nonlinear energy sink[J]. IOP Conference Series: Materials Science and Engineering, 2019, 531: 012022.

[235] Yang K, Zhang Y W, Ding H, et al. Nonlinear energy sink for whole-spacecraft vibration reduction[J]. Journal of Vibration and Acoustics, 2017, 139(2): 021011.

[236] Zhang Y W, Zhou L, Wang S, et al. Vibration power flow characteristics of the whole-spacecraft with a nonlinear energy sink[J]. Journal of Low Frequency Noise, Vibration and Active Control, 2019, 38(2): 341-351.

[237] Yang K, Zhang Y W, Chen L Q, et al. Space structure vibration control based on passive nonlinear energy sink[J]. Journal of Dynamics and Control, 2014, 12(3): 205-209.

[238] Zhang Y W, Xu K F, Zang J, et al. Dynamic design of a nonlinear energy sink with NiTiNOL-steel wire ropes based on nonlinear output frequency response functions[J]. Applied Mathematics and Mechanics, 2019, 40(12): 1791-1804.

[239] 刘海平, 王耀兵. 一种非线性能量阱的构建及瞬态特征分析[J]. 振动与冲击, 2018, 37(11): 55-60.

[240] 刘海平, 王耀兵, 史文华. 非线性能量阱对飞轮扰振特性的抑制[J]. 宇航学报, 2017, 38(5): 490-496.

[241] 刘海平, 王耀兵, 孙鹏飞, 等. 非线性能量阱对飞轮振动抑制效果的实验研究[J]. 宇航学报, 2018, 39(5): 562-568.

[242] Dai H L, Abdelkefi A, Wang L. Usefulness of passive non-linear energy sinks in controlling galloping vibrations[J]. International Journal of Non-Linear Mechanics, 2016, 81: 83-94.

[243] 孙斌, 吴志强. 基于非线性能量阱的双频激励非线性系统减振[J]. 应用数学和力学, 2017, 38(11): 1240-1250.

[244] Ramlan R, Brennan M J, Mace B R, et al. Potential benefits of a non-linear stiffness in an energy harvesting device[J]. Nonlinear Dynamics, 2010, 59(4): 545-558.

[245] Ahmadabadi Z N, Khadem S E. Nonlinear vibration control and energy harvesting of a beam using a nonlinear energy sink and a piezoelectric device[J]. Journal of Sound and Vibration, 2014, 333(19): 4444-4457.

[246] Xiong L Y, Tang L H, Liu K F, et al. Broadband piezoelectric vibration energy harvesting using a nonlinear energy sink[J]. Journal of Physics D: Applied Physics, 2018, 51(18): 185502.

[247] Zhang Y, Tang L H, Liu K F. Piezoelectric energy harvesting with a nonlinear energy sink[J]. Journal of Intelligent Material Systems and Structures, 2017, 28(3): 307-322.

[248] Li X L, Liu K F, Xiong L Y, et al. A variant nonlinear energy sink for vibration suppression and energy harvesting[C]. ASME 2018 International Design Engineering Technical Conferences and Computers and Information in Engineering Conference, Quebec, Canada, 2018.

[249] Darabi A, Leamy M J. Clearance-type nonlinear energy sinks for enhancing performance in electroacoustic wave energy harvesting[J]. Nonlinear Dynamics, 2017, 87(4): 2127-2146.

[250] Raj P V R, Santhosh B. Parametric study and optimization of linear and nonlinear vibration absorbers combined with piezoelectric energy harvester[J]. International Journal of Mechanical Sciences, 2019, 152: 268-279.

[251] Fang Z W, Zhang Y W, Li X, et al. Integration of a nonlinear energy sink and a giant magnetostrictive energy harvester[J]. Journal of Sound and Vibration, 2017, 391: 35-49.

[252] Fang Z W, Zhang Y W, Li X, et al. Complexification-averaging analysis on a giant magnetostrictive harvester integrated with a nonlinear energy sink[J]. Journal of Vibration and Acoustics, 2017, 140(2): 021009.

[253] Kremer D, Liu K. A nonlinear energy sink with an energy harvester: Transient responses[J]. Journal of Sound and Vibration, 2014, 333(20): 4859-4880.

[254] Remick K, Quinn D D, McFarland D M, et al. High-frequency vibration energy harvesting from impulsive excitation utilizing intentional dynamic instability caused by strong nonlinearity[J]. Journal of Sound and Vibration, 2016, 370: 259-279.

[255] Chiacchiari S, Romeo F, McFarland D M, et al. Vibration energy harvesting from impulsive excitations via a bistable nonlinear attachment[J]. International Journal of Non-Linear Mechanics, 2017, 94: 84-97.

[256] Li X, Zhang Y W, Ding H, et al. Dynamics and evaluation of a nonlinear energy sink integrated by a piezoelectric energy harvester under a harmonic excitation[J]. Journal of Vibration and Control, 2019, 25(4): 851-867.

[257] Zhang Y W, Lu Y N, Chen L Q. Energy harvesting via nonlinear energy sink for whole-spacecraft[J]. Science China Technological Sciences, 2019, 62(9): 1483-1491.